高等职业院校新兴专业·民宿管理与运营系列

民宿开发与运营管理

主　编◎董珍慧

中国旅游出版社

项目策划：张芸艳
责任编辑：张芸艳
责任印制：孙颖慧
封面设计：武爱听

图书在版编目（CIP）数据

民宿开发与运营管理 / 董珍慧主编. -- 北京 : 中国旅游出版社, 2022.9

高等职业院校新兴专业. 民宿管理与运营系列

ISBN 978-7-5032-6996-7

Ⅰ. ①民… Ⅱ. ①董… Ⅲ. ①旅馆—经营管理—高等职业教育—教材 Ⅳ. ①F719.2

中国版本图书馆CIP数据核字(2022)第132545号

书　　名：民宿开发与运营管理

作　　者：董珍慧　主编
出版发行：中国旅游出版社
（北京静安东里 6 号　邮编：100028）
http://www.cttp.net.cn　E-mail:cttp@mct.gov.cn
营销中心电话：010-57377108，010-57377109
读者服务部电话：010-57377151
排　　版：北京旅教文化传播有限公司
经　　销：全国各地新华书店
印　　刷：北京明恒达印务有限公司
版　　次：2022 年 9 月第 1 版　2022 年 9 月第 1 次印刷
开　　本：787 毫米 × 1092 毫米　1/16
印　　张：16.25
字　　数：317 千
定　　价：59.80 元
ISBN　978-7-5032-6996-7

前　言

民宿被称为有温度的住宿、有灵魂的生活，在日趋旺盛的优质产品消费需求驱动下，近年来如雨后春笋般发展，正在吸引着多方的关注和思考、尝试与实践。

本教材以民宿开发与运营管理为主线，采用“项目导向、任务驱动”的模块化教学理念与方法，构建了“民宿认知：走进民宿天地，民宿策划：搭建远方的家，民宿运营：做有温度的民宿主人，民宿营销：酒香也怕巷子深，民宿案例：民宿万花筒”五个模块。每一个模块都设计了“项目引入、思维导图、学习目标、任务描述、相关知识”，并结合教学内容提供相应的拓展资料。通过让学生完成项目任务，使学生熟悉与民宿相关的知识，掌握民宿开办的流程与要求、民宿运营管理的内容和技能、民宿营销推广的方式和要求，为具备从事民宿管理与运营工作的职业素养和职业能力提供全方位的系列指导。本教材具有以下特点：

第一，内容系统性。教材系统构建了民宿开发与运营管理的知识和能力体系，根据民宿发展对人才素质结构的要求，融入创新创业思维，实现知识点的全覆盖性和行业引领性。

第二，突出实用性。教材内容展现重点突出，坚持理论联系实际，任务设计贴近民宿工作实际，注重实用性和可操作性。

第三，体现前瞻性。教材汇编了大量国内外民宿经典案例，吸收最新研究成果，链接相关政策、社会热点，与时俱进，反映民宿行业的发展趋势。

本教材兼顾院校教学和民宿行业实用人才培养的需求，适用于作为高校民宿管理与运营、酒店管理、旅游管理专业教材，也可作为民宿经营管理者、从业人员、乡村旅游基层管理者培训教材。

在本教材编写过程中，参阅了国内外专家的有关著作、文献资料和网络资料，并得到了何瑛教授的指导和许多业内人士的支持与帮助，在此一并表示感谢。由于水平有限，疏漏之处在所难免，敬请读者批评指正。

董珍慧

2022 年 5 月

目 录

CONTENTS

模块一 民宿认知：走进民宿天地

模块二 民宿策划：搭建远方的家

模块三　民宿运营：做有温度的民宿主人

模块四　民宿营销：酒香也怕巷子深

模块五 民宿案例：民宿万花筒

模块一

民宿认知：走进民宿天地

【导言】

民宿是有温度和灵魂的旅居。民宿作为住宿业的重要组成部分，拥有多姿多彩的文化内涵，民宿体验日益成为游客进行旅游决策的重要影响因素。让我们走进民宿天地，认知民宿的与众不同和独特魅力。

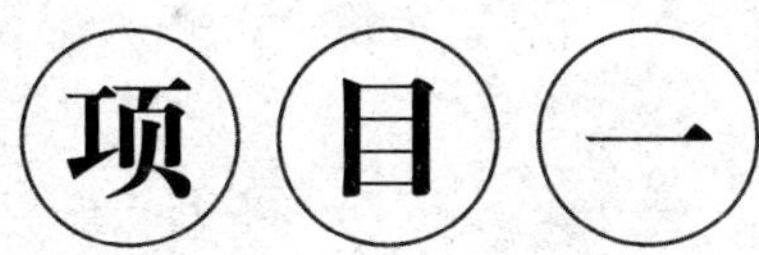

项目一 民宿的内涵、类型与特点

【项目引入】

由于民宿经济涉及的主体数量众多、带动性强、社会效益和经济效益显著，民宿发展自诞生之日起就受到各级政府的重视、鼓励和倡导。民宿作为一种区别于传统酒店统一化微笑管理与千篇一律标准化布置的新兴业态，吸引着年轻人、家庭型旅游者、穷游旅游者与长时间旅行的游客。民宿作为一种有温度、有情怀的非标住宿，从旅游需求侧看，可满足旅游市场多样化住宿需求，延长旅游者停留时间，丰富游客体验；从旅游供给侧看，能优化旅游住宿业态结构，拓展地方文化展示载体，增强区域旅游吸引力。

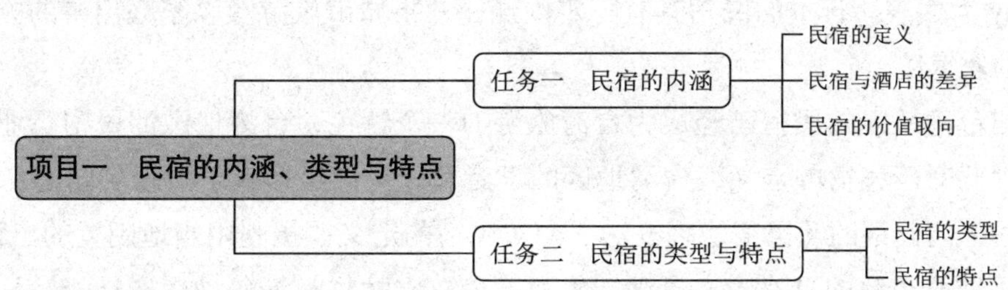

【学习目标】

知识目标：

- 掌握民宿的定义与特点
- 了解民宿的类型

能力目标：

- 能够辨别民宿与酒店的本质差异
- 能深刻理解民宿的内涵与特征
- 能区别城市民宿与乡村民宿的差异

任务一　民宿的内涵

【任务描述】

任务内容	成果形式	完成单位
检索国内外专家对民宿的定义，分析其共性	文本	个人
调研当地 2~3 家民宿和酒店，列举其共性和差异	PPT 展示	小组

【相关知识】

一、民宿的定义

在欧美等国家，民宿一般指 Bed and Breakfast（B&B）。此外，一些带有家族性的词汇也可以表示同样的含义。比如，Homestay、Family Hotel、Family Inn、House Hotel、House Stay、Guesthouse 等，以英国的 Bed and Breakfast（B&B）和美国的 Homestay 为代表。日本的民宿具有特定内涵，专指城市旅游者以家庭出游的方式在乡村居住的农家院。

我国台湾地区的民宿已经成为台湾旅游的一个特色，台湾地区的民宿行业兴起得较早，因此对于民宿的定义，台湾地区的学者和政府已经形成了清晰的轮廓。2011 年台湾交通部门修订的《民宿管理办法》中对民宿的定义：指利用当地闲置的出租房屋，充分利用结合当地的自然人文景观、生态环境、农林牧渔等各种生产性经济活动，以一种经营家庭或者一种副业的经营方式对其进行经营开展民宿经营，提供外地游客可以参观远山乡野的休闲生活之所和住宿活动场地。这一定义偏乡村民宿视角。

我国大陆出台的《旅游民宿基本要求与评价》对民宿的概念、分类及评价等级进行了统一的定义，强化了民宿行业的规范化管理。民宿是指利用当地民居等相关闲置资源，经营用客房不超过 4 层、建筑面积不超过 800 平方米，主人参与接待，为游客提供体验当地自然、文化与生产生活方式的小型住宿设施（见表 1-1-1）。

表 1-1-1　民宿定义一览

学者 / 标准	时间	内涵	国家 / 地区	视角		
				乡村民宿	城市民宿	两者兼有
Jacjie Clarke	1996 年	民宿是指能够体验旅游环境的住宿产品	英国	√		
Dallen Timothy	2009 年	民宿是建在乡村环境中的为游客提供住宿与餐饮服务的旅社。旅游者入住民宿后，可了解当地居民的日常生活与当地文化	美国			√
《民宿管理办法》	2001 年	指利用自用住宅空闲房间，结合当地人文、自然景观、生态、环境资源及农林渔牧生产活动，以家庭副业方式经营，提供旅客乡野生活之住宿处所	中国台湾	√		
郑皓文	2012 年	未办理营利事业登记，但将民宅内套房出租给游客，实际从事旅馆业务的场所	中国台湾			√
《乡村民宿服务质量等级划分与评定》	2015 年	经营者利用乡村房屋，结合当地人文、自然景观、生态环境及乡村资源加以设计改造，倡导低碳环保、地产地销、绿色消费、乡土特色，并以旅游经营的方式，提供乡村住宿、餐饮及乡村体验的场所	中国大陆	√		
刘庭甄	2017 年	利用家庭闲置房屋为旅游者提供非标准化的住宿服务，结合多项休闲产业经营，使旅游者对自然资源和当地文化有一定程度的体验，通过主客交流营造出温馨、休闲的氛围的场所	中国大陆			√
吴文智	2018 年	利用合法的民房、农村宅基地、集体用房等民居资源，结合当地自然人文景观与生态环境、社区生产生活特色，基于合理的设计、修缮和改造，以家庭副业或旅游经营的方式，为游客提供的小型住宿场所	中国大陆			√
张海洲	2019 年	从经营管理模式来看，民宿是简易的旅馆业；从供给层面来看，民宿是利用私人住宅空间经营，提供一般家居生活设施的经营形式；从观光资源层面来看，民宿以结合周边自然、人文资源特色为经营基础	中国大陆			√
闫博文	2019 年	民宿主利用城市原有闲置空间资源，以短租的形式为游客提供体验当地景观、文化与生产生活方式的城市住宿设施	中国大陆	√		
《旅游民宿基本要求与评价》	2019 年	利用当地民居等相关闲置资源，经营用客房不超过 4 层、建筑面积不超过 800 平方米，主人参与接待，为游客提供体验当地自然、文化与生产生活方式的小型住宿设施	中国大陆			√

二、民宿与酒店的差异

民宿作为新与旧相结合的产物，是有温度和灵魂的旅居。民宿是非标住宿，与酒店和农家乐不同，酒店在一定意义上是城市的一种代表，农家乐则完全是原生态的，偏乡村化，但民宿是自成一体的，是一种整合和提升（见表 1-1-2）。

表 1-1-2　民宿与酒店的差异

类别	民宿	酒店
经营方式	副业经营 / 外来人员投资	专业经营
经营空间	自用或租用的闲置民居	专用酒店空间
客房数量	不应超过 15 间	无限定，通常多于 30 间
硬件设施	满足住宿基本需求	提供全套高质量服务设施
服务人员	民宿主或当地人	专业受训的标准化服务人员
与当地环境关系	突出环境特点，互动性高	无关联，互动性低
管理标准	尚待完善	完善的行业标准和管理规范
基础服务项目	较少	较多
特色服务项目	有	基本无

民宿作为住宿业的重要组成部分，拥有多姿多彩的文化内涵，丰富了游客的体验，民宿体验日益成为游客进行旅游决策的重要影响因素。此外，在乡村振兴背景下国家层面也对民宿发展给予了多维度的引导与支持。民宿已经成为一种新兴产业并且在迅速地发展，将休闲和住宿结合，将观光旅游转向为体验旅游，有利于宣传推广当地的特色、风土人情，有利于提高当地人民的生活水平，是促进城镇化发展的重要支柱。

三、民宿的价值取向

民宿是有温度、有灵魂的。当前的网红民宿，虽然大多地处风景秀丽的乡村，但更让游客不能忘怀、牵萦于心的，却往往是民宿的历史、故事及其主人的人格魅力、人生体验、经营理念、创意风格等。民宿强调情感交流和个性特征。

1. 民宿与主人

酒店大而全，民宿小而精。从表面的功能上看，两者似乎并无本质区别，甚至可以无限接近。但就本质而言，民宿的核心价值是主人，而不是其他。民宿是围绕民宿主人的生活展开的，主人是民宿的核心价值所在；而酒店虽然也可以有品牌和文化，但却缺少主人。游客选择一家民宿，绝不仅仅是为了睡觉，更是希望能够跟朋友一样，融入主人的生活，像在朋友家一样能够随意体验当地自然、文化与生产生活等。可见，民宿提供的生活方式，是酒店所无法替代的；而民宿表现出来的生活体验，则是民宿吸引游客及有别于酒店的闪光点。一家缺乏主人的民宿，即使有再完整而巧妙的设计，在游客看来，依然是缺乏魅力的，甚至是不完整的。

2. 民宿与故事

故事是指通过叙述的方式讲一个带有寓意的事件，或是陈述一件往事。它是在现实认知基础上描写而成的非常态性的现象，它是人类对自身历史的一种记忆行为，通过多种故事形式记忆并传播一定的社会文化传统和价值观念，从而引导社会性格的形成。在日常生活中，常常会出现一些看似神奇的故事。例如，凭借一个触底反弹、跌宕起伏的励志故事，“褚橙”几年来一直火爆互联网；通过塑造一个青年坚守理想信念、努力奋斗的故事，罗永浩的“锤子”还未诞生，便已获得全社会的万千期待。可见，故事是需要的，也是重要的，经营民宿也不例外。近年来，民宿的数量随着民宿需求的增加而快速增长，人们周末游玩、出行度假等似乎更愿意选择一家有故事的民宿，以感受其给人提供的不一样的出行体验。市场调查也表明，听民宿老板讲述自己的生活和故事，是不少自由行游客钟爱并选择民宿的理由。

有人说，民宿必须有美景和美食。但实际上，温暖和温情才是民宿的主题，才能让人的灵魂有安放之处。因此，民宿必须有温情、有人情，更要有故事。只有这样，才能让住宿者放慢、放空、放下，也才能让住宿者高兴、快乐、释怀。当然，所有市场推广的目的都是引发社会关注，进而引发转化；任何市场营销的手段都只是引爆点，而决定其爆炸威力的常常不是点燃导火索的火光，而是产品本身的品质，即性价比。在“互联网＋”的时代，一切转化不仅要产生口碑，还要形成闭环。

3. 民宿与情怀

近年来，我国的民宿热，似乎脱离了四季更替的束缚，快速增温。但调查显示，真正能持续盈利的民宿却寥寥无几。究其原因，虽然影响因素较多，但跟民宿是否有情怀、有什么样的情怀、能否满足游客这样的情怀等密切相关。从广义上讲，情怀指人的一种心境、情趣兴致及胸怀。而民宿中的“情”则是指人们对追求美好生活的热情、对大自然和生养人类土地的钟情、对人类社会和谐人际的温情等。它是人们对各种事物产生的情感依赖和由此形成的情感互动与亲近。因为人的内心都期待或安放着美好的东西，如过往的美好、当下的珍贵和明天的憧憬等。情怀是独一无二的，它不能复制，也无法复制。不同民宿的主人的人生、经历、学识和目标等是不同的，但怀揣感激、热爱生活、豁达开朗地面对每一位客人、每一次相逢，乐观面对喜怒哀乐、生死离别、功名利禄等应该是相同的。

可见，情怀是民宿的基本要素。情怀虽然不是民宿的全部，但却不可忽视。当然，要把情怀的作用发挥出来，还必须跟市场结合，将情怀融入民宿的命名、商标、选址、设计、服务、开发、经营、广告、宣传等各个环节，以有别于酒店、宾馆的理念去经营并营造一种具有旅居价值的乡村生活空间，真正让情怀从抽象变成现实，成为看得见、摸得着的东西，真正把习近平总书记2013年12月12—13日在中央城镇化工作会议上提出的"让居民望得见山、看得见水、记得住乡愁"的任务落到实处，让民宿成为城市人的花园、乐园、梦园和家园。当然，有情怀不一定能做好民宿，但没情怀一定做不好民宿，只讲情怀不讲效益的民宿也一定是不可持续的。

任务二　民宿的类型与特点

【任务描述】

任务内容	成果形式	完成单位
调研当地民宿发展情况，撰写调研报告	文本	个人
选取其中一家民宿，分析其类型和特色	PPT展示	小组

【相关知识】

一、民宿的类型

1. 按地理位置分类

根据民宿所处的地理位置可分为城镇民宿和乡村民宿。地处城镇的民宿被称为城镇民宿，以城市风貌、城镇生活、文化特色等吸引游客前往，主要分布在北京、上海、广州等地，如上海梵舍民宿；地处乡村及城市郊区的民宿被称为乡村民宿，以乡村风光和农事体验为主要的旅游吸引物，如密云古北水镇民宿。乡村民宿承载的是乡土情怀，城镇民宿更像是旅游触角的延伸。

2. 按经营模式分类

按经营模式，民宿可分为家庭副业经营、家庭主业经营和专业经营型三种类型。家庭副业经营民宿主要是利用自家闲置房间进行经营，如莫干山山隅里民宿；家庭主业经营民宿是业主将自家的房子进行改造，房间数量相对较多，如莫干山云外民宿；专业经营型民宿通过对租赁的房子进行改造设计，有专业的管理团队，房间数量较多，如德清西坡山乡民宿。

3. 按体验活动分类

依据体验活动民宿大致可分为赏景度假型、历史文化体验型、艺术文化体验型、农村体验型、社区文化体验型等类型。赏景度假型民宿是将自然景观与特色景观相结合的民宿，如大理慢屋·揽青；历史文化体验型民宿利用原有的历史资源，采用保护性原则，是对原有的建筑结合当地的人文历史进行修缮和维护，如云夕戴家山民宿；艺术文化体验型民宿的周边没有自然资源，经营者从事艺术创作，游客可以体验当地的艺术活动，如花间堂唯美人文艺术客栈；农村体验型民宿拥有传统的农业，可以观赏乡村景观、体验农耕采摘等生活方式，如无锡阳山拾房村民宿；社区文化体验型民宿则结合当地的特殊性产业和文化，如庾村文创园。

4. 按空间营造分类

按民宿空间的营造类型分为改造型民宿和新建型民宿两类。改造型民宿对当地闲置的用房进行改造，如慢屋·格努湾子民宿；新建型民宿运用现代建筑形式进行设计，不受原有民居空间的限制，如浙江嘉兴饮居·九舍（见表 1–1–3）。

表 1–1–3　民宿类型一览

分类方式	类型	代表性民宿列举
地理位置	城镇民宿	上海梵舍民宿
	乡村民宿	密云古北水镇民宿
经营模式	家庭副业经营型民宿	莫干山山隅里民宿
	家庭主业经营型民宿	莫干山云外民宿
	专业经营型民宿	德清西坡山乡民宿
体验活动	赏景度假型民宿	大理慢屋·揽青
	历史文化体验型民宿	云夕戴家山民宿
	艺术文化体验型民宿	花间堂唯美人文艺术客栈
	农村体验型民宿	无锡阳山拾房村民宿
	社区文化体验型民宿	庾村文创园
空间营造	改造型民宿	慢屋·格努湾子民宿
	新建型民宿	浙江嘉兴饮居·九舍

二、民宿的特点

1. 商业性

所谓商业性，即用户思维，顾客为上。顾客虽住在自家闲置房屋，但与传统借宿不同，民宿具有服务性，应以用户为中心，提高顾客的住宿体验。民宿经营者与顾客是住宿服务合同关系，民宿经营者有收取服务费的权利和保障客人人身财产安全的义务。所以民宿的核心要素之一就是可营利，是一种商品，具有经营价值，民宿经营者利用闲置房屋合法经营取得经济收益，而顾客通过给付费用获得相应的服务。

2. 小规模性

民宿和传统酒店的区别之一在于小规模性，根据国家有关规定，民宿单栋建筑客房数量不能超过 14 间。这种小规模，让民宿更具有亲情化、家庭化和文化体验感。我国台湾地区对民宿客房的数量也有所限制，这种小规模化，决定民宿的发展道路必须是小而精、注重个性化和小情调，需要提供客人具有当地人文属性的体验感。

3. 非标准性

这是民宿与传统酒店的又一区别。非标准性，为民宿的个性化服务提供了前提。民宿与传统住宿不同，传统住宿大都满足“住”的功能，很多民宿则是景区的一部分，注重的是居住中的人文体验感。民宿需要深入挖掘地区的人文特色和周边潜在消费者的体验需求，提升个性化体验感。民宿的个性化与非标准性，决定了民宿难以形成规模化经营，也难以做成品牌。也正因为非标准性，很多地区的民宿参差不齐，设计混乱，没有统一规划，缺乏统一管理，存在大量的安全隐患。

4. 社会性

民宿的服务对象是客人，具有社会属性。越来越多的游客选择回归自然，体验乡村生活，在与文化载体的游客不断碰撞的过程中，民宿居民不断接受外来文化的移入。入住社会群体广泛，很多民宿的登记入住却无法做到像酒店一样标准化，大部分民宿没有前台登记，这导致民宿安全问题频发，这种松散的管理方式，不利于民宿的长远发展。

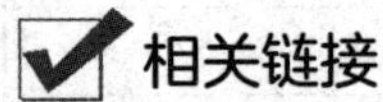

相关链接

民宿的优势

1. 价格、性能为民宿发展增添力量

和酒店一成不变的设施比起来，民宿拥有更高的性价比，生活方便齐全、形式多样等优势。可以根据自己的兴趣爱好来选择自己喜欢的住宿风格，会让自己觉得更加舒适，活动空间更大，生活家电也比较齐全。而且民宿的设计感会更加强烈，让每一位住客有不一样的感觉。

用户预订民宿关注点分布表

关注事项	关注比例
价格便宜	64.4%
居住体验特别	51.2%

续表

关注事项	关注比例
装修 / 建筑风格多样	47.9%
功能设施齐全	37.4%
和陌生人社交	17.1%
入住灵活	15.6%
其他事项	13.0%

与此同时，现阶段市面上出现很多民宿预订平台，如 Airbnb、小猪短租、百家等。民宿风格也多种多样，如公寓、客栈、帐篷、复式 loft 等。房源比传统的酒店更分散，单个房间更加个性化、特色化，经营主体也更加多元化。

民宿产品在房屋结构和设计上更具有家庭气息，为家庭游和出行时的聚会提供了便利；服务更人性化，不仅可以满足住宿的需求，而且可以通过相关的周边服务优化住宿的体验感；地理位置一般靠近景区，出行方便，一定程度上可以减少旅游者的精力耗费，增强旅游的满足感。

2. 特色住宿价值显著

国内自由行已成为主流，自由行游客对旅行的需求上升到文化、社交层面，在住宿上，更愿意选择外观具有鲜明特色，能与当地人交流的民宿。民宿最主要的消费人群是 20~30 岁的人，他们会追求与众不同的生活格调和生活感；酒店的标准化难免让人感觉到一成不变，而民宿的风格是多种多样的，每到一个地方都能有不同的住宿体验。

从提供民宿的企业来说，民宿相较于标准化住宿，更容易取得良好的营销效果。不同的地缘环境，不同的装饰风格，不同的风俗习惯，都能天然地打包、呈现出受到自由行游客欢迎的产品形态。比如，台湾影视剧对于民宿的取景，除了增添了剧情本身的浪漫色彩，同时带动了粉丝前往观摩体验的热潮，引发周边旅游产品的销量猛增。

特色化住宿逐渐成为影响出游决策的重要因素，正如民宿预订 OTA 大鱼自助游的宣传语“为一张床，赴一座城”，昔日的小众市场快速扩张。与此同时，我国在线旅游渗透率持续快速提升，在机票、酒店、景区门票等格局稳定的情况下，民宿的流量入口价值逐渐显现，为在线旅游创新企业提供了新的切入点，在万亿级周边游市场中抢占一部分市场份额。

（资料来源：2016 年中国民宿行业市场现状分析及发展趋势预测［EB/OL］. https://www.renrendoc.com/paper/141733774.html）

民宿的发展历程

【项目引入】

民宿最早源自英国，是一种提供早餐与住宿的家庭式旅馆，随后传入美国和法国，之后逐渐兴起于日本和中国台湾。

20 世纪 60 年代初，英国中部及西南部的一些富裕农家，为了增加其中的家庭收入，将其中的家庭宿舍改造成一个能够具备同时招待各种外来商务旅游项目客人的特殊功能的社会活动服务场所，采用一种 B&B（Bed and Breakfast）式的经营方式。即给每人提供一个睡觉的良好地方和一顿早餐，收取一定的经济报酬，其服务方式属于英国传统的一种家庭服务招待方式。

20 世纪 80 年代，中国台湾垦丁公园、阿里山一带的风情民宿，是因热门的旅游景区内传统酒店无法容纳大量游客的接待住宿，居民自主地接待旅客而产生的，是我国民宿最早的起源。

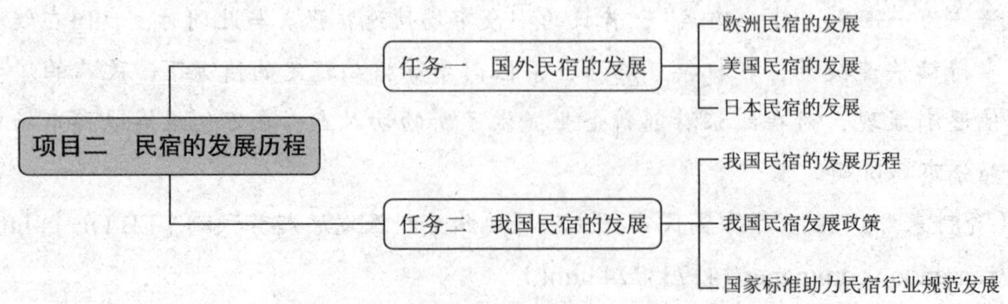

【学习目标】

知识目标：

- 了解国内外民宿的发展历程
- 熟悉我国民宿发展的政策

能力目标：

- 能梳理国内外民宿发展的脉络和各自特征
- 能结合我国民宿发展政策分析民宿发展趋势

任务一 国外民宿的发展

【任务描述】

任务内容	成果形式	完成单位
总结归纳国外民宿的起源和发展情况	文本	个人
搜索整理国外民宿发展的典型案例	PPT 展示	小组

【相关知识】

一般认为西方民宿的发展起源于朝圣活动。起初大量朝圣者来到朝圣地，人们大多睡在庙宇宫殿之中，并没有专门住宿的地方，于是当地居民便提供住所和简单的食物给朝圣者，以解决这些朝圣者风餐露宿的问题，最早的民宿就由此产生了。后来随着生活方式的改变，民宿的内容也在不断地丰富和创新，从 18 世纪的法国农村休闲度假兴起，民宿从提供简单的餐饮住宿服务发展成为自然景观、人文特色、风土民情与住宿餐饮的服务结合的度假形态，民宿受到了不少人的喜爱。

境外民宿发展历史较为久远，并逐渐由依托景区发展升级为民宿自身成为旅游吸引物（见表 1-2-1）。目前，国外民宿正向专业化、高端化的趋势发展。

表 1-2-1　境外民宿发展历程

阶段	时间	标志性事件
起步发展阶段（依托景区发展）	20 世纪 60 年代	英国出现 B&B 型（Bed&Breakfast）家庭旅馆，被称为最早的民宿
	20 世纪 70 年代	美国民宿以家居式 / 青年旅舍的形式存在
规范发展阶段（政府引导发展）	20 世纪 80 年代	我国台湾地区因景区发展迅速，住宿设施不足，民宿应运而生
	20 世纪 90 年代	我国台湾、英国等地成立各类协会部门，引导民宿发展
全面发展阶段（自身成为旅游吸引物）	21 世纪初	我国台湾地区修订法规，对民宿的设立标准进行规范
	目前	由于全球化的发展，国外的民宿向专业化、高端化方向发展

一、欧洲民宿的发展

欧洲国家在第二次世界大战之后为了发展经济，积极倡导农业转型，为农户提供资金与政策支持，支持农民从事民宿经营，自此之后，民宿在欧洲大陆遍地开花，节假日期间到乡村旅游住在当地的民宿也成为一种重要选择。英国作为欧洲的典型代表国家，就是在第二次世界大战之后快速发展起来的。美军士兵利用撤离回国前的时间游览英国风景，但当时住宿场所紧张，部分思想开明的英国妇女便利用自己的住所接待他们，赚取额外的收入。美军撤离之后，“美国游潮”的兴起又激发了民宿的发展。随之经营民宿受到了英国政府的支持，政府颁布专门的牌照，并加入统一的联网系统接收网络订房。据相关数据统计，在英国住宿系统中，民宿约占 40%。

民宿产业在欧美国家起步较早，它既是为了满足人们休闲娱乐的需要，也是随着经济发展和产业结构的调整应运而生的。从推动立法到设立行业协会，西方发达国家，尤其是西欧已经形成了一套成熟的行业标准和管理办法，理念与行业发展日趋成熟。

1. 英国民宿发展

近年来，出于提高经济收入以及追求新的生活方式的考虑，在英国经营民宿的人数与日俱增。同时，英国民众中兴起的“短期化”休假模式也让越来越多的游客涌向民宿。为确保民宿质量、推动民宿的产业化和规范化，英国政府加强了对民宿的监管，出台一系列严格的管理措施。例如，要求民宿加强防火设施建设，客房房间使用防火门等。英国主管部门还制定各种法规加以规范，包括室内改装许可、食品卫生查核、税额标准等。例如，民宿出售酒精类饮料需要专门许可，民宿提供饮食必须确保来源安全等。此外，民宿经营业者所设定的容客量超过 6 人以上者，在卫生条件上将有较为严格的限制，课税也较重，因此大多数的经营者将容客量定于 6 人以下。

英国的民宿管理分级制度比照了旅馆分级认证的“皇冠制”，由英国观光局制定出一套审查标准。该标准分为四级，依序为登录（Listed）、1 冠（1-Crown）、2 冠（2-Crown）及 3 冠（3-Crown），其目的是要保障消费者的权益，并提升民宿服务业的水平。这种分级制度一开始实行时是从硬件层面来进行评分认定的，近几年来则着重在软件层面来界定等级。审查方式为每年以不预告式进行查核，并于 1989 年起将“软件设备”即设备、气氛和服务等质量列入查核标准中。

长期以来，英国民宿协会在维护民宿经营者权益、促进民宿产业发展方面发挥了巨大作用。民宿协会除了维护经营者权益之外，还为成员提供信息和服务支持，通过提高行业的服务标准和理念，培养民众的“民宿情结”。英国民宿协会表示，英国民宿已成为支撑英国旅游业的重要组成部分。

2. 德国民宿发展

德国乡村民宿的发展与英国相比，时间上略晚。德国进入工业化发展的巨大成功，使得服务业尤其是旅游业获得快速发展。德国旅游业强调多样化、大众化、个性化，其间，乡村民居蒸蒸日上，居家休闲式旅游十分普遍。

德国人热爱旅游，这可能与德国的气候有关。德国一年到头多是阴雨湿冷的天气，阳光稀有珍贵。此外，德国的上班族有 24~30 天的带薪假期，加上节假日，为旅游创造了十分便利的条件。1971 年，德国农业协会曾专门针对遍布全国各地的以家庭为主的乡村民宿进行研究，并向德国各大城市居民进行抽样问卷调查。根据调查结果，德国农业协会向皇家供货条件委员会提出乡村旅游品质管理机制及度假农场与乡村度假评鉴制度。由此，尊重乡土特色、保护自然环境、融入当地生活、注重人文景观等如今民宿常见的要素，第一次被系统性地提出。

在德国，休闲农场为德国的主要民宿形态之一。德国休闲农场的认证单位为德国农业协会。由农场经营者向德国农业协会提出评鉴申请，再由德国农业协会协同地区相关机构办理休闲农场认证工作。评鉴内容主要侧重在农场体验、服务质量、人员适任度、整体环境和安全设施。凡通过认证的农场，可获得检验合格标章，有效期限为 3 年，之后必须定期接受跟踪评审。

出门旅游，越来越多的德国人喜欢自驾游时选择住民宿。根据德国房地产投资与开发协会测算，目前德国全境估计至少有 4.64 万套民宿住宅。近年来，德国民宿越来越受欢迎。在柏林，民宿交易量甚至占总住宿交易量的 20%。这些民宿一般通过 Airbnb、Wimdu 或者是 9flats 这些网络平台来招揽租客。一项研究表明，平均每 11 个旅客中就有 1 人会选择通过像 Airbnb 这样的网站解决住宿问题。

德国政府对民宿进行有效的监管，如推行乡村旅游的品质认证制度，只有经检验合格才会办理认证标志。德国柏林 2016 年颁布新规，要求短租房屋必须向政府申请特别许可，否则将被视为违法。德国政府方面对此规定的解释为，擅自将房屋用途改为度假公寓并予以短期出租，是对住房的“错误”使用。受此规定的影响，Airbnb 下架了德国超过 2 万套房源。2017 年，柏林市政府颁布一项法规，禁止房主在租房网站上出租整套房屋。柏林的这些规定并未禁止短租民宿的发展，而是将其纳入规范管理的范围。

3. 法国民宿发展

几乎是在英国“B&B”热潮兴起的同时，旅游热也席卷了法国。一些法国农场主看到了机遇，于是将在战争中受损的谷仓与房屋进行维修改建，出租给游客，从中赚钱。

法国农场主的这些民宿，仍采用的是“B&B”经营模式。在经营过程中，他们仅需支付少量费用。而对于游客而言，他们不仅能够获得食宿上的供给，更为重要的是，他们还能欣赏田园风光，了解当地风土人情，体验当地人的日常生活。民宿蓬勃发展的同时，法国还成立了民宿联盟协会，对民宿的经营、建设予以指导和支持。法国政府每年会向民宿联盟协会的会员提供多种形式的资金补助，民宿经营者可以通过申请加入其中，获得政府的资金补助。例如，法国政府会给予民宿经营者们一笔乡村建筑整修补贴。不过，获取这笔补贴要满足一定的条件，如他们需要在定居地经营民宿业 10 年以上方能享受到这笔补贴。

法国政府限定民宿房间最多不得超过 5 间。民宿分为按天计价和按周计价两种，经营方式以家族经营为主。法国民宿联盟（协会）依据标准，对民宿的服务质量、住宿环境、舒适度、基础设施及卫生设施配备情况等项目进行综合分析，划分等级，并以法国乡村常见的麦穗枝数加以反映，从一枝到最高的五枝，麦穗数目越多，该民宿的综合条件越好。在民宿的经营规模、安全规范及食品标准方面，法国政府都有着严格的规范。2000 年以后，法国政府对民宿法进行修订，限定民宿房间最多不得超过 5 间，超过者则称之为旅馆。巴黎市长办公室规定，从 2017 年 12 月 1 日开始，Airbnb 的所有上架房源必须在巴黎市政府登记，短租公寓的总天数不得超过 120 天，并在当天下架了 1000 套左右的未登记房源。

法国政府对民宿的占地面积、设备配备、清洁卫生、环境等都提出了严格要求，并且每 5 年进行一次评鉴，以确保民宿业获得良性发展。法国民宿联盟（协会）会依据标准，对民宿的服务质量、住宿环境、舒适度、基础设施及卫生设施配备情况等项目进行综合分析，并划分等级。此外，法国政府还要求经营者为住客办理保险，确保住客的人身和财物安全。

二、美国民宿的发展

20世纪60年代，美国的民宿才开始进入发展时期，因为受到汽车旅馆的影响，民宿的优势并未得到广泛的关注，并且美国人民一直中意标准化的服务，对于富有个性化的民宿并不敏感，所以，初期的美国民宿发展前景并不好。直到20世纪70年代后，旅游开始注重原生态，追求文化历史的探索，具备这些特点的民宿开始崛起。民宿早期大多出现在西部的加州地区，据相关数据统计，在1982年，民宿只有1000家，但仅仅过了10年，数量便近万家，由此可见民宿发展的迅速。

近年来，民宿在美国逐渐成为新兴的旅游业态中具有浓郁特色的产业，不仅催生了许多民宿租赁公司，而且吸引大量资金进入了这一行业。美国实行联邦制，不同的州在民宿管理方面，相关规定不尽相同，且这些法规处于不断的修订和完善中。

以西雅图所在的华盛顿州为例，华盛顿州的法规要求所有短租民宿经营者均需获取营业执照，同时对经营短租民宿的数量也做了必要的限制。据有关数据显示，西雅图近几年有2000多间单元房流向了短租市场。为了保护本地住房，2017年年底，西雅图市议会通过了新法规，对Airbnb等短租民宿平台进行监管。新法规要求，所有短租民宿运营者均需获取营业执照，限制业主运营短租民宿的数量，避免公寓楼被转换为事实上的酒店；市内大多数现运营者可在首要居所以外再经营另外两套房，新运营者仅被允许在首要居所以外再经营另一套房，在市中心核心区域，运营者则不受拥房数量限制。此前，西雅图市议会还通过了对市内短租民宿运营者征税的议案，对短租民宿业主征收每夜14元（租出整幢房屋）或8元（租出部分房间）的税。

三、日本民宿的发展

日本民宿发展有着悠久的历史，早在昭和年间，在日本伊豆半岛和白马山麓就出现了民宿。后来随着日本经济的腾飞，人们生活富裕起来，滑雪、登山、温泉度假等休闲娱乐活动大受欢迎，出现了大批旅游度假胜地。于是当地居民将自家房屋分割，开始经营家庭式旅馆，从北海道的宗谷湾，到冲绳的久米岛，全国各地的民宿如雨后春笋般发展起来。据昭文社1997年4月出版的《全国民宿》记载，1970年前后，日本全国民宿曾达到2万余家。20世纪80年代，经济泡沫破裂之后，人民收入缩水，大规模开发的度假酒店纷纷被抛弃，人们的目光又开始转向乡村，寻求遗失的文化生活与清新的自然环境，形成一种以家族为单位，长期居住于农家民宿的旅行方式，民宿又迎来了新的发展机遇。现在日本民宿相关的法规制度已比较完善，旅馆业法中《简易住宿规范》对民宿设置有详细的规定，各地也有比较成熟的民间民宿协会组织。

日本是亚洲地区民宿产业发展最为成熟的国家，日本对居民的民宿设置具有较为详细的规定，在民宿管理上，采用类似欧洲的许可制模式，由官方授权委托相关非政府机构进行审核、认证，但经营者不限于农业背景，这使得许多城市居民来到乡村开设民宿，也吸引更多人来到乡村体验，促进了城乡交流。民宿在日本的官方名称是“体验民宿”，因此日本的民宿更注重农业体验。

日本民宿产业服务设施完善、服务质量较高、主题文化丰富，吸引着世界各国的游客。2018 年 6 月 15 日，日本出台了《日本住宿宿泊事业法》（简称民宿新法），标志着日本民宿经营已走上法制化轨道。日本民宿发展呈现四个方面的特点：一是民宿产业均衡发展；二是经营模式以家庭为主；三是日本民宿协会在民宿发展中发挥重要作用；四是相关法律法规完善。日本民宿发展经验对促进我国民宿产业发展具有重要启示意义。

任务二　我国民宿的发展

【任务描述】

任务内容	成果形式	完成单位
总结归纳台湾民宿的起源和发展情况	文本	个人
调研你的家乡（以地州市为单位）民宿发展情况，并撰写调研报告	文本	小组

【相关知识】

一、我国民宿的发展历程

1. 台湾民宿的发展历程

台湾民宿在 20 世纪 80 年代便有所发展，随着阿里山、溪头、垦丁等地区的旅游开发，每逢节假日都有大量游客涌入旅游地，现有的旅馆、酒店等设施难以满足游客的住宿需求，当地原住民就到车站或饭店门口招徕游客，开始利用空闲房屋接待游客，民宿由此产生。

1989 年，山胞行政局为改善山区居民的生活质量，开发利用山区独特的旅游资源，鼓励支持居民开设山居民宿。此后，为促进农业升级发展，当局相关机构制定了相关休闲农业鼓励政策，促进农业生产活动与田园风光、自然环境资源、乡村文化习俗融合发展。进入21世纪，随着民众收入的增长，休假时间的增加，以及人们对于生活休闲品质的日益重视，加之大陆赴台旅游人数的增加，旅游住宿需求旺盛，台湾民宿业态进入快速发展期。

2001年台湾当局颁布实施《民宿管理办法》，其中对民宿的定义、设置场所、经营规模、经营方式、设备设施都有明确规定，自此台湾民宿经营管理模式开始向专业化和品质化方向发展。这种寓教于乐、休养结合的旅游住宿方式越来越受到台湾民众的青睐。台湾合法民宿的数量从2004年的400多家迅速增长到2007年的2300多家。自此之后，台湾民宿发展步入了成熟期，更注重多样化、特色化、精致化。虽然每间民宿客房数量平均只有3~5间，但是到2011年民宿的平均房价已超过一般旅馆。截至2014年年底，台湾合法民宿总数已达到5200多家，总客房数量超过21000间，总数量仍以较高的速度增长。

2. 大陆民宿的发展历程

我国作为一个古老的农业国家，农业发展拥有非常悠久的历史，但是乡村旅游起步较晚。在中国大陆，一般认为民宿最早出现在20世纪80年代，四川成都地区、都江堰青城山等地区凭借优美的自然环境和较高的知名度，每年都会吸引大批游客前来。以“农家乐”为代表的乡村旅游形式开始在景区附近的乡村出现，这种结合乡村特有的景观、文化民俗、农业生产活动的互动体验游形式突破了过去以观光游览为主要内容的旅游形式，一出现就受到了游客的欢迎。此后，这种旅游形式开始在四川各地发展。1987年，成都近郊的龙泉驿书房村举办了“桃花节”。这次活动把农业生产活动、乡村田园风光、乡土民俗文化、乡村民居和聚落文化相结合，形成了一种旅游形式。

2000年之后，我国的乡村旅游已不局限于农业体验。旅游度假、休闲娱乐需求的增长催生了以民宿为代表的乡村综合体验游，乡村旅游开始向集观光、学习、考察、体验、娱乐、休闲、度假、康体为一体的方向发展。随着乡村旅游模式的升级发展，体验型、专业型、个性化的民宿开始出现。

目前，我国民宿产业迈入以高端化、专业化、品牌连锁化为特征，以民宿群落为主的精品民宿阶段（见表1-2-2）。精品民宿的硬件设施和服务水平较高，价格也较普通民宿昂贵，但却受到游客普遍欢迎。以北京怀柔区为例，近年来，精品民宿在怀柔区发展很好，形成了以渔唐、老木匠、坚果农庄为代表的一批高端精品民宿品牌。

突如其来的新冠肺炎疫情对经济社会的运转和发展造成了深刻的影响，民宿行业作为大文旅产业的一个组成部分，也不可避免地受到波及。尽管如此，研究表明，疫情加速了行业洗牌，未来业内机遇和挑战并存。疫情之后，文化型、生态型、康养型、亲子型、研学型等特色主题民宿将会更加受到市场青睐，而那些只靠区位优势、提供简单住宿服务的同质化民宿产品将会被市场抛弃。

表 1-2-2 我国大陆地区民宿发展历程

民宿发展阶段	时间	阶段特征	经济形式
1.0 时代	1984—2003 年	由农家乐发展形成，依靠家庭继续投资改造	分享经济
2.0 时代	2003—2016 年	依赖于业主自身特质和个性十足的主人文化，具有自发性和零散性，人力成本和时间成本极高，合伙人投资改造	共享经济
3.0 时代	2017 年至今	呈现高端化、专业化和品牌连锁化发展趋势，民宿群落兴起，周边行业对接、政府持续关注，资本、互联网资金平台、高端设计师持续进入市场	品牌经济

民宿作为一种有别于传统酒店、饭店、宾馆，给游客温馨亲切的家的感觉的旅游接待设施，是人们体验旅游地风俗和文化的载体。乡村民宿，是乡村旅游的重要组成部分，是改善农村生活水平、促进就业实现城乡文化交流的重要途径。旅游地民宿则是旅游者住宿、饮食甚至了解旅游地的重要方式。结合目前民宿发展的实际状况，我国大陆地区民宿的地理位置分布如表 1-2-3 所示。

表 1-2-3 我国大陆地区民宿地理位置分布

区域	区域描述	市场分析	地理位置
滇西北民宿客栈群	一年适宜游玩天气多；区域内自然景观奇异性和独特性高，少数民族文化斑斓多姿，拥有一处世界自然遗产（三江并流）、一处世界文化遗产（丽江古城）、一个世界地质公园（大理苍山）。这个区域是大陆客栈和民宿发展较早、发展较成熟的区域之一，也是客栈投资炙手可热的区域之一。随着沪昆高铁通车、昆明—大理—腾冲快速铁路修建、泸沽湖机场通航、腾冲机场升级、大理机场未来迁址改建，以及从区域节点到景点的道路建设也在升级，有利于降低市场与区域目的地的交通到达成本。此外，随着大量资金的进入，不同档次及体量的酒店正在修建，客栈及民宿运营整体水平也在提升，区域知名度不断提升	1. 偏居中国西南边疆，交通对于市场人群而言还较为不便 2. 缺乏规范，部分区域出现过饱和状况，带来系列问题，影响旅行体验 3. 政府对于行业的处置应对水平较为低下，产权问题突出 4. 污染问题（如洱海出现的水体富营养化问题）	大理（双廊在内的洱海周边区域、大理古城及周边、沙溪、诺邓、巍山古城），丽江（大研古城、束河、拉市海、玉龙雪山下白沙镇、泸沽湖区域），香格里拉（独克宗古城、松赞林寺周边、纳帕海周边、德钦梅里雪山周边飞来寺）；怒江州：六库、丙中洛；保山市：腾冲和顺古镇。此外，澜沧江谷地（如茨中）、怒江谷地（如丙中洛）、金沙江（如虎跳峡）也会点状出现以目的地为中心的民宿客栈

续表

区域	区域描述	市场分析	地理位置
川藏线客栈带	该区域覆盖从成都平原经横断山区进入传统藏地的广大区域；大山大河紧邻，地貌变化巨大，藏民族风情多元精彩，同时作为进西藏的重要通道，是中国自驾游中比较繁忙的一条世界级的景观大道。而且区域一个端口连着成都这个重要的市场来源地和客源窗口（成都机场客流量超过2000万人次），目前客栈和民宿主要沿着317、318国道分布，集中在几个市镇上，主要满足接待季节性自驾和骑行游客	1. 区域间低海拔河谷地带纵深狭窄，视野受限；高海拔高原平面景观优美，但多是会使人产生高原反应的区域，人群适应受限，而且适宜旅游的季节只有4个月左右 2. 交通通达性还是太差，受限于两条进藏国道，旺季及雨季期间经常出现拥堵和中断 3. 旅行淡旺季落差太大，酒店旺季时房间一房难求，淡季时难以支撑运营 4. 外来投资者需要了解当地文化才好介入	四川：塔公、康定、新都桥、理塘、稻城、亚丁、丹巴、九寨沟、松潘、桃坪羌寨、米亚罗 西藏：昌都、八宿、八一、波密、朗县、工布江达、然乌、拉萨、江孜、日喀则
湘桂黔客栈带	湖南、贵州、广西三省区交界处，也是第二阶梯下到海拔更低的第三阶梯的交界处，区域沿着雪峰山及武陵山、苗岭一线分布；山水相交，景色绝美，同时这里也是多民族聚合交融、和谐共处之地。区域内有包括桂林山水、崖山丹霞地貌、喀斯特地貌等世界级的景观；从区位上看，该地区与珠三角、川渝、华中城市群落等客源市场有近便的交通干道，通达性好，也是东部地区去往西南陆路交通必经之地	1. 毗连区内部的经济条件较差，对外部客源的依赖性过高，因此导致旅游淡旺季明显 2. 从大交通节点到终端的交通条件有待改善，因此从时间距离来衡量，还是离市场目的地远 3. 东部往西部过路游客居多，停留天数少	贵州：镇远古城，西江千户苗寨，肇兴侗寨 湖南：凤凰古城 广西：三江县、龙胜梯田区域、桂林、阳朔漓江一线
海南岛客栈群	纬度决定了海南岛在中国旅游版图中的重要角色，充足的阳光和没有低温的气候，加上作为海岛的热带景观，成就了它长盛不衰的美名。作为中国的第二大岛，拥有漫长的海岸线，环境及区域经济的承载能力高，发展旅游的历史较为悠久，区域内海口和三亚作为游客来海南的重要航空枢纽，环岛高铁和高速也都齐备，交通配套成熟	1. 旅游业发展较为充分，做客栈及民宿比较好的性价比高的物业较为难得 2. 旅游区商业化气息浓厚，难以凝聚客栈的文化氛围 3. 知名度过高，区域旅游发展中负面新闻给民宿发展带来影响 4. 豪华星级酒店及连锁酒店等其他替代住宿形态对民宿及客栈的发展的冲击较大	三亚、东方、陵水
浙南闽北客栈群	闽浙交界地带，仙霞岭、武夷山、鹫峰山系纵向分布，山岭之间有河川谷地，绿化率达到80%以上，生态环境极佳。山岭之间的古村落，有着悠久的历史，不少还保持着和周边环境和谐共处的美好状态，区域内有世界自然和文化遗产武夷山，世界自然遗产江郎山，世界地质公园太姥山等世界级的景区。随着高铁及高速路网在本区域的布局完善，从本区域往周边客源地的通路已经成熟，有望成为周边城市度假休闲的长时段目的地。而且客栈民宿属于刚刚发端的阶段，物业成本相对较低	1. 刚刚发端的市场，属于客栈民宿的“生地”，进入的不确定性因素较多 2. 周边包围的客栈群落具有强替代性，竞争激烈 3. 部分从交通干道到景区村落的衔接交通还是不便	浙南：泰顺、江山市（仙霞岭）丽水、松阳 福建：泰宁（古城）、大金湖周边丹霞地貌带、武夷山（下梅村、保护区毗连区村落）、屏南（白水洋周边及古村落）、周宁（古村落）、福安

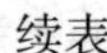
续表

区域	区域描述	市场分析	地理位置
客家文化圈民宿客栈群	客家民系作为中国重要的民系依然在区域文化发挥着巨大的影响力，位于赣南、闽西、粤东的这块区域，是传统客家文化的核心区块。三省以赣州、汀州（长汀）、梅州为核心，对客家语言及文化进行传承。客家民系整体带有保守的属性，内部凝聚力强，宗族观念强烈；对外则带戒备的意味，直观的反映就是大量存留的土楼、围屋、土堡等带防御功能的建筑和村落。这些建筑和村落是开展民宿及客栈的极佳载体，而客家文化的精彩多元也是能让来客开展深度游玩度假的条件。该区块离珠三角及福建沿海经济发达区域近便，高铁和高速网络也覆盖到位，发展前景良好	1. 区域内部的整合度有待提高 2. 目前开展的民宿客栈整体水平有待提高，缺乏高端产品，市场认知度低 3. 老民居的物业较为分散，产权比较复杂 4. 知名景区的环境的原生态性欠理想，植被以次生林为主	福建：长汀（汀州古城）、连城（冠豸山、培田古村落）、永定（高头乡土楼区）、南靖土楼区（非客家民系土楼） 江西：龙南县围屋区，会昌县的古村落、石城县的围屋区 广东：梅县、大埔县的客家村落
珠三角民宿客栈群	珠三角也是中国经济较早开放的区域之一，其经济体量巨大，居民消费能力强，珠三角城市群的人口数量也接近5000万，是中国人口密集的地区之一。由于交通拥堵、空气污染、生活节奏快，生活其中的居民对于客栈、民宿具有强烈的需求，而广东位于亚热带和热带地区，客栈及民宿受气候的影响小，珠三角周边海拔稍高，生态环境宜人的区域成为大众度假休闲的重要选择	1. 物业成本走高 2. 经营淡旺季匹配的是周末规律，周五和周六的生意爆棚，工作日则生意冷清 3. 停留天数低，以周末客为主，该区域居民稍有长时段的假期，会选择更远距离、环境更宜人的区域去度假	清远、肇庆、河源、云浮、韶关
长三角民宿客栈群	以上海为中心的长三角，是中国经济最活跃、经济体量最大的区块，也是中国城市化水平最高的地区。"逆城市化"的效应也在该区域显现，因此长三角毗连区的农村现代化程度非常高，这就为客栈民宿的发展提供了很好的基础条件。以莫干山为代表的客栈民宿集群，是大陆目前发展最成熟的典型范例。虽然发展较早，基于强劲的市场需求，长三角毗连区的机会非常突出	1. 经营淡旺季匹配的是周末规律，周五周六的生意爆棚，工作日则生意冷清 2. 区域内同质化较为严重，内部竞争开始显现，在县域层面的营销显得尤为重要 3. 客栈、民宿的投资初步展现出泡沫的景象，投资更需谨慎	苏南：苏州、无锡、宜兴 浙江：杭州（西湖周边及后山）、德清（莫干山）、乌镇、西塘、安吉、桐庐、淳安

二、我国民宿发展政策

近年来，国家不断出台有关政策鼓励特色民宿的发展，目前，我国在民宿行业颁布的主要政策如表 1-2-4 所示。

表 1-2-4　中国民宿行业政策汇总

发布时间	发布单位	政策名称	主要内容
2015 年 11 月	国务院办公厅	《关于加快发展生活性服务业促进消费结构升级的指导意见》	强化服务民生的基本功能，形成以大众化市场为主体、适应多层次多样化消费需求的住宿餐饮业发展新格局。积极发展绿色饭店、主题饭店、客栈民宿、短租公寓、长租公寓、有机餐饮、快餐团餐、特色餐饮、农家乐等满足广大人民群众消费需求的细分业态
2016 年 1 月	国务院	《关于落实发展新理念加快农业现代化实现全面小康目标的若干意见》	明确提出大力发展休闲农业和乡村旅游。依据各地具体条件，有规划地开发休闲农庄、乡村酒店、特色民宿、自驾露营、户外运动等乡村休闲度假产品
2016 年 10 月	住建部、中国农业发展银行	《关于推进政策性金融支持小城镇建设的通知》	进一步明确农业发展银行对特色小镇的融资支持方法。住建部负责组织、推动全国小城镇政策性金融支持工作，建立项目库，开展指导和检查。中国农业发展银行将进一步争取国家政策，提供中长期、低成本的信贷资金
2017 年 2 月	社科院	《旅游绿皮书：2016—2017 年中国旅游发展分析与预测》	建议各地探索合理合法、高效一体的民宿行业管理政策，推行行业许可经营制度，建立统一的民宿审批与监管机制，提高民宿经营的规范性和稳定性
2017 年 9 月	国家旅游局	《旅游民宿基本要求与评价》（LBT 065—2017）	在市场准入范围方面，强调民宿经营者必须依法取得当地政府要求的相关证照，并满足公安机关治安消防相关要求。民宿单幢建筑客房数量应不超过 14 间
2019 年 7 月	文化和旅游部	《旅游民宿基本要求与评价》（LBT 065—2019）	代替 2017 年国家旅游局版本。更加体现发展新理念，体现文旅融合；加强对卫生、安全、消防等方面的要求，健全退出机制；将旅游民宿等级由金宿、银宿两个等级修改为三星级、四星级、五星级 3 个等级，并明确了各等级的划分条件
2021 年 2 月	文化和旅游部	《旅游民宿基本要求与评价》（LB/T 065—2019）第 1 号修改单	将旅游民宿等级分为 3 个级别，由低到高分别为丙级、乙级和甲级。等级旅游民宿标志由民居图案和相应文字构成。增加民宿提供餐饮服务时应制定并严格执行制止餐饮浪费行为的相应措施

三、国家标准助力民宿行业规范发展

习近平总书记指出，标准决定质量，有什么样的标准就有什么样的质量，只有高标准才有高质量。我国民宿标准的发布实施，有利于对现有民宿发展经验进行总结推广，整体提升全国民宿服务质量水平，推进民宿经济有序健康持续发展，助力全域旅游和乡村振兴。以“标准化”为手段助力民宿行业，有利于对民宿进行规范和监督，对民宿的发展有着重要的意义。

广义的民宿标准最早可追溯到各地的法规政策，这类法规针对民宿的准入门槛、资质、规模、硬件要求和服务要求等作了规定，可视为民宿标准的前身，如深圳市大鹏新区于2015年颁布的《民宿管理办法》。2017年，浙江省发布了《民宿基本要求与评价》，该标准对民宿的定义、基本要求、环境设施、管理服务、评价原则、等级划分条件等方面提出了要求，是全国首部省级层面的地方民宿标准。

2017年，国家旅游局颁布《旅游民宿基本要求与评价》，这标志着我国首部民宿行业标准的出台。该民宿行标出台后，我国其他各省，包括陕西、广东、贵州、黑龙江等地都相继颁布了民宿地方标准，各地市县也根据自身特点纷纷制定了地市级标准，有的区域还以民宿协会等组织为主体出台了民宿团体标准。这些标准为各地民宿规范发展和民宿等级评价提供了重要的技术支持。

2020年年底，国家市场监管总局正式发布了乡村民宿的国家标准《乡村民宿服务质量规范》。该项标准以浙江省乡村民宿发展经验为基础，对全国乡村民宿建设成果进行了总结提炼，填补了我国乡村民宿服务和管理标准的空白，对全国乡村民宿高质量发展、高效率管理、科学化评定提供标准指引。另外，由浙江省德清县人民政府立项主导的我国认证认可的行业标准《乡村民宿服务认证要求》正在终稿送审阶段中，该标准将直接为乡村民宿的第三方服务认证评价提供依据。

综上所述，目前我国的民宿标准体系已经初步建成，覆盖了国家标准、行业标准、地方标准、团体标准四种基本的标准类型。

相关链接

全国58家甲级、乙级旅游民宿评定结果（2021年）

2021年11月，经旅游民宿自愿申报、省级等级旅游民宿评定机构初审，全国旅游标准化技术委员会最终评定后，认定58家民宿达到甲级、乙级旅游民宿标准。根据《〈旅游民宿基本要求与评价〉（LB/T 065—2019）及第1号修改单实施工作规程》确定最终结果。

全国甲级、乙级旅游民宿名单

一、甲级（31 家）

序号	地区	民宿名称	通过资格审核时间	评定检查时间
1	河北省	听松书院	8月27日	9月23日至10月21日
2	河北省	北戴河归墟花堂民宿	8月27日	9月23日至10月21日
3	山西省	平遥县一得客栈	8月27日	9月23日至10月21日
4	山西省	康家坪民宿	8月27日	9月23日至10月21日
5	内蒙古自治区	鄂尔多斯市准格尔黄河大峡谷峡谷雅宿	8月27日	9月23日至10月21日
6	江苏省	山居壹聚民宿	8月27日	9月23日至10月21日
7	江苏省	蔺圃客栈店	8月27日	9月23日至10月21日
8	浙江省	如隐小佐居民宿	8月27日	9月23日至10月21日
9	浙江省	村上酒舍民宿	8月27日	9月23日至10月21日
10	安徽省	云里安凹	8月27日	9月23日至10月21日
11	安徽省	塔川书院	8月27日	9月23日至10月21日
12	江西省	厚塘庄园民宿	8月27日	9月23日至10月21日
13	河南省	灵泉妙境·石光院子	8月27日	9月23日至10月21日
14	河南省	云上院子	8月27日	9月23日至10月21日
15	湖北省	清舍客栈	8月27日	9月23日至10月21日
16	湖北省	恩施星野民宿	8月27日	9月23日至10月21日
17	湖南省	生庐洋谭里民宿酒店	8月27日	9月23日至10月21日
18	广西壮族自治区	明仕雅居	8月27口	9月23日至10月21日
19	广西壮族自治区	阳朔墨兰山舍	8月27日	9月23日至10月21日
20	海南省	无所·归止精品民宿	8月27日	9月23日至10月21日
21	重庆市	飞茑集一巴谷·宿集	8月27日	9月23日至10月21日
22	四川省	古道别院	8月27日	9月23日至10月21日
23	四川省	成都锦府驿	8月27日	9月23日至10月21日
24	贵州省	峰兮半山客栈	8月27日	9月23日至10月21日
25	贵州省	瑶池小七孔民宿	8月27日	9月23日至10月21日
26	云南省	大理白玛假日	8月27日	9月23日至10月21日
27	陕西省	中华郡·远古部落（炎黄阁）	8月27日	9月23日至10月21日
28	甘肃省	五福临门民宿	8月27日	9月23日至10月21日
29	甘肃省	肃云香庄	8月27日	9月23日至10月21日
30	宁夏回族自治区	中卫南岸民宿	8月27日	9月23日至10月21日
31	新疆维吾尔自治区	西融禾木民宿	8月27日	9月23日至10月21日

二、乙级（27 家）

序号	地区	民宿名称	通过资格审核时间	评定检查时间
1	北京市	石光长城精品民宿	8月27日	9月23日至10月21日
2	北京市	合宿·延庆姚官岭民宿	8月27日	9月23日至10月21日
3	河北省	骆驼湾小院	8月27日	9月23日至10月21日
4	辽宁省	安步精品复古民宿	8月27日	9月23日至10月21日
5	江苏省	鸣珂里	8月27日	9月23日至10月21日
6	江苏省	山水间又见浮玉	8月27日	9月23日至10月21日
7	浙江省	云栖舍民宿	8月27日	9月23日至10月21日
8	浙江省	那年晚村民宿	8月27日	9月23日至10月21日
9	安徽省	陌上海心谷	8月27日	9月23日至10月21日
10	江西省	栖一树民宿	8月27日	9月23日至10月21日
11	江西省	花田溪民宿	8月27日	9月23日至10月21日
12	山东省	木青茗苑民宿	8月27日	9月23日至10月21日
13	山东省	原舍·桃颂民宿	8月27日	9月23日至10月21日
14	河南省	林境三湖民宿小院	8月27日	9月23日至10月21日
15	湖北省	梵璞山居	8月27日	9月23日至10月21日
16	湖南省	凤凰城老四合院	8月27日	9月23日至10月21日
17	广东省	仁化县艺术家客栈	8月27日	9月23日至10月21日
18	广东省	志睦楼民宿客栈	8月27日	9月23日至10月21日
19	广西壮族自治区	绿叶家园民宿	8月27日	9月23日至10月21日
20	海南省	文昌云卷云舒海景家园客栈	8月27日	9月23日至10月21日
21	海南省	艾尔温客栈	8月27日	9月23日至10月21日
22	重庆市	不舍民宿	8月27日	9月23日至10月21日
23	四川省	资中玺院民宿	8月27日	9月23日至10月21日
24	云南省	元阳十二庄园·香典	8月27日	9月23日至10月21日
25	西藏自治区	波密县云杉居民宿	8月27日	9月23日至10月21日
26	新疆维吾尔自治区	伊宁梵境精品民宿	8月27日	9月23日至10月21日
27	新疆生产建设兵团	明阳山庄旅游民宿	8月27日	9月23日至10月21日

（资料来源：中华人民共和国文化和旅游部，https://www.mct.gov.cn/whzx/zsdw/lyzljdgls/202111/t20211108_928872.html）

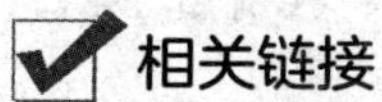

相关链接

民宿行业发展趋势

到 2020 年年底，我国共享房源超过 600 万套，共享住宿市场交易规模有望达到 500 亿元，市场空间大。民宿作为旅游发展的重要内容和新热点，是推进全域旅游发展的重要抓手，是助力实施乡村振兴战略的重要渠道，也是促进文化和旅游消费的重要途径。以下对民宿行业发展趋势进行分析。

民宿的主力消费价格在 150~250 元，占比超过 35%；其次为 250~450 元，占比为 30%；450~800 元的占比为 20% 左右。随着年轻消费群体未来收入的增加，预计民宿的主力消费区间将会上移。民宿行业分析指出，与民宿装修层次相当的中端酒店的价格通常稍低，但是民宿大多是多人入住，如家庭客或者朋友出行，而酒店更多的是单人入住。因此，民宿的人均消费更低，对消费者的吸引力更强。

近几年的春节假期，越来越多的人愿意走出去，带上家人奔赴他乡旅游过年，体验不同城市的年味。在住宿方面，相较于酒店相对单一的房型，民宿的多居室可以满足不同家庭游群体的住宿需求，且住宿环境和体验比酒店表现亮眼，所以春节假期成为民宿预订的高峰。现从未来三大发展方向来分析民宿行业的发展趋势。

（1）民宿产品与其他旅游产品整合深度将加深。随着居民旅游深度和频次的增加，居民对于个性化主题住宿产品需求将迅速扩大，民宿供应量将保持加速增长。以去哪儿网为例，目前民宿产品占酒店住宿产品总体供应量的 8%~10%，峰值可达到 15% 左右。

（2）民宿预订产品供应将保持加速增长。民宿产品具备个性化经营的特色，通常依托周边旅游资源提供具备当地特色的经营项目，本身就是旅游资源中的重要环节，与其他旅游产品具备较强的协同性和融合能力。在线旅游预订平台上，民宿产品与景点门票、交通等其他旅游产品的打包销售将成为趋势。

（3）预订平台将向民宿推广标准化管理平台，提高信息化程度。目前，民宿经营普遍存在财务管理不规范、订单管理不智能、房源管理依赖人工等信息化程度低下的问题，多家在线旅游企业已推出面向民宿经营者的管理系统，以提高民宿信息化程度。未来，更多民宿预订平台将跟进这一举措，通过免费推广民宿管理系统降低民宿预订产品和运营成本，提高用户服务体验。

民宿的商业化激励着民宿服务不断朝着规范化、专业化发展，加速了整个民宿行业的发展进程。市场上依然有部分民宿店主是出于情怀加入民宿创业大军的，他们希望分享自己的经历和故事，通过民宿交到更多的朋友，带给用户特别的住宿体验。

（资料来源：叶秀霜，章艺 . 民宿服务与管理［M］. 北京：高等教育出版社，2021）

模块二

民宿策划：搭建远方的家

【导言】

选址和设计装修是体现民宿灵魂的重要方式，通过装修设计把民宿完美的一面展现出来，才能把更多的过路人吸引进你的民宿。其中，好的选址是成功的一半，选址不理想，后期其他方面做得再好也会事倍功半；民宿的设计不只是简单的住宅设计，也是一种生活方式的系统设计，通过设计营造出一个极具特色舒适的住宿空间，给客人留下美好印象；民宿的装修、设计风格是做好民宿的重要因素之一，也是经营一家民宿成败的重点；而民宿产品开发就是根据目标市场的需要，对民宿设施、民宿服务、民宿纪念品、民宿体验项目等进行策划、设计、开发和组合的过程。

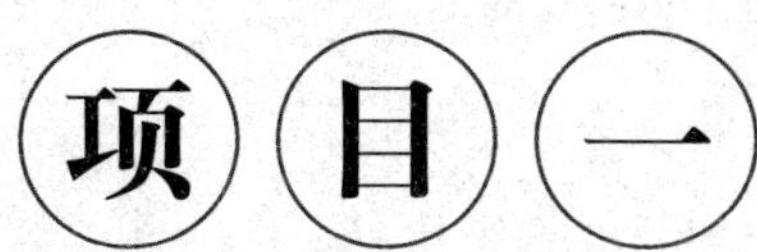

项目一　民宿选址

【项目引入】

选址是民宿的基础，是民宿的第一步，也是最重要的一步，对于民宿发展几乎起着决定性的作用。好的民宿选址可以给客人带来独特的体验，可以体现民宿产品的差异性，可以大大降低民宿的初期投入和将来的运营成本，民宿选址是否合理对民宿的经营起着至关重要的作用。

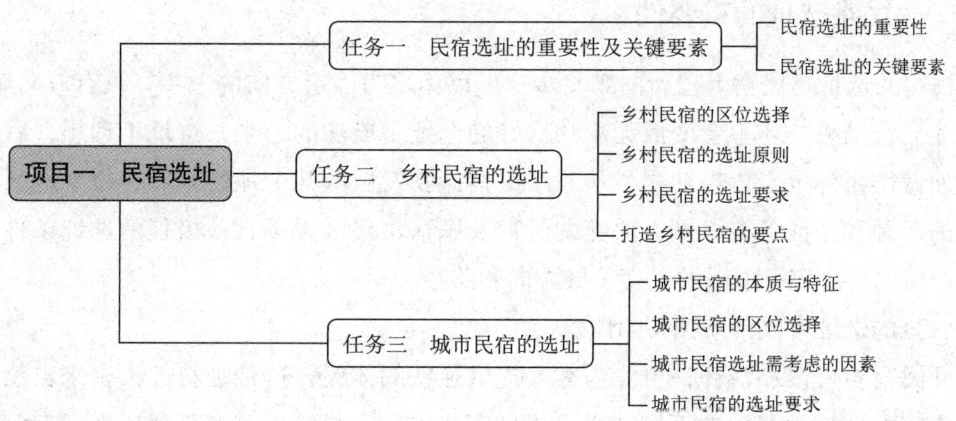

【学习目标】

知识目标：

- 了解民宿选址的关键因素

- 掌握乡村民宿选址的要求
- 掌握城市民宿选址的要求

能力目标：

- 能根据民宿类型进行科学选址
- 能清晰辨别城市民宿和乡村民宿的选址区别

任务一　民宿选址的重要性及关键要素

【任务描述】

任务内容	成果形式	完成单位
调研当地民宿，分析其选址情况，你认为民宿的经营与选址关系大吗？为什么？请举例说明	文本	个人
假设你要筹建一家民宿，你会怎样选址，并说明理由	PPT 展示	小组

【相关知识】

一、民宿选址的重要性

民宿的选址是民宿万里行的第一步，可以称之为确定方向的一步，只有方向对了，坚持才会有结果，才不会变成无用功。好的选址是成功的一半，选址不理想，后期其他方面做得再好也会事倍功半。从我国民宿蓬勃发展的几个地区来看，每个地区民宿发展的起源和特征各有不同，成熟的民宿及民宿聚集区无不具备极佳的选址条件，不同的民宿选址决定了不同的民宿发展方向和路径。

1. 好的选址可以带来独特的体验

开民宿不仅仅靠情怀，更要为客人提供独特的体验，这种独特性大多来自消费者因为空间的转换而获得的不同感受，如城市居民来乡村消费，东部居民在云南、西藏等西部地区感受到的文化差异等。

2. 独特的选址可以体现民宿产品的差异性

民宿产品不仅仅是一张床、一间屋，更多的是环境，民宿产品的差异性主要体现在周边环境的不同。徽州的民宿发展是基于当地特色的古宅，川藏线上的民宿则起源于骑行者的栖息地。

3. 好的选址可以大大降低初期投入和运营成本

在民宿业有一句话叫“如果选址选好了，躺着也能赚钱；如果选址选不好，绞尽脑汁也得亏钱”。如 2016 年融资就已经超过 1 亿元的诗莉莉的选址均是洱海、丽江、漓江等国内稀缺的景观资源所在地。

二、民宿选址的关键要素

1. 区位

选择区位就是选择市场，区位决定了市场总量、竞争情况、客源构成等。区位优势可以从地方旅游局发布的信息中获取数据。如区域内年客流量、客流量月份分布、淡旺季分布、客流量年增幅等情况；和往年同期相比较，流量是上升、持平还是下滑；调查客源地及客人逗留的天数等。

以上的市场情况不同决定了民宿定位的不同，是经济型民宿、中高档民宿、轻奢型民宿还是高档精品民宿，这都与市场总量有很大的关系，也从一定程度上能反映区位优势。

2. 交通

客人的“综合到达体验”是民宿选址时必须考虑的前提。距离市场的远近决定了民宿潜在客群的规模，时间距离和物理距离都会影响消费者的选择。民宿项目选址对离高铁、高速公路、机场的距离应有明确的要求，因此，民宿选址要关注交通因素，主要包括以下两个方面。

（1）交通工具。交通是决定民宿客人是否愿意到店的重要因素。民宿的选址要远离喧嚣，整体景色效果都要好，但又不能太过遥远，同时要选择在公路畅通或者高铁、飞机等通行工具较为方便的地方，确保各种交通工具能够无缝对接。

（2）行程时长。一般来说，民宿选址在交通方面遵循的是“三小时交通原则”，即，先找到消费顾客所在的位置，进而确定民宿位置——将这些主要客群作为圆心，半径 1~3 小时交通可达的地方。为什么是 1~3 小时呢？因为民宿的位置近了远了都不好，低于 1 小时，新鲜感会不足，而超过 3 小时顾客会没有耐心。要知道，许多自驾客只要了解到目的地需要长时间开车往往就会退缩了。

因此，作为观光游或景区配套的民宿来说，公共交通可达核心景观的时长不宜超过 30 分钟。对于客群定位为城市近郊自驾休闲度假群体的民宿来说，距离一、二线城主城区不宜超过 2 小时车程；距离邻近知名景点不宜超过半小时车程；而在三、四线城市，对自驾时间要求则更短。

3. 资源

民宿选址时要考虑的资源主要包括先天性的自然资源和补充民宿功能的配套资源。

（1）自然资源。自然资源是指能够给客人带来美好体验的环境事物，一般来说，民宿选址方圆 20 公里内最好有 4A 级旅游景区或者国家森林公园、旅游保护区；推开窗户能够看到优秀的自然风景一定会给民宿大大加分。在选址时，占有的这类资源越多，资源禀赋也就越强。在项目设计建设中也要充分利用这些资源，使其成为吸引游客的重要载体。

（2）配套资源。在旅游产业所需要的食、住、行、游、购、娱六大要素中，民宿仅仅提供“住”以及“食”的功能。实际上，民宿很难把其他要素都囊括其中，难以形成整个旅游服务体系。因此，民宿在选址时，对区域内的配套设施，选址地方的商业氛围，水电网、道路、路灯、排水系统、防灾等基础设施，周边超市、餐饮、银行、娱乐设施、医院等配套的公共设施，都要进行系统的考虑。民宿需要合理的配套资源补充，同时充分考虑区域的联动效应，与周边业态形成互动。民宿所在地的设施配置情况是保证民宿能够正常运营的基本条件，如果民宿所建区域的配套设施不全面，建设成本和运营成本也会增高。在选址时，民宿要关注以下要素：地表水系水质达标；生活饮用水达标；主要道路要平整，可通行机动车辆；有稳定的供水、供电及排污系统；具备合理的电容量和基本的通信条件；具备合格的消防安全条件等。尤其在一些距离城镇较远的村落，所有基础设施都要在确定选址时进行系统的规划。

4. 政策

政策的支持是民宿资金投入的最大保障，否则，一纸禁令就可能让投入血本无归。地方政策是民宿建设方向的主要根源，强有力的政策支持对于民宿在运营过程中办理证件的难易程度、民宿后期的发展规模有着重要影响，是民宿经营管理必须考虑的问题。民宿选定地址之前必须和当地的行政单位进行沟通，确保能够获得各级行政机构和当地居民的支持。民宿建立的政策主要包括资质政策和环保政策。

（1）资质政策。第一，宅基地政策。很多风景秀丽的村落都是租赁当地村民的宅基地进行民宿改造的，但宅基地的相关文件和法律并没有表明可以将地或房屋用于经营，而且宅基地重新营建的建筑是不被国家承认的。第二，经营资质政策。住宿产品的几大资质包括工商的营业执照、消防的开业许可、公安的特种行业许可和外宾接待许可、卫生许可、食药监的餐饮许可等。国内一线城市对于这些资质的办理要求标准基本相同，而一些郊区和偏远地区政策各有不一，所以很多民宿并不具备办理资质的相应条件。

（2）环保政策。环保政策是指做民宿要提前了解政府对排污设备系统的政策要求和标准以及未来的规划。否则被官方部门勒令停业，或拆除违章建筑会让民宿投资者付出惨痛代价。尤其是有些民宿选址在景区，开在景区固然有很大优势，但是景区的未来规划和治理是单体民宿难以抗衡的。因此，在民宿选址前要综合权衡。

任务二　乡村民宿的选址

【任务描述】

任务内容	成果形式	完成单位
调研当地乡村民宿的选址情况，分析其在选址方面的优劣势，撰写调研报告	文本	小组
假设你要筹建一家乡村民宿，你会建在哪里？怎么选址？请简要说明理由	文本	小组

【相关知识】

乡村民宿是指在乡村建立的具有乡村特色的房屋，主要特色是结合乡村自然环境、人文资源、生活资源，提供给客人住宿及乡村文化体验的设施。乡村民宿作为文化和旅游消费热点的重要途径，是深化旅游业供给侧结构性改革的必然选择。乡村民宿与乡村旅游共生，乡村民宿依托乡村旅游而发展。

一、乡村民宿的区位选择

乡村民宿是指在一些比较原生态的村庄、林地、山地和田地等地区建设的民宿，主要面向有乡土情结、渴望呼吸乡间新鲜空气、体验乡村慢节奏生活的消费者。这类民宿周围并没有开发成熟的景区，大多依托纯天然的田野环境和自然资源来吸引游客。目前，很多民宿投资者都落户于我国一、二线城市的近郊，新建小院或对原来的农宅进行改造，提供外部环境乡村化，内部装修现代化的舒适住宿产品。

随着2018年中央一号文件的发布，国家对实施乡村振兴战略进行了全面部署。文件提出“实施休闲农业和乡村旅游精品工程，建设一批设施完备、功能多样的休闲观光园区、森林人家、康养基地、乡村民宿、特色小镇”，未来，以“旅游＋文创＋生态建筑”为模式的农旅发展将成为乡村民宿发展的重大契机。在政策、资源和乡情乡愁的情感作用下，不少中青年将怀着振兴家乡的决心回到农村，从事旅游、从事民宿。新一代的民宿群落注定成为广阔地区“乡村振兴”的发展抓手，与田园综合体、特色小镇的结合将渐成趋势。

二、乡村民宿的选址原则

乡村民宿不同于都市民宿或景区民宿，没有成熟的市政配套和生活环境的配套可以依托，选址时要遵从以下三个基本原则。

1. 依托区域经济背景

乡村民宿要尽量选址在经济发达的核心经济圈或大都市的直接辐射带中，才能保证足够的消费单量，即要确保消费人数多、单次消费水平高。当然并不是说相对欠发达、不发达的区域就不能做乡村民宿项目，只是规模量级要匹配，做项目要顺势，要考虑胜算的把握。

2. 挖掘原生态资源禀赋

原生资源包括自然资源与文化资源。自然资源包括山水林草田等，文化资源包括建筑风貌、遗存、民风民俗、民族传承、非物质文化遗产、本地特色餐饮等。原生资源的独特性、唯一性越强，吸引力就越强，项目辐射半径就越远，对区域经济背景的要求也就越低。

3. 注重土地技术条件

所有的项目都必须落地，土地技术条件是项目选址的核心。很多投资者只注重表象，看着地方顺眼、看上去很美，于是就想做民宿。注重存量挖潜，要做好项目区存量建设用地的调查，探索新增建设用地的审批合理流程，建设用地难以保障的项目，坚决不要考虑投资。项目选址要考虑的根本因素，是企业自身的品牌与能力，因此要根据自身的品牌地位，尤其是自身在某个领域的独特能力来选择包装自己，讲属于自己的民宿故事。

三、乡村民宿的选址要求

乡村民宿分为四个子类，即景区民宿、城市后花园民宿、乡野民宿、大配套民宿。不同的民宿类型选址有不同的要求。

1. 景区民宿

景区民宿是现在乡村民宿的一个重要组成，占总量的 70% 以上，也是很多所谓的“特色小镇”打造的落地重点内容。很多 A 级旅游景区自带品牌效应，对民宿的流量是一个很大的利好。所以很多投资者会围绕着景区来选址。比如，浙江地区就有莫干山、楠溪江、雁荡山、新安江、天目山、大明山、太湖源、舟山群岛、西湖等知名景区和无数围绕在它们周围的民宿。

（1）选址必需项。

①道路配套完善，下高速后自驾尽量不超过 30 分钟。景区民宿的消费较高，主要群体不再是过去的跟团旅行一族，主要以周边发达和较发达的城市自驾游客为主，所

以道路配套的完善非常必要。如果游客自驾下车后，还要徒步 50 分钟上山，这样的民宿纵然再有特色、山上的风景再好，也必然投资失败。

②租金成本低。民宿项目投资失败，90% 以上原因在于高运营费用。而租金成本，则是运营费用的大头。很多景区的房东倚仗景区优势，对自己的老房子要高价，使得投资者难以盈利。若房子差，一次性的高成本改造可能可以扭转现状，但持续的高租金投入，将会是民宿运营的噩梦。

（2）选址加分项。

①离景区的景点较近，甚至在民宿客房可以看到景区风貌。

②可以提供景区项目和民宿的套票。有些景区的门票比较贵，或者是景区内的项目票比较难买，如大明山的滑雪场门票、舟山群岛的船票等。如果民宿主可以在提供民宿的同时为客人提供联票服务，则将会大大提高竞争力。

2. 城市后花园民宿

这类民宿区域比较特殊，和主要城市区相连，但也相对独立。城市后花园民宿的消费群体主要为这个城市的居民，如上海的崇明、温州鹿城的七都等。外地客人造访崇明的比较少，因为毕竟游玩上海市区就会花去大量的时间。所以，这些地区的民宿往往都瞄准主体城市的消费者。

（1）选址必需项。

①民宿本身的设计风格。城市后花园型民宿的设计风格比较重要，相对来讲，不同于很多热门景区和商务区，后花园民宿的被动型选择非常小，大多是提前在线上预订，是消费者的主观选择。那么对目标群体有吸引力的具有良好设计感的风格就很重要，是线上图片营销的基础。

②增值服务和管理。不同于景区，城市后花园民宿一般并不具有非常多的游乐配套。民宿的本身吸引力是作为目的地的理由之一，而如果有儿童娱乐、简餐、休闲饮品等配套服务，将直接为民宿加分。

（2）选址加分项。不同于景区，城市后花园民宿是可以重复消费的。所以是否有亲和力的管家也是城市后花园型民宿的关键点之一。

3. 乡野民宿

乡野民宿是乡村民宿的一部分，是指在一些还相对封闭的村落里建设的环境较为原汁原味的民宿，或是建在一些比较原生态的村庄、林地、山地、田地里等的民宿。当然，乡野民宿以后有作为景区民宿的潜力。

（1）选址必需项。

①环境。用户之所以选择乡野民宿而不是景区民宿，良好的环境、安静的氛围和浓浓的乡土人情是他们考虑的第一要素。未开发的湖边、深山老林或是村落深处，都

是不错的选择，同时带来的好处就是，租金成本可控。但如果选择荒岛和山上，则改造成本会增加很多。

②交通配套。乡野不代表不便利，同样是下高速后 30 分钟左右的车程最佳。

（2）选址加分项。可参考城市后花园民宿。

4. 大配套民宿

不同于景区和乡野，也无所谓是否在城市和乡村，决定这个民宿概念的是周边的一个独特的配套，这个配套本身是个大品牌，可以吸引客源。比如，上海的迪士尼或常州的恐龙园等。不同于景区有天然的形成因素，大配套往往是后期打造的强品牌，优势是周边的交通等其他配套会非常完善。

（1）选址必需项。

①大配套品牌的固定流量和消费群体契合。景区可能会吸引各种各样的消费群体，从中挖掘一部分符合条件的作为用户群，就能支撑起民宿的运营。大配套品牌在消费人群上有一定的局限性，但同时也具有更强的针对性。比如，在上海迪士尼周边做一个老中式的民宿就是下策，但如果做一个漫威主题的民宿就可能会有不错的效果。另外，应尽量回避淡旺季非常明显的大配套品牌。

②交通配套。首选在离大配套品牌出入口 20 分钟左右车程的地方，如果能做到专车接送则更好。

（2）选址加分项。可以提供配套项目的套票或联票等。

四、打造乡村民宿的要点

乡村民宿依托乡村旅游的发展，越来越多地出现在游客的视野中，但是现在整体的状况是我国民宿的平均入住率只有 30% 左右。而根据目前民宿的市场定价，需要达到 35%~40% 的入住率才不会亏本，实际运营告诉我们，市场上大多数民宿空置率较高，运营不佳。究其原因是由于选址、文化打造、所处环境、服务等各方面问题，在打造乡村民宿应注意以下几个方面。

1. 乡村民宿离不开乡村文化

乡村民宿是乡村文化的体现延伸，是坐落于山水之间的乡愁。中国地域广阔，一方水土养育一方人，不同地域的人，由于环境不同、生存方式不同、地理气候不同，导致人文历史不同、文化性格特征也不同。而这些不同就成了自己所处乡村的特色，造就了特色的乡村民俗、乡村田园风情以及民族文化等。民宿作为乡村住宿的功能，是乡村文化重要的载体，而民宿的特色和魅力也在于此。民宿的设计应该依托本土的历史文化、传说故事、特色民俗等。没有特色文化的民宿，最多就是酒店，而如今很多被注入过多禅修、国学等概念的民宿，已经失去了原有的本真。

2. 乡村民宿要有好的生态环境

望得见山，看得见水，才能忆得起乡愁。城市的根源是乡村，每个人心里都有一个归乡情结，乡村是城市人的外婆家。而城市的高楼大厦看得多了，在水泥的世界待得太久了，人们就希望找机会看到曾经的青山绿水，回归乡村，融入自然。“一水护田将绿绕，两山排闼送青来”就是民宿环境的一个代表。

3. 乡村民宿要结合乡村旅游

民宿需要结合乡村旅游的田园风光、民风习俗、自然资源等完善相关功能。如美国的农场、牧场旅游不仅能使游客欣赏美丽的田园风光、体验乡村生活的乐趣，而且在专人授课的农场学校能够学到很多农业知识。

4. 乡村民宿要体现生活特质

乡村旅游重要的是体验，一次特色体验能够让游客终生难忘，而不同乡村的不同生活体验肯定能给游客难忘的记忆。每个民宿应该有自己的生活特质，是小桥流水人家，是大漠孤烟直，是樱花烂漫，是荷塘月色，还是梦里水乡。生活特质可以是吃一碗特色酿酒，尝一下当地时令特产，再和好客的主人拉拉家常，或者能参加农作劳动，晚上还可以举办特色的娱乐、民俗活动。在日本的特色民宿，白天有薰衣草花海，夜晚有乡村居酒屋、有温泉，还有民谣俱乐部，很多人愿意留下来。民宿需要回归本质，体现生活特质，要考虑留下客人的特色元素和配套项目。

5. 乡村民宿要进行良好的运营

民宿需要完善旅游接待的基本功能，保持整洁干净卫生。另外，服务不到位、管理欠缺、品牌意识不强等问题会影响民宿的发展。从民宿规划开始就要考虑餐饮、管理、服务等各方面问题，而民宿也可节结合“互联网＋策略”进行宣传营销。有了良好的管理运营，民宿才能在众多竞争者中脱颖而出。

任务三　城市民宿的选址

【任务描述】

任务内容	成果形式	完成单位
调研当地城市民宿的选址情况，分析其在选址方面的优劣势，撰写调研报告	文本	小组
假设你要筹建一家城市民宿，你会建在哪里？怎么选址？请简要说明理由	文本	小组

【相关知识】

近几年随着中国居民的消费不断升级以及个性化需求的增长，加之国家层面政策的支持鼓励与各路资本的大规模介入，城市民宿作为共享经济的产物，其市场发展潜力巨大。2016 年，国家发改委、中宣部、科技部等十部门联合出台了《关于促进绿色消费的指导意见》，意见提出持续发展共享经济，鼓励个人闲置资源有效利用，有序发展民宿出租等。同年，国务院发布了《关于加快发展生活性服务业促进消费结构升级的指导意见》，首次提出积极发展客栈民宿、短租公寓、长租公寓等细分业态，并将其定性为生活性服务业，将在多维度给予政策支持。

与此同时，随着小猪短租、蚂蚁短租、木鸟短租、Airbnb、途家、路客、携程、美团、游多多、东方客栈等多个直销民宿平台和分销平台的资本注入，城市民宿的发展速度惊人。很多游客来到陌生的城市，会选择有个性化的民宿，那些城市居民楼里的公寓成为他们的首选，一些民宿装修风格多元化、价格合理、地理位置优越，便于客人出行，这些综合因素让城市民宿迅速发展起来。

一、城市民宿的本质与特征

城市是人类文明最为发达和集中的地方，城市民宿是融入城市文化、个性设计、稳定客流、拥有自由与私密的短租产品，大多是由闲置住宅和公寓演变而成的。其本质是分享生活空间的旅居形式，从建筑风格、主题设计、居住环境到饮食起居。民宿就像小型博物馆，让居住在这里的人深入了解当地的生活方式，感知民宿主人的生活态度和审美倾向，是将人、建筑与环境结合在一起的潮流场所。

城市民宿主要针对的是物质生活相对优越，追求精神世界的年轻人。具有以下特征：①民宿是主人利用自家闲置房屋以家庭副业的方式经营；②使人心生归属感的形式，让人们在心灵上找到回家的感觉；③主客之间有交流，体会当地城市更多的文化和风情；④根据当地特色或自家民宿的资源，为游客提供特色体验活动。

二、城市民宿的区位选择

城市民宿是“离尘不离城”。顾名思义，“离尘”是远离尘土飞扬的城市中心，选择在空气质量好的山水之间，以达到忘却生活带来的浮躁和压力的目的；“不离城”是民宿的位置最好选在从城市出发一两个小时就能到达的近郊。

城市民宿首先出现在一线城市或城市群近郊，主要市场群体有两类。第一类是来该城市旅游，又想获得当地生活体验，不愿意选择千篇一律的城市酒店的消费群体，他们来到这个城市，或为看病求学，或为商旅出差。选择民宿，旨在追求生活本身的便捷性，恰好民宿可以满足需求。第二类是期望到城市近郊休闲放松的旅游消费群体，这部分消费者往往没有明确的目的，仅仅是想远离快节奏的城市生活，获得身心的放松，即单纯以旅游或者休闲度假为目标的客人。他们选择某个城市为旅行的目的地，探究当地的文化，感受当地的风土人情。在对住宿的要求上，力求本土本地，因而选择民宿，作为体验当地人生活的一种方式。

目前，我国一、二线城市集聚了大量城市民宿，其以深度融入当地居民生活场景、具有竞争力的价格优势逐步成为城市旅游休闲度假客人的首选。

三、城市民宿选址需考虑的因素

城市民宿不同于村野民宿，地理位置虽决定它无法拥有乡村或庭院空间带来的空旷与纯天然的感受，但正因其处于喧嚣的城市之中，兼顾交通和生活上的便利，能体会到闹中取静的惬意，有一番大隐于市的独特乐趣。好的选址是成功的一半，场地承载地方的历史记忆，体现文化意义与精神价值。选址类型丰富，也使民宿的体验更加多元。发展初期，民宿通常分布在景区周边，地域空旷，方便游览；后来地方法规出台，城市民宿很难规范化经营，于是人们把目光聚焦在城市，包括古建筑街道里弄也成为选址的绝佳地；随着时间推进，从花园洋房到高层小区，甚至刚建立的21世纪公寓综合体都成了城市民宿的选址地。

1. 交通便利

对于以旅游为目的的顾客，民宿往往是顾客到达该城市的起点，或者说是落脚点。因此，城市民宿的选址首先需要考虑的便是交通的状况。从机场、火车站或者汽车站到民宿是否有直达的公交；如果选择出租车，大概的车费是不是在顾客可以承受的范围之内。从住处出行，到各处可以选择的交通工具都有哪些；对于在当地参加旅行社一日游的客人，所在的小区是否在旅行社免费接送的范围之内。这些因素，都是在选址时需要估量的关键点。

对于以目的为导向的顾客而言，不论看病、求学，还是商旅出差，就近是最好的选择。若是考虑辐射的范围，两到三站以内的公交或是地铁直达，是客人能承受的最佳范围。

2. 周边设施

周边是否有饭店、银行、超市、医院、商场、停车场等便利设施是城市民宿选址的第二大要素。试想一下如果你是客人，去住一家民宿，想吃饭要跑很远，想买点东西没有超市，你是什么感觉，离开后肯定给一个差评。

3. 停车便利

现在的游客出行选择自驾的人很多，民宿所在的小区能否停车是个很关键的因素。很多小区有停车场，但是不让外来车辆进出，所以选址的时候，这点一定要打听清楚。小区如果不能停车，那就要看看附近500米以内是否有收费的停车场，停车场不能离小区太远，否则客人带行李大包小包走到民宿会很累，还没到地方就没好感了。如果房东有时间开车去接送客人，停车场离小区距离可以远些。

4. 小区环境

小区环境包括小区的新旧程度、安全性、小区的公共环境以及小区周边环境。一般来说，新小区优于老式小区，新小区往往配有电梯，房间内水电网络等基础设施完备，不论是民宿经营者对房屋进行装修改造，还是客人的入住体验，均优于老式小区。此外，小区是否配有保安、小区的安保措施是否齐备、小区公共区域的绿化程度、小区是否有供居民健身和供儿童娱乐的设施等，这些都是分析小区优劣的综合因素。

小区周边环境也可以成为民宿的加分项。有超市、有饭店，生活便捷，亦为民宿选址锦上添花的亮点。需要特别注意的是，新修的未彻底完工的小区千万别做民宿，否则今天楼上装修，明天楼下装修，后天隔壁装修，还有小区其他未完成的项目施工，又是噪声，又是各种刺鼻的涂料和油漆味，谁都不愿意住这样的民宿。

5. 物业与邻居

物业主要看两方面，即管理是否到位、是否严格，如果小区时不时停水停电，肯定不能在此选址经营民宿。也有一些物业不让小区内从事一切经营活动，对于陌生的来客进小区门都要严格审查，这样的小区也要慎选。即使物业过关，房子周边的邻里关系也是非常必要的考核因素。做民宿就算你再约束客人，还是免不了跟邻居有“摩擦”。如果邻居是个尖酸刻薄的人，最好绕行，同时也一定要搞好邻里关系。

一些小区规模较小，邻里间关系密切，具有“熟人社会”的特征，邻居对陌生人的反应更为明显，限制了城市民宿的长久发展。所以，投资者在选址时最好选择底层住房，避免万一客人动静比较大造成扰民被投诉关门。

6. 成本估算

成本包括房租、运营成本以及管理成本。

首先，投资者需要根据周边同类产品的市场售价，来考量房租是否在可以承担的范围之内。同时，也要考虑同小区同类竞争者的数量。而房租的稳定性往往决定着经营者之后是否可以在此长期经营，也同时影响着随后的扩建。

其次，还需考虑运营和管理成本，因为城市民宿大多选择普通的居民住宅，所以不论是保洁还是接待，同一小区多套房子的运营管理，必然优于散落在不同小区的物业。因此，投资者在选址时，应考虑同小区可出租房的数量，越是成熟稳定的小区，大量拿房的可能性便越小，而想实现规模经营的可能性便也会随之降低。

值得注意的是，做城市民宿要看是商业性质还是住宅性质的楼，一般商住楼的水电费都高于住宅楼，特别是在南方，房间空调四季常开，电费也是一笔不小的开支，因此也需要考虑水电费的成本。

7. 政策

对于城市民宿来说，大部分的城市还没有出台相关的政策。政策影响现在虽不能完全避免，但是房东可以最大限度地弱化其带来的影响，最重要的就是二房东在选址签约前，一定要和房子原本的房东沟通清楚，对于租房的目的，双方达成一致，可以免去后期很多不必要的麻烦。

四、城市民宿的选址要求

城市民宿分为两个子类，即城市内独套民宿和城市周边的别墅民宿。不同类型的民宿，选址要求会有差异。下面分类介绍城市民宿选址时的要求。

1. 城市独套民宿

这类民宿位于城市内，如上海黄浦区、徐汇区或杭州东站旁的独套民宿，日租可能在 300~900 元。

（1）选址必需项。

①所选城市为旅游城市，最好是一线或准一线的旅游城市，如上海、北京、广州、深圳、杭州、成都等。二线以下城市对旅游客群的吸引力相对较小，往往是依托农村的景区，而且三、四线城市的高星级酒店也较便宜，民宿空间小。

②所在小区必须为市中心或离市中心不远，或者交通非常方便。住城市民宿的客人除了商拍、轰趴等特殊用途外，大多数为到这个城市来旅游的客群，在一个城市旅游的消费者住在这个城市郊区的概率非常低。

③所在物业的物业管理不能非常严格，不然会对之后的运营产生很大麻烦。

（2）选址加分项。

①到机场、高铁站有直达的轨道交通或交通比较便利。出租车自然是一个常用的选择，但是相对于年轻的旅游消费群体，频繁乘坐出租车也会增加相应的费用。

②周边有一些休闲娱乐区域或与用户到访的安排相近。如喜欢老上海腔调的，可能喜欢租住在上海迪士尼附近的民宿；要看演唱会的，可能会在梅赛德斯奔驰文化中心附近找民宿；喜欢西湖的自然会优先选择西湖边的民宿。

2. 城市周边的别墅民宿

和城市内的民宿相反，城市周边的别墅主要客群来自这个城市的客人。比如上海莘庄的某独栋别墅，客户在周末包栋，日租可能在 1500~3500 元不等。因此，城市周边别墅民宿的选址地点主要考虑城市内年轻人群体在节假日和周末的度假诉求。

（1）选址必需项。

①所选地点为一、二线城市的周边，离主流消费群体的车程至多在 2 小时。考虑到主流群体的度假诉求和消费能力，主要以一线城市和二线城市为主，但是随着时间的推移，必然这种度假模式会向下延伸。

②所在小区所属位置环境良好，且较为独立。城市周边别墅的度假类型主要为城市里小群体的度假和大群体的轰趴，对别墅位置所处的环境要求非常高。诸如上海的佘山、杭州的余杭等地的环境都比较适合打造度假别墅。

③所在物业的物业管理不能非常严格，不然会对之后的运营产生较大的麻烦。

（2）选址加分项。

①如果有轨道交通的直达将大大加分。

②交通道路适合自驾，最好高架或高速可直达周边。和城市周边的乡村民宿类似，城市周边别墅也非常适合自驾，但不同于乡村民宿的中短途自驾，之所以选择城市周边的别墅，因为度假群体对路上所花费的时间和度假的时间预期要求非常高，所以如果度假别墅的选址可以在方便自驾或缩短所花时间的区域内，则非常有利。

民宿设计

【项目引入】

民宿的设计不只是简单的住宅设计，也是一种生活方式的系统设计，这种生活形态的构建包括主题的策划、景观建筑的设计、环境的规划和生活氛围的营造等。

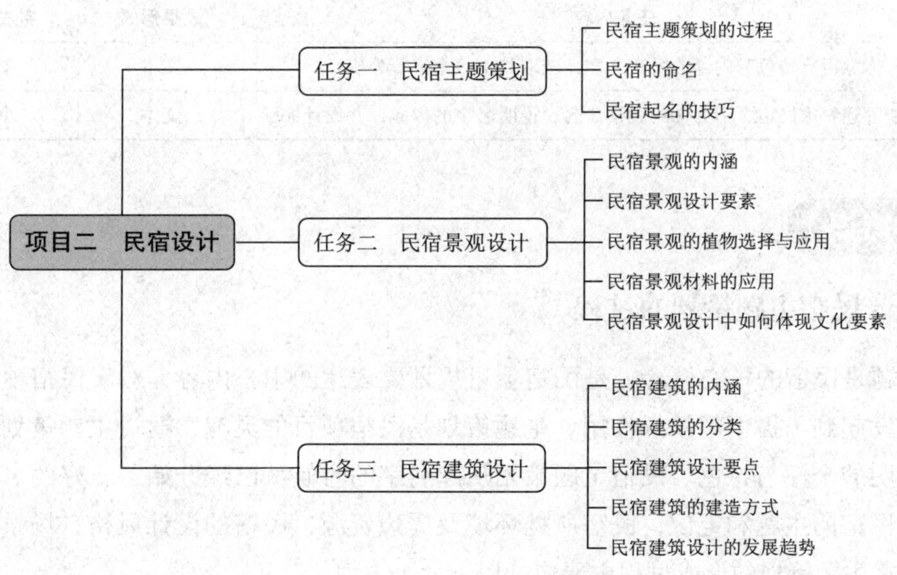

【学习目标】

知识目标：

- 掌握民宿主题策划的过程
- 掌握民宿景观设计的内涵和要素
- 掌握民宿建筑设计的要点

能力目标：

- 能够结合民宿主题，给民宿取一个有特色的名字
- 能够结合民宿景观空间，选择相应的植物景观
- 能够进行民宿建筑设计，选择相应的建造方式

任务一　民宿主题策划

【任务描述】

任务内容	成果形式	完成单位
收集整理你觉得有特色和内涵的民宿名字，选取其中一个进行分析	文本	个人
假设你要筹建一家民宿，请为你的民宿命名，说明名字的内涵，并设计 logo	文本	小组

【相关知识】

一、民宿主题策划的过程

主题是民宿的核心概念，是民宿项目规划要表达的中心内容，对于民宿项目的策划与开发起到了提纲挈领的作用。主题策划是民宿项目的灵魂，通过主题策划，形成自己鲜明的个性与特色。民宿主题策划从起名字的时候就已经开始了，好的名字能够传达该民宿的主题和定位，民宿所处环境及周边资源，民宿的设计风格、场景和卖点等。民宿主题策划的形成过程主要包括以下六个方面。

1. 结合资源特色，提炼民宿主题

在民宿所在地的周边，找到民宿可依托的资源，这些资源一定程度上增强了民宿对游客的吸引力，也决定了民宿的特色和民宿的市场竞争优势。

在做民宿主题策划时，要充分利用并极致体现当地文化及自然资源的特点，形成或强化旅游目的地的鲜明形象与特色，让游客产生向往。比如，地处鲜花小镇上的民宿，可以依托花海、花卉，营造出民宿温馨浪漫的主题。如果民宿地处雪山脚下，可以利用林海雪原的独特优势，打造民宿与滑雪胜地的主题。如果民宿地处古村落、古镇、老街，则依托当地历史、民俗文化，打造怀旧主题。如果民宿地处乡村，那就侧重与环境相融合，充分挖掘农耕体验和悠闲的田园生活。

2. 依据周边资源，决定民宿的类型

民宿的类型有很多，如景区民宿、温泉养生民宿、度假民宿、亲子民宿，又或者是登山、滑雪、休闲农庄等，都依托民宿周边的资源。不同类型的民宿，意味着民宿将吸引不同的客户群体，由于客户群体的不同，在营建民宿时，特别是在功能设施设计方面，要与客户群体的要求相吻合。比如，亲子民宿许多功能设施应该符合儿童的人体工程学，在做民宿主题挖掘时，还包括玩具、装饰画的选择等，甚至可以把民宿营造出童话世界的感觉来。

民宿主题策划与所在地资源的关联性越强，越便于做后期的营销推广，突出的主题可以简洁明快地描述民宿类型与特色以及游客即将获得的旅游体验等。游客在看到民宿名字时，大致就知道了民宿的类型。

3. 挖掘民宿所在地的文化

民宿是以所在地的自然景观、历史文化、当地人的生产生活来构成民宿的核心吸引力、激发游客的好奇心的。因此，民宿的主题策划必须充分挖掘和突出当地的自然地理特征、历史文化特征、当地人的风俗习惯等，使民宿能够成为这个地区的文化展示窗口，让游客体验与自己所在地不同文化的新奇感。包括后续的旅游产品开发，都要围绕这一主题进行延展，来满足游客对旅游产品的文化需求。这时候，就应该考虑给民宿和相关的旅游产品取一个二者都能用的名字，使游客通过民宿名称、旅游产品就能感受到民宿与旅游目的地浓郁的“文化印象”，既满足主题的显现需求，又给游客以无限的想象空间。

4. 通过主题读懂民宿和当地文化

随着游客对于旅游的多样化需求，各种类型的旅游项目也在日益增多，主题策划是民宿项目的灵魂，通过主题策划，形成自己鲜明的个性与特色。在确定主题时，要能体现民宿与旅游项目的特色、当地的文化，形成以主题为核心的特色民宿与特色旅游活动。

通过对主题的提炼，让游客准确地“阅读”当地的历史文化，在融入当地人的生产、生活过程中，深刻体会当地的风土人情。当然，还可以围绕主题，开展各种各样的活动，来丰富民宿的主题。

5. 凸显主题的民宿名字更容易被感知

基于对客群的了解，给民宿取一个简洁、明快、易读、易理解、易记忆的名字。在游客想要入住民宿时，出现在游客面前。使游客接触到民宿名字时，立刻产生无限的想象，如同一幅画挂在眼前。

这就是民宿名称对于民宿主题的体现，不仅让游客产生对关联业态的丰富联想，还让旅游目的地充满了诗情画意。如此传递出的民宿风格与特色，不仅识别度高，给消费者留下的印象也深刻。

6. 民宿名称、商号、商标与品牌

有些民宿创业者初期可能起了一个已经被别人注册了商标的名字，或者用一些通用词汇来命名自己的民宿。几年后，生意做大了，知名度也传开了，才发现名字早就被别人注册或者被抢注了，只好苦不堪言地更换名字。

再好的名字，如果不能注册，得不到法律保护，就不是真正属于自己的品牌。如果你的民宿想走品牌化路线，想连锁经营，或者是开业后生意爆棚要做分店，那就必须对民宿的名字进行注册。在命名的时候，同时登陆“国家知识产权局商标局”网站查询一下，确保没有被注册，同时完成注册，明确名称能够合法使用。

因为，民宿名称、商号、商标，能够将民宿主题形象化、符号化、信息化，是民宿的文化元素，是知识产权，是民宿营销的一部分，是与竞争对手形成差异化的品牌，而不同的品牌一定会吸引不同喜好的客群。

二、民宿的命名

一个恰如其分的名字会彰显出民宿的定位和气质，传递着民宿主人的格调、品位和情怀追求，更是一种品牌战略。

1. 常见的民宿命名模式及分类

民宿命名一般以“整体及局部地域＋民宿核心名字”来命名，具体如下。

（1）后缀：包括居、舍、筑、苑、园、楼、阁、庭、院、堂、坊、馆、墅、宫等。

（2）形容词及特征：包括精品、观山、望海、临水等。

（3）类型：包括酒店、客栈、民宿、旅馆、青年旅舍等。

比如，杭州西湖三舍精品民宿、鼓浪屿临海听风旅社、大理九叫客栈、同里久栖·杨二车马店、成都门徒酒店、夜奔北京客栈等。

2. 通俗易懂的名字更利于传播

民宿起名字要简单、易懂、易记。名字要让他人容易认识，避免可能让别人认不来的生僻字。

名字要朗朗上口，不拗口，方便口口相传，尽量不要用一词多义、多音的字及生僻字，简洁、明快、容易记忆的民宿名称利于传播和节约成本。

比如，裸心谷、四季星空、栖居、过云山居、帐篷客、零碳星球等品牌都非常易读易记。

3. 民宿名字意境与定位要相符

起名不能是天马行空乱造，应该和所在的行业、产品属性，或者企业文化、理念有一定的关联性，消费者看到名字就大致知道是什么类型的产品，要表达什么文化、理念等，不然还需要进行二次解释就会非常麻烦和造成不必要的浪费。名称和呈现出来的意境相符，不能相差甚远，不能“跑题”，也不能“夸张”。不着边际，华而不实，会让旅客感觉反差太大。

一个好的民宿客栈名字应能够传递主题、定位、环境、气质、场景、卖点等。比如，过云山居、岛居白沙等民宿，消费者很容易就从名称上获取到了该民宿要传达的环境信息。

4. 同音联想与外语读音

名称要注意方言与普通话读音上的不同，有时你用当地方言觉得名字挺好，然而用普通话读出来却容易闹笑话。现在国际友人来得多了，民宿名称还需要照顾一下外语读音，不要让人出洋相。

5. 辨识度高与适应性强

名字的识别度要高，主题及联想要有独特性，太大众了，容易湮没在一堆相类似的名字中。民宿在起名时，应该对民宿的未来有一个大概的战略规划，名字要在大战略的框架下进行创意，为未来的发展预留接口。

名称要考虑与本地风俗、周边环境相适应。在今后的发展中，还要适应市场的变化，时间、空间的变化，地域的变化，甚至是与经营对手之间的关系。

民宿取名还要与竞争对手产生差异，突出自身优势，故民宿取名坚决不能“任性”，要明确主打定位、区位及景观配套优势、能引发用户心理共鸣，并且名字要有想象力，在传播中能有延展性等。

三、民宿起名的技巧

民宿的名字体现了民宿的风格，也可以反映出民宿主的品位，民宿起名时可参考以下技巧。

1. 名实相符

民宿的名称要与经营项目相符，与经营理念相符，与规模大小相符。

2. 富有文化内涵

民宿命名一定要具有丰富、深厚的文化内涵。

3. 朗朗上口

民宿命名一定要响亮、上口、易记，这样才便于传播，要做到这一点，不仅要讲究语言的韵味与通畅，还要抓住消费者的心理需求与精神需求。凡是能与顾客心理产生共鸣的名称，顾客一般都容易记住，并乐于传播，特别是一些比较幽默、具有深厚内涵的名称。

4. 适应当地风土人情

民宿命名一定要认真了解并充分考虑当地的历史地理、风俗习惯等因素，否则，你的名字稍有不慎，不但不能刺激顾客需求，相反还会产生负面影响。

相关链接

特色民宿名赏析

1. 裸心谷

“裸”是露出，没有遮盖的意思，让心灵纵情裸露在大自然的怀抱，喻示着远离都市的喧嚣，回归人生的宁静，属于典型的抒发情怀之意。

2. 西坞里 73 号

此名字根据地名而来，名字简单明了。以具体地址西坞里 73 号为名，也方便游客查找。以地理位置命名，既简单大气，又最大限度地避免了重复性，占尽品牌塑造的先机。被誉为中国最美民宿之一，浙江德清县西坞里 73 号在莫干山周边众多的洋家乐之中独树一帜。

3. 未见山

“未见”是不见的意思，“心是一座不见的山，别人无法探查”是这间民宿名字的由来。

4. 西溪花间

“西溪”一词取自李商隐《西溪》“近郭西溪好，谁堪共酒壶”，塑造了非常美的诗意气息，对于民宿来说特别合适，“花间”给人风景特别美的感觉。“西溪花间”这个诗意的名字，给人的感觉特别清新而美好，还富有诗意的气息、宁静的氛围。

5. 说时依旧

民宿名字取自三毛的词“我是真的真的爱过你，说时依旧泪如倾”，很具有文艺范儿。

6. 栖子堂

“栖子”出自皎然的《寒栖子歌》“栖子妙今道已成，手把玄枢心运冥”，是寓意这个民宿能够给人宁静、安宁的感觉，十分富有诗情画意。

7. 鹿鸣

“鹿鸣”源于《诗经·小雅》中的“呦呦鹿鸣，食野之苹”，既富有诗意的气息，也给民宿增添了故事背景，从而吸引顾客的好奇心。

8. 陌野

“陌野”来源于萧峻画山水并题诗稿“山青玉带生，陌野争春荣”，给人的感觉非常美好而和谐，非常适合民宿的特色。

9. 竹坞清

“竹坞清”来自李商隐的《宿骆氏亭寄怀崔雍崔衮》“竹坞无尘水槛清，相思迢递隔重城”，寓意这个民宿能够让人看清自己的心、远离喧闹。

10. 童话树屋

“童话树屋”给人唯美、梦幻的感觉。“童话”是很多人美好的向往，“树屋”给人大自然清新的感觉，作为民宿名字非常有特色。

（资料来源：根据网络资料整理）

任务二 民宿景观设计

【任务描述】

任务内容	成果形式	完成单位
调研 1~2 家知名民宿，分析其景观设计的特色	文本	个人
假设你要筹建一家民宿，请为你的民宿进行景观设计	PPT	小组

【相关知识】

一、民宿景观的内涵

民宿景观不再是一件装饰品，更是民宿主人借以体现民宿的情怀、凸显民宿风格的象征物。

民宿作为一种本土文化的传承以及地域特色建筑的传播，民宿景观的设计要具有一定的本土文化特色，要根据当地的环境、文化和周边的资源进行融合，减少人为修饰，做到自然和谐，满足空间的需求和自然环境的可持续发展。

民宿景观是指民宿建筑的外部环境，从三个方面进行分析，首先是民宿建筑所在地的自然环境，其次是民宿建筑的占地边界和其形成的地形地貌，最后是在建筑范围内的植被、路面的铺装及小品等。

二、民宿景观设计要素

民宿景观的设计要素包括以下四个方面。

1. 景观自然因素

民宿大多远离城市，在深山或田园乡野，而民宿景观设计必须结合当地的自然因素来进行改造，同时要结合当地的经济发展状况。

民宿景观，大到乡村，小到庭院。针对大范围的民宿设计，自然因素涉及地形、气候、人文、水域、周围绿植，在进行改造的同时，把能够保存的进行修缮，结合当地建筑文化特色，取其精华；而小范围的民宿设计，要考虑到范围内的水系、交通、边缘景观、附近建筑能够和周围的建筑环境相融合。小庭院的景观，则需要与民宿建筑相呼应，根据民宿的需求进行设计。

2. 景观植被

植物是景观设计中重要的组成部分，起到营造意境的作用。地区的自然气候，地形地势、周围大环境因素，都能影响对植被的选择，注重对当地的自然植被的选择，可以选择一些观赏性的植被作为辅助。同时可以用不同的植被进行空间切割，以植被来分割空间的私密程度。还要考虑到植被的季节性，根据季节来具体分析植被的选择，让游客们在不同的季节都感受到不一样的景观。也要注意植被的生长习性，不能违背大自然的规律。

在植被绿化方面，民宿景观设计要注意当地的经济发展。为了展现当地的经济发展特点，在绿化植被上，可以选择一些具有实用性的瓜果蔬菜，既可以让游客体验到农家乐趣，又能有一定的经济效益。同时也要考虑到一定的观赏性，可以就地取材，以当地的自然植被为主，适当地做一些修饰，与周围自然相融合。

3. 景观水景

水景是景观设计中最具灵性的，可以起到烘托环境氛围的作用，可静可动。利用地形特点决定了水的动静、流动速度、尺度、方向等，以此来增加水景的灵活性。同时也要根据需求进行水体设计，做到节约用水。水景设计，也要结合当地的气候地形及水源，避免破坏当地的自然环境。在民宿设计中，水景可大可小，但是一定要自然，刻意地制造景观只会适得其反。

4. 景观建筑

景观建筑作为景观设计中的重要组成部分，要根据地形地貌、本土文化、当地建筑风格进行设计。减少人为景观痕迹，因地制宜，利用自然资源进行设计，以满足建筑景观的需要。在民宿中景观建筑，多以廊架、亭子、台、榭为主，在设计景观建筑的时候，可以就地取材，资源可以回收利用，不浪费原有的资源，做到与自然相融合。景观建筑也要体现出当地建筑风格，不能脱离现实，要与周围建筑相呼应。

三、民宿景观的植物选择与应用

在当前民宿景观植物选择的过程中，受到成本和施工水平等因素的影响，景观的植物选择相对比较随意。一般来说，都是以乡土的植物为主，植物的季节性考虑不足，在某一个季节可能色彩感相对比较强烈，但在其他季节可能比较弱，植物在搭配上比较单一，层次感较弱，没有给人良好的视觉效果，造成了游客对室外的景观体验感有所下降。

而在民宿景观的设计过程中，植物相对来说是比较重要也是基础的构成元素，可以对整体的空间起到非常好的过渡作用，并且自身具备一定的观赏价值。所以在进行植物景观布局的时候，要充分地考虑植物和建筑本身之间的空间关系，对植物的种类保留一定的搭配。在增加特色景观植物的基础上实现户外空间布局的优化，能够强化游客对空间的感知度，营造良好的视觉效果，这是因为植物强调自然、不城市化，有乡土品质。

植物景观在民宿中的应用，从空间划分来看大致可分为：中庭院落、室内植物、建筑外环境以及立体绿化。

1. 中庭院落

在民宿植物景观的营造中，中庭院落空间占据了主要地位，中庭院落中的植物景观往往体现了民宿整体植物景观的水平。植物景观作为院落中观赏的主体，常常以孤植、对植、丛植、花镜等方式出现在人们眼前。一个成功的植物景观不仅仅是植物的简单组合，而是将植物进行科学合理的搭配，充分考虑造型姿态、色彩、质感及植物生活生长习性，营造出奇妙的景观。要求植物单体与周围植物合理搭配，满足植物造景的层次要求。民宿院落的植物景观中较为多数采用“乔木＋灌木＋花草”相结合的配置方式，使之景观层次结构丰富多彩。少数民宿由于场地的限制，中庭院落面积较小，简单地布置花草、放置各类盆栽加以点缀，也能给人以丝丝绿意。

2. 室内植物

民宿植物景观中，室内植物分布在客厅、茶室、卧室等游客活动较为频繁的场所，一般可分为盆景类、插花类、混合盆栽类。室内景观植物一般个体较小、造型精致、质感细腻、形态优美，具有良好的美学功能。室内植物具有调节室内温度和湿度、改善室内环境、提高空气质量的作用。除此之外，室内植物还具有吸收二氧化碳和净化有害物质的功能。民宿中的室内植物多数以绿色为主，给游客营造出安宁、柔和、舒适的休憩空间氛围，缓解精神疲劳，实现精神上的享受。

3. 建筑外环境

地理位置优越、环境优美是民宿吸引游客的前提。纵观国内外各类民宿，建筑外部环境大致可分依山傍水类、田园风光类、地方特色类。在建筑外环境的设计中，主要以借景为主，稍加改造，植物景观的设计主题较为明确，注重整体的协调统一。

4. 立体绿化

立体绿化是指运用攀缘植物和其他植物依附于各种构筑物及其他空间结构的一种绿化造景方式。立体绿化凭借着占地面积小，绿化价值大的优势，被民宿行业广为应用。

（1）墙体。墙体绿化主要是运用攀缘植物或下垂性植物对建筑物、构筑物进行覆盖，是立体绿化中占地面积最小的绿化形式。由于民宿中墙体的高度、材质的特殊性，民宿墙体绿化形式也较为新颖。

（2）连廊花架。在民宿的景观设计中，休闲娱乐是必不可少的，在民宿庭院内或靠近建筑物的周边往往会设计一些连廊花架供游人欣赏、休闲、娱乐。连廊花架的植物景观营造常利用藤蔓植物的攀爬特性，再加上绳索、金属结构等工具加以引导，定期进行人工修剪。一般较常见的攀缘植物有紫藤、扶芳藤、凌霄、络石、茑萝等。

（3）阳台、窗台。在立体绿化中，阳台、窗台绿化是装饰难度较大的绿化方式。在民宿中，由于特殊的环境限制，大规模的植物布置较为稀少，主要由两大部分组成，一是种植简单的悬垂式植物，二是容器式盆栽植物。在民宿植物景观中牵牛花、月季、香雪兰、晚香玉等植物应用较多。

四、民宿景观材料的应用

在民宿景观空间设计中，材料的选择和运用可以直接影响到游客对景观空间的体验。因此合理地运用多样的铺装材质，能够有效地对空间进行属性划分，增加空间的层次感。沿用就地取材的原则，如惠安问海在材料应用上是非常考究的，惠安是中国石雕之都，具有悠久的石雕文化底蕴，石雕的创意在景观上起到了点睛之笔的作用，并结合地理位置的特色，是利用老旧材料，如旧石板、老船木、旧砖瓦等来营造景墙、特色铺地、凉亭、雕塑等景观元素，并搭配闽南红砖，形成独特韵味。把色调及材料质感与建筑主体融合，做到风格协调统一，打造地方特色的民宿滨海景观。

综上所述，在民宿景观设计中，不仅包含场地的选址，建筑的设计还有基础的植被选择和地面铺装等，都会对民宿及周边的环境营造带来一定的影响。因此，在现阶段，要打造具有地域文化特色的民宿，就要重视景观设计，提升设计的质量，这样才能确保民宿的品质，促进行业的发展。

五、民宿景观设计中如何体现文化要素

1. 人性化

民宿，作为一个地方文化、风土人情的载体，要尊重自然环境和人文环境进行规划设计。在民宿中，民宿的景观环境设计是体现地域的风俗和历史文化的重要部分。在景观设计中，景观作为一个与当地文化环境相联系的部分，要让游客感受到当地的特色，作为一个服务于人的生活空间，能够让人方便使用，能够给游客带来舒适的生活空间，让游客感受不一样的特色，才能体现出民宿的价值。一个服务型的民宿，应该以人为本，满足游客生活上的需求，更加地人性化、合理化。

2. 区域性

每个区域所形成的自然形态都不一样，如东北的平原、西北的高坡、江南的田园丘陵等。区域气候的不同，所形成的自然生态也不一样，这从根本上影响了区域的建筑、景观及建造方式，从而形成了区域的特色。而民宿也要根据当地的自然形态去进行规划，因地制宜，结合区域的文化、自然形态，设计出地方特色的民宿。而在景观上的设计、要遵从当地的生态自然，避免破坏生态环境，尊重多样性的生态环境，要因地制宜，利用或回收当地原有的资源，不仅可以节约成本，还能更好地结合建筑特色，更具有个性，更能够反映区域的建筑特色。

3. 历史性

地域历史是民宿景观设计的不可或缺的元素。在进行设计时，一定要深入了解地区的人文历史、建筑历史、风俗历史。每个民族都有自己的风俗习惯，在建筑方面也是各不相同。从地域的风俗习性、建筑外观、建筑方式去分析历史的元素，让民宿景观的设计与这些元素进行结合，减少现代化的元素，保存历史元素，以最大限度地体现当地的人文风貌。在进行创新时，同时要尊重历史，传承历史元素。只有这样，才能设计出有灵魂的民宿。

总之，每个地区的历史、经济、文化不同，所展现出的风格也不同，在对民宿进行景观设计时，不仅要尊重自然、传承文化，还要不断创新，从而符合现代生活的需求，更好地发展区域文化，让民宿成为一种文化符号，成为一种文化的代表作。

任务三 民宿建筑设计

【任务描述】

任务内容	成果形式	完成单位
调研 1~2 家知名民宿，分析其民宿建筑的特色	PPT	个人
假设你要筹建一家民宿，请为你的民宿进行建筑设计，主要包含建筑风格、新建还是改造以及建筑设计要点（外立面、客房、餐厅、公共空间等）设计方案等内容	PPT	小组

【相关知识】

一、民宿建筑的内涵

1. 民宿建筑的定义

民宿建筑是地区地域特色的标志，成功的民宿建筑集齐了这个地区的地域、人文等特点。德国哲学家黑格尔曾说过，“音乐是流动的建筑，建筑是凝固的音乐”，因此可以说建筑是一种重要的文化载体。民宿建筑受各地区自然风貌和风土人情的影响，风格迥异。

民宿的魅力所在，就是能够引起游客对当地文化的兴趣。民宿如果能不断地吸引回头客，那么也就证明游客对这个建筑空间及这里的生活习惯产生了共鸣。民宿是一个展现当地特色风情的地方，它能够展现与现代城市商品房不同的知觉感受，满足游客的新奇感。同时民宿建筑还是民宿业主情感的寄托，民宿建筑的设计风格与民宿主的人生经历也是有关系的，可以说建筑是民宿主人情怀的物质体现。由此可见，民宿的设计规划必须充分挖掘和凸显当地文化元素，在设计中加入现代元素和现代生活方式。

由于世界各个地区的环境，文化都有很大的差异，这便对民宿的建筑和表现风格也造成很大的不同，但恰巧因为这一点，反倒鼓动了人们对民宿建筑的憧憬。在多元的文化背景下，民宿建筑也会有很大的差异，如法国的城堡，日本的民居或者北欧的农庄，不同的建筑风格会带给人们特别的居住体验。固然有些建筑风格有差异，但它们都有相似点，都是依据当地的质朴、精致的环境设计的，会吸引大部分的游客前往。

多元的环境文化背景下会呈现多样化的民宿风格。因而，在设计民宿时，要考虑到当地的环境，将民宿建筑与当地的风土人情、历史文化、地理环境相结合，游客才会有更好的居住体验。

民宿与民宿建筑的关系就如同商业与办公建筑的区别。民宿是一种产业业态，民宿建筑则是为此业态服务的场所。民宿建筑的功能有住宿、会议、交流、餐饮、游乐等，类似于一般酒店的功能，但民宿更加体现“民”的特征，更加贴近生活。因此可以将民宿建筑定义为一种坐落于城市或乡村，服务于民宿产业，以居住为主要功能并以体验当地文化生活作为其他功能，具有继承传统建筑和地域文化并追求未来的建筑形式。

2. 民宿建筑与其他建筑的区别

（1）民宿建筑与普通民居建筑的区别。一般意义上的民宿是由普通民居改造而来的，可以说民宿是由普通民居发展而来，但实际情况是民宿还可以由办公楼、厂房甚至蔬菜大棚改造而来。在居住环境上，与普通民居的差别主要体现在公共性上，普通民居的私密性较强，而民宿在保证私密性的同时，各租户间的交往与共享空间也是要重点考虑的内容。此外，还要注意场地边界与邻居、道路的关系，游客与本地人之间的关系等。

（2）民宿建筑与酒店建筑的区别。首先从类型上，一般意义上的酒店可以分为经济型酒店、商务型酒店和度假酒店，并且提供标准化的产品和服务。此外，酒店建筑体量较大，一般是高层的单体建筑，客房数量多。而民宿的类型比较单一，体量规模相对较小，这也决定了其具有定制化、特色化、小而精的特点（见表 2-2-1）。

表 2-2-1 民宿建筑与酒店建筑的差异

差异点	民宿建筑	酒店建筑
建筑类型	城市民宿小区式和院落式，乡村的农家乐和精品民宿	商务型、经济型、度假型酒店
建筑体量	规模较小，一般单层或多层，两层以上的较少	建筑体量大，一般为高层建筑
房间布置	个性化	标准化
经营者	房东或委托人	个体或集团经营

（3）民宿建筑与文化建筑的区别。文化建筑主要指美术馆、博物馆、艺术馆等，而具有较高设计水准的民宿建筑可以上升到文化建筑的高度。精品民宿建筑在文化性上能够体现出来，并对社会产生影响。例如，理想空间工作室在湖南常德老西门城市改造设计中，把湖南当地传统的窨子屋这一形式搬进了城市里，创造了窨子屋博物馆，后改为兰博基尼酒店。随着建筑性质的不断改变，可以归纳为一种文化类的民宿建筑。

二、民宿建筑的分类

1. 按民宿所处区域分类

民宿建筑按照建筑所处的区域分类，可以分为城市民宿和乡村民宿。城市民宿建筑在城市中，一类是处于城市的居民小区中，装修改造后发展为小区式民宿，这些民宿是市场上存量最多，也是大众普遍认为的第一意识里的民宿形式。小区式民宿的问题是身处小区环境，居住环境和普通家庭无异，这种单元式布局的房间因为房屋的整体结构和立面不能轻易改动，只能采取室内改造的方式，没有历史价值和文化意义。另一类是具有传统聚落特征的城市中的历史居住区，这类区域的空闲房屋可以发展成为城市中的特色民宿。如北京胡同里的四合院，广州的西关大屋以及上海的城隍庙老弄堂等。这些城市中的历史保护区，受传统文化的影响，这类建筑的更新保护是在民宿建筑设计中需要着重思考的因素。

乡村民宿由乡村民居发展而来，有别于城市中的商品住宅，它伴随着农耕文化成长在特定的地域环境之中，受交通限制和自然环境影响，呈现出地域性特征，这也构成了乡村民宿建筑的独特特点。乡村民宿有很多主题，一般包括：农业体验类型，如农产品采摘、农活体验、特色农家菜等；传统建筑类，如美术写生、人文古迹、红色旅游等；运动休闲类型，如登山运动、水上漂流、郊野露营和骑行越野等。还有乡村民宿往往跟随整个村落的改造，单个建筑的改造难以生存和发展。例如，王澍改造的文村中，建筑材料以当地的杭灰石、黄泥土、纸筋灰为主，并在改造中保留了斑驳的泥墙和陈旧的春联，解放初期的宣传标语等，这些都彰显着乡村民宿建筑的气息。

2. 按建造方式分类

民宿建筑按建造方式可以分为新建类民宿建筑和改造类民宿建筑。新建类的民宿建筑是在新场地上新建或将原场地内的老建筑全部拆除后新建，对新建的民宿建筑来说，应注重与周围环境的协调。改造类的民宿建筑是对于场地内老建筑的改造，多见于城市历史街区和乡村建筑遗产类建筑，受到相关法律保护的民居或公共建筑。针对改造的对象不同应采取修旧如旧或有机更新等不同的策略。改造类的民宿建筑往往需要新功能置入，如咖啡厅、茶室厨房等功能用房来满足住客的各种需求，进行合理的改造和加建设计。

不论是新建还是改建的民宿建筑，都应该要求建筑既能反映传统和地域特色，又能体现时代特征。

三、民宿建筑设计要点

1. 外立面的规划设计

在开展民宿建筑设计的过程中，应格外注重外立面与周围自然环境的一致性，最大限度地降低外立面对民宿建筑本体的影响。为进一步提升景观效果，在条件允许的情况下可以增大景观窗户的面积，或者通过建造观景阳台等方式帮助游客更好地领略自然风光。在实际进行外立面设计的时候应考虑以下几个问题：第一是民宿的安全问题，大多数的民宿是单层或者双层的，本身安全性能就比较差，如果再扩大窗户面积、建设阳台的话，就会进一步降低其安全性能，因此应保证做好相应的防盗措施，在保障游客的生命财产安全的基础上进行设计建造。第二是外立面的材质问题，为提升民宿建筑设计整体的协调性，在实际设计的时候应更多选择木头等自然材料，这样不仅可以与周围环境保持统一，还可以有效减少对环境的破坏，提升整体建筑的美观性与协调性。

2. 客房的设计改造

住宿是民宿最为基础的功能，因此针对客房的设计应从本土化、地域化的角度出发，通过就地取材的方式保留客房的自然特色。在实际开展客房设计的过程中，主要应遵循以下两个主要原则：第一是经济性，如在装修墙面的时候可以借助一些废弃的树枝作为材料，这样不仅可以显著减少建造设计成本，还可以创造出十分独特的设计景观。第二是地域性，在住宿的设计上可以选用符合当地文化的建设材料，进而形成统一的地域性文化特点。例如，可以把室内的一面墙与建筑外观材料保持一致，同时尽可能地扩大建筑窗面积，可以将更多的阳光引进室内，增强室内室外景观的联系。除此以外，在进行客房设计的时候应尽可能保持简洁，突出当地的地域特色。

3. 餐厅的规划设计

除了住宿服务以外，餐厅的运营也可以很大程度上带动民宿的经济效益，因此应加强对民宿建筑餐厅的规划设计工作。在实际开展民宿餐厅设计的时候，应充分考虑到当地游客的实际流量、民宿建筑本身大小等诸多因素，在相关因素的基础上进行规划设计，可以最大限度地提升餐厅设计的科学性和合理性。在设计的过程中，应充分考虑以下几个方面：一方面，要考虑民宿餐厅的空间大小，游客大多数是早出晚归，所以很有可能在同一时间段内集中就餐，在这样的情况下就应保证民宿餐厅的空间可以容纳当前民宿内所有的游客同时就餐，最大限度地避免出现拥堵、排队的问题，优化游客的就餐体验。另外，为进一步避免拥堵问题，还应进一步加强空间的灵活设计，在餐厅的出入口预留出较大的空间以便游客的集体进出。另一方面，在设计的时候应保证餐厅有良好的采光，同时优化内部的空间照明，游客就餐的时候可以观察到周围的环境，提升游客的愉悦感受。

4. 民宿院落的设计

庭院是民宿的灵魂。相较于传统的公寓酒店，民宿一个突出的特色就是院落的设计，作为一个半开放的私人空间，民宿中的院落可以为游客提供一个安全的环境，进而可以完成接触大自然、娱乐、休闲等各种活动。在实际进行院落设计的时候，不仅要与民宿的整体风格保持统一，还应该对当地的历史文化与地理条件进行巧妙设计。如在雨水较为充沛的南方地区，可以在民宿的院落中设计一个小型的假山，同时在其中加入适量的甘炉石成分，这样假山在接触到雨水的瞬间就会散发出阵阵青烟，可以显著提升游客的身心体验。值得注意的是，民宿院落的设计应在美观的基础上最大限度地保证安全性，如在民宿的院落中就不能设计水井，有效避免安全事故的发生。

5. 公共空间规划

民宿是“以身体之，以心验之”的栖息地，其灵魂在文化、功能在生活。而一家民宿的院落、露台、大厅、茶吧、书吧等公共使用空间，正是展示地方文化、提供独乐到众乐的最好空间，也是最能让游客感受到“家”的温暖、拍照留念的地方。

公共空间是民宿与自然环境的连接处，因此针对公共空间的设计应格外注重自然特色与风土人情的表达。首先，设计师应对当地民俗文化有所了解，并以民俗特色为基础制作相应的工艺品，将这些工艺品应用到民宿环境中，可以更好地促进民宿与周围人文环境的有机融合。其次，应格外注重公共空间的安全性，设计时要加强对安全设施的关注，力求为游客提供相对安全的公共空间，更好地消除游客的紧张情绪。最后就是对公共空间范围上的控制，如果公共空间过大就会影响客房及餐厅的合理设计，使其难以发挥相应的功能，反之，过小的公共空间会导致民宿与周围环境难以相互协调，从而降低民宿的设计质量与服务质量。因此在对公共空间进行设计的时候应充分结合地理环境特点，提升设计的科学性与合理性。

四、民宿建筑的建造方式

民宿建筑是进行高品质感官体验的重要场所，其建筑所在的地理环境、室内的装修风格以及外立面的形式直接决定了游客的体验值，对民宿经营的口碑也存在一定的影响。就现阶段我国民宿建筑的建造方式上而言，可以分为新建型和改造型建筑两种形式。一般来说新建型的建筑风格比较丰富，受到场地的限制比较小，可以有更多的内容进行设计，但是在设计的时候要考虑到建筑的风格是否和周边的环境相协调，避免对周围的景观产生过度的影响。对于民宿来说，建筑设计需要情怀，更需要逻辑思维。与传统酒店相比，在选址、规模、建筑风格、客房等方面均存在较大差别，无论是改建还是新建，都是为了更好地提炼出历史、人文中的建筑语言。民宿建筑建造的方式主要有以下几种。

1. 老房改造民宿

老房子是活着的历史和文化，民宿设计应让其焕发新的生命光彩，并更好地传承文化。改造类民宿策略：最大限度地保留建筑原有的文化记忆，就地取材对建筑做必要的修缮。

（1）加建木质的入口雨棚，遮风挡雨的同时突出民宿入口。

（2）对原有的破旧窗户进行修缮。

（3）以木材和茅草为材料建造凉亭，设计民宿的灰空间，凸显民宿的乡居主题。

（4）就地取材，以当地石材铺设人行道路和路边景观小品。

（5）以天然石块和绿色植物作为景观围墙。

2. 新建民宿

新建并不代表着摒弃当地的历史和人文，而是为了更好地提炼出历史、人文中的建筑语言，创新是为了更好地传承和发展，建筑虽是新建，但它的根却深深地扎在历史文化之中。新建类民宿策略：注重体现当地文化，多选用当地的建筑材料来丰富建筑造型。

（1）民宿选材：多选用与自然融合度高的材料，凸显生态性和文化性。

（2）空间：室内和室外的过渡空间是民宿的一个重点设计，阳台、露台等空间可以很好地把人的活动范围从室内延伸到室外，甚至在某些区域可以结合场地现有的地形或植被做巧妙设计，从而和环境更好地融合在一起。

（3）细节设计：关注民宿客房的细部设计，细节成就完美。

（4）外环境：舒适宜人的庭院设计，保证私密性、趣味性、故事性。

（5）道路铺装上应更注重行人的体验感。

（6）标识系统要与主题特色、环境氛围相结合。

五、民宿建筑设计的发展趋势

1. 更加关注生态环境的保护

民宿建筑设计在未来发展过程中，必然更加关注生态环境的保护，要把乡村旅游作为重要支撑，建立在乡村的自然生态环境之上，通过环境和资源的保护促进当地的生产发展。在未来的民宿建筑设计过程中，设计师会把民宿建筑和乡土特色进行更深层次的融合，使其成为更丰富、更多样化的乡村意象，体现出自身的特色和亮点。设计师在设计过程中要把充分遵循生态环境发展规律作为基本原则，不能破坏当地的自然生态景观。在规划建设过程中，要把人文景观和自然景观进行更深入的融合，充分体现出生物的多样性，有效规避因为大肆装饰而导致当地的自然生物栖息地被破坏等相关方面的问题，确保生物链条足够完整，这样才能体现出民宿建筑设计的优势和价值。要从根本上有效规避和杜绝破坏当地地形地貌等相关方面的问题，以此确保当地的自然生态和文化风貌能够保持完整性和系统性，有自身的独特价值和风貌，这是民宿在未来设计过程中需要着重关注的焦点问题。

2. 统筹规划科学合理的布局

在未来的民宿建筑设计过程中，设计师要具备长远的战略发展眼光，要统筹规划做出整体布局，具备整体性、系统性的意识，确保民宿建筑设计符合当地的生态功能规划和社会经济发展要求，在土地利用和旅游业的总体规划等方面要着重掌握，以此为切入点进行相对应的设计。同时，要具备大局观，要着重把握当地深厚的传统文化底蕴和优美的自然景观，加快完善基础设施条件，从宏观层面体现民宿建筑的独特价值和自身特点，优先发展特色民宿、精品民宿。通过独特的创意和原汁原味的自然风貌，在更大程度上提升民宿建筑设计水平和质量。民宿建筑在实际的设计过程中，要充分贯彻落实因地制宜的基本原则，在整体布局方面要有效把握，体现出乡村的特色和民宿建筑的个性化特征。相关部门应统筹规划当地的社会经济发展，将生态环境保护与民宿建筑有效融合，充分做好区域的布局和优化工作，沿景、沿江、沿路，鼓励农家乐发展乡村特色精品民宿。

3. 更有效地体现地域文化和乡土特色

民宿在设计过程中需要充分利用当地的自然环境和风土人情，更充分地体现出其独特性和专属性。在具体的设计过程中，要通过建筑风格、房间装饰装修、景观美学特征等相关内容，使民宿产品更富有特色，体现出创意概念，有自身的独特性和不可取代性，这样才能体现出更加良好的设计效果。要对当地的特色文化底蕴进行深入的挖掘，体现当地的风土人情和传统民俗及传统技艺等，要进行更有效的传承和发扬，使当地淳朴的民风得到保持，从而促进人文环境和人居环境实现和谐统一。同时，民宿在设计过程中，也要具备创新意识，要为游客创造体验服务，针对文化符号进行挖掘、提炼和应用，使乡村特色民宿的特点得到充分呈现。

4. 在民宿装饰中融入特色设计

民宿建筑设计在未来的发展过程中要更有效地融入强烈的民族特色，如可以通过壁画等文化图案，呈现出良好的点缀效果和渲染作用，进一步体现出民族的艺术魅力。在民宿装饰图案中，不同地域所呈现出的装饰图案有着不同的含义。在这样的情况下，可以把民宿图画中的景观要素进行提取，进一步体现地域特色，使民宿建筑有着浓浓的异域风情，有着更为原始的内在气质和生命力。在现代的民宿建筑装饰设计过程中，更要融入淳朴的民族装饰，体现出民族精神，进一步体现出传统与现代的融合，这样能够形成更强烈的反差，让游客更生动、直观地体验民族文化与民俗文化。在不同的建筑装饰中体会民宿文化的特点，在现代装饰风格中体会现代与传统的融合，有助于增强游客的住宿体验。

5. 传统民宿文化和现代装饰装修风格有效融合

民宿建筑设计在未来的发展过程中，势必要和现代室内装修装饰风格有效融合。将现代化的装饰风格融入民宿设计，促进民宿文化和现代设计互相渗透，体现出二者碰撞的火花。民宿文化与现代感的融合在未来的民宿建筑设计过程中会得到越来越广泛的应用和推广，设计师可把不同种类的建筑装饰材料通过富有创意的组合形式或者进行搭配，形成整体的艺术面貌，进行更高质量的艺术展示，风格更加多元化、丰富化，结合场地规模类型和用户需求而进行针对性的设计和创意，这样能够呈现出耳目一新的视觉效果和情感冲击，进而让游客有更加良好的旅游体验和文化感知。

相关链接

亲子民宿设计案例——樾汀·野趣山居：邂逅自然，妙趣横生

樾汀·野趣山居亲子民宿位于李沧区宜川路，它背靠崂山道教名观——竹子庵，占地300余亩，三面环山，是距离青岛市中心比较近的大型亲子民宿。

改造前的民宿原本是一间20世纪的工人宿舍，设计师重新对其进行了区域划分，目前拥有11间客房，分别为6间亲子主题房、3间大床房、1套家庭房和1套轰趴房，同时还有活动草坪、野趣动物园、篝火派对区、轰趴馆、农耕梯田、趣味菜园以及星空泳池。

民宿设计有不同主题的亲子房，为每间亲子房量身定做了适合儿童尺寸的攀爬木屋与攀爬滑梯设施等，并且有儿童绘本阅读区，满足了儿童的日常玩耍与学习的需求，并且木屋滑梯的转角处特别设计了皮质软包，防止儿童磕碰。

作为隐于山间的民宿，设计尽力还原自然与质朴的野趣感觉，室内环境设计在强调舒适性的基础上，强调了新旧对比和乡土性。总体空间材质以艺术漆墙面、木地板地面及实木家具为主，木材以其优质的性能与温暖的质感成为大部分家具的首选材料，简单、舒适的室内空间与古朴的外部环境形成反差。

在软装材质选择上，民宿的布艺，包括客房的窗帘以及床品，考虑到亲子民宿的主体儿童的安全与健康，选取了源于自然的棉麻材质。棉麻属于粗布，皆由手工缝制，制作过程绿色天然、环保健康，从种植到手织布制品，不使用农药和化学染剂，纺织品不含甲醇等化学有害物质。

（资料来源：搜狐网，https://www.sohu.com/a/473899709_446708）

民宿装修与软装

【项目引入】

面对竞争日益激烈的民宿市场，民宿的装修设计被消费者列入重点考察的范围，装修直接影响到订单量。一家民宿想要崭露头角，需要做到的是与其他民宿不一样，硬装大同小异，软装与众不同。民宿的软装赋予民宿个性化的生活与情感体验，如果说民宿装修设计是构建骨骼，那么软装配饰则是赋予灵魂，软装配饰决定了民宿的格调和氛围。

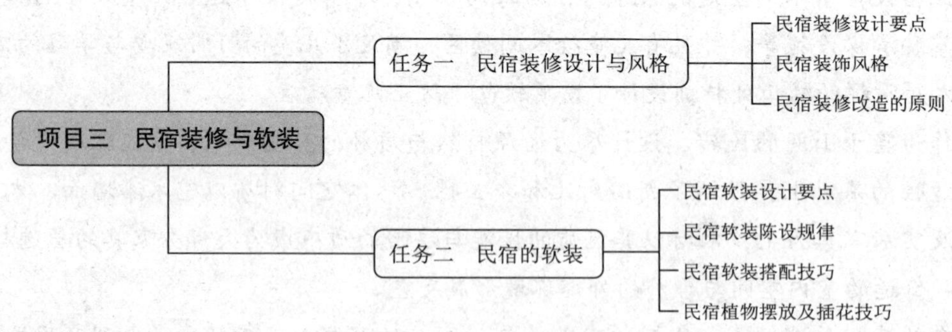

【学习目标】

知识目标：

- 掌握民宿装修设计要点及风格
- 掌握民宿软装设计要点及色彩、灯具搭配等

能力目标：

- 能够结合民宿主题和特色确定装修风格
- 能够结合民宿特色进行软装陈设
- 能够结合民宿风格进行色彩、灯具的搭配

任务一　民宿装修设计与风格

【任务描述】

任务内容	成果形式	完成单位
调研当地民宿，分析其装修设计风格	PPT	个人
假设你要筹建一家民宿，请为你的民宿设计装修风格，并就民宿空间设计出较为详细的方案	PPT	小组

【相关知识】

一、民宿装修设计要点

1. 设计要个性化

个性化是民宿装修的一个大的主题，也是在后期口碑传播的一大亮点。这里的个性化既包括要根据当地的特色做一些区域设计，也包括在设计中加入民宿主人的个人喜好等。

2. 加入文化元素

在装修中加入文化元素，能让民宿有很好的氛围，也更显得有情调。这里的文化元素，可以加入当地的特色文化，也可以是民宿主人主观营造的希望住客们可以感受到的特有文化。

3. 注重空间设计细节

民宿装修不是民宿主人想当然的设计，其中有一些必须有的空间，如院子、大厅、客房、楼梯、消毒间、布草间、消毒间等，要注重设计的细节。具体如表 2-3-1 所示。

表 2-3-1　民宿空间设计应注意的细节

空间	关键点	设计细节
院子	生机盎然	院子一般是民宿的灵魂所在，一个没有院子的民宿，对旅客不具有太强的吸引力。生机盎然的院子总会激发人愉悦的心情，因此民宿院子不论大小，都要合理布局，要让人有停留休憩的空间。院子里的布局设计也要通过绿植营造四季不同的景观，在院子面积较小的情况下，可以通过微景观丰富院落的内容，体现院落的休憩功能和观赏功能
大厅	多功能性	大厅是民宿中的多功能区域，具有吃饭、聊天、休闲等多种功能。合理的民宿装修设计，一般不把客房与大厅设计在同一层，以免影响住客休息
客房	注重温馨	民宿的客房设计要注重温馨感，大床房的比例比较高，标间一般只有一间，往往还会有一间家庭房，家庭房可以满足一家人的居住需求，价格一般也比较高。民宿一般在环境比较优美的地方，所以客房的设计中，能配落地窗的房间最好都做成落地窗，房间视野对房价也有重要影响
楼梯	点睛之笔	楼梯往往是民宿设计中最易被忽视的室内场所，但若有好的设计，楼梯将会成为民宿点睛之所在。根据现阶段消防要求，民宿的楼梯宽度要在 1 米以上，民宿的楼梯要能巧妙地凸显民宿主题，或采用不同的材质，或设计为特别的造型，或增加其储物功能，让楼梯也成为民宿表达主题和特色的一个亮点
布草间 消毒间	充分利用	民宿应单独设置布草间，面积也不一定要很大，只要满足需求即可，最好里面做成橱柜式的设计；民宿消毒间的使用率不高，但必须配备，用于客房内杯具及餐厅碗筷等物品的消毒，可以选择与厨房设计在一起

二、民宿装饰风格

民宿艺术装饰基于人的多感官感受和身心体验，注重空间装饰的科学性与艺术性设计，给人以最大的舒适体验之感。民宿的艺术装饰风格受到诸多因素的影响，如地理环境、原始生态、民族传统文化、民宿主的个人喜好等。随着民宿行业竞争日益激烈，民宿装饰也在不断提升其艺术性，深入挖掘其背后的文化内涵、生活哲学、生命意义，不同的人群对此有不同的需求。据此，民宿大致有去繁就简、回归田园和彰显个性几种不同类型的民宿装饰风格（见表 2-3-2）。

表 2-3-2　民宿装饰风格

类型	风格
去繁就简	日式和风
	北欧风
回归田园	中式田园风
	美式乡村风
	法式轻奢风
	英式田园风

续表

类型	风格
彰显个性	地中海风
	工业风
	复古风

1. 去繁就简

去繁就简也就是极简风，这类风格主要有日式和风、北欧风两种。极简风装饰的民宿传达了民宿主人一种纯粹的、回归生活本质的人生态度，这种生活理念追求的是对生活本身纯粹部分的保留。从装饰形式上来看，极简风民宿在设计过程中摒弃过多修饰性物品，将空间尽可能大地留给消费者；从内容上看，极简风民宿的装饰更多表现在对装饰材料、质地、色调以及光线的选择与搭配上，实现“物品里栖息着‘心情’”，营造一种温暖、理性、质感、克制的氛围，在这个产能过剩的时代，极简主义的减法生活在时间的洗礼下，不会随着时间的流逝、时代的发展而过时，反而成为越来越多被繁乱生活压迫的都市人的向往之处。

（1）日式和风。日式和风系民宿主张表现极简之感，装饰的每一处细节又无不在与自然做亲切交流，别具韵味。日式和风民宿装饰讲究动静结合，内外呼应。在内空间的装饰上，对空间的流动与分隔十分讲究，推拉门可为门窗、可作墙，功能多变；它还可以灵活地开放并划分空间、动态活化空间，极具日式特色。装饰元素都是选择极具代表性的禅房、白砂石、枯山水、榻榻米、茶席、茶具、竹编灯罩等。由于日式和风是由模仿中国古代装饰风格而兴起，并不断发展完善，同时注入日本精神与文化从而形成今天具有强烈日本特色的装饰风格，所以日式和风民宿在装饰方面也会加入一些中国风元素，却依然协调。日式和风民宿在装饰材料选择方面比较考究，选取的是干净的木材、朴素淡雅的陶瓷、竹编的灯罩、竹筒、藤、麻、干花等，多直接取自自然，这也正体现了日本民族顺应自然、借势自然的美学理念。装饰色彩上多为原木色、竹等自然材料的原色，或者搭配白色、浅米色，其中传统日式装饰风格多为暗木色，现代日式风格多为浅木色。在外空间的装饰上，兼顾流畅的空间动线，静中有动，外屋檐、窗台常悬挂彩色风铃，风铃装饰有美好祝福文字的标签。在室内打开推拉门，透过半打开半遮掩的竹子编的门帘，就可以欣赏微风过后摇曳的风铃，清脆的风铃声徐徐传来，很是治愈。内空间的屏风、禅室、茶房、榻榻米的卧室，原木地板与墙面，外空间的流动线空间、庭院的水、石、沙、植物等，屋檐下摇曳的风铃、清脆的铃声，内外装饰呼应、动静结合，好不惬意。置身其中，总能让人静静地思考，禅意无穷。日式和风系民宿装饰取之自然、回归自然，在细节之处与大自然亲切交流，使人身心得以净化，独具东方韵意。浙江杭州的不足民宿就属于典型的日式和风。

（2）北欧风。北欧风与日式和风都属于简约风格，但北欧风装饰却与日式和风有所不同，日式和风系装饰是从民宿的内容上表现，每一个“硬件”装饰无不渗透着日式东方禅意，没有过多的刻意“软件”装饰；而北欧风的装饰更多的是在形式上具有一些独特的装饰特色。北欧风在装饰过程中整体空间和色彩呈现明亮、素雅的视觉效果，颜色整体上属于浅色系，大多为白色或冷灰白，偏明亮，点缀一些或粉绿或粉蓝或粉红之类的马卡龙色以及浅莫兰迪色调，整体感觉清爽不失温馨。这种风格除了在色彩装饰上有自己的特点，在装饰画、摆件、抱枕、窗帘、地毯等装饰物上的形象大多为具有代表性的火烈鸟、仙人掌、琴叶榕，并会装饰一些绿色植物的盆栽与之呼应，莫兰迪色调的沙发桌椅与一些浅色系木质装饰物十分协调，整体呈现森系，充满自然气息，给人一种通透清新的空间氛围感。此外，这种风格的装饰物造型也有很多为简单的几何形，选用诸多简单易于拼合的单品进行精心排列组合。诸如简单的方形多层置物架，上面有序排列着书籍、手办、小玩具之类供人欣赏并方便拍照的道具；局部墙面装饰照片铁艺网，挂饰一些照片；靠墙而放的小梯子、手工挂毯等诸多装饰，给人一种居家的舒适感。浙江杭州的麦芽庭就属于典型的北欧风。

2. 回归田园

随着城市化速度的加快，人们返璞归真的意愿越来越强，呈现出一种崇尚自然的趋势，田园风民宿装饰营造乡情野趣的气息成功地吸引了相当一部分都市人的目光。田园风民宿装饰多选用粗糙、天然的材料——木、石、藤、竹、织物等，取之自然，表现自然，充分营造一种悠闲、舒畅、自然的田园生活情趣。田园风民宿装饰主要有中式田园风、美式乡村风、法式轻奢风、英式田园风。

（1）中式田园风。中式田园风民宿装饰崇尚自然情趣，色彩浓重而成熟，色调以暖色为主。装饰物的图案多选用花鸟、鱼虫等，并结合当地民间手工艺精雕细琢，富于变化；在形式选择上，选用当地自然物、中式图案、中式工艺品、中国传统绘画、新中式家具呈现一种无须过分修饰的、原始的、纯朴自然的美，符合现代美学的“自然美”。

（2）美式乡村风。美式乡村风民宿装饰结构上多选择砖石墙搭配木材，增添历史气息，色调自然，内部装饰搭配复古美式家具。外部装饰材料大多选择石材，大量木材作为内部装饰，形成粗糙与精致的对比。内空间装饰多采用老式唱片机、水晶吊灯、复古台灯、小吧台、壁炉等具有复古感的美国常见装饰品。外空间的美式庭院中，是在适宜的一块空地开辟一块室外露台，美式桌椅上方配有遮阳伞，形成一个视野开阔的休闲处。平静简单的空间装饰缓解人们的精神压力，舒缓紧张、疲惫的身心，通过装饰上的精心搭配，使得屋内处处都透着阳光、青草、露珠的自然味道。

（3）法式轻奢风。法式轻奢风民宿装饰无不散发出法国人骨子里的浪漫主义色彩，法式民宿装饰效果给人一种内敛而浮华的轻奢感。墙面上挂有文艺复兴、巴洛克、洛可可、印象主义等时期的经典油画，呈现文艺复古的感觉。巴洛克式曲折夸张线条的吊灯造型，灯罩上布满洛可可式回旋曲折的装饰纹样，凸显精致、细腻的秀雅特征。暖黄、米黄色的桌布、窗帘等布艺多为蕾丝镂空或碎花样式，纤巧柔美，工艺十分考究。地面或墙壁会有重复纹样的壁纸，随处点缀的干花竹篓，在装饰物的细节之处展现精美、微微的华丽与细致风采，凸显法式浪漫情调！色彩上较之简约北欧风更加大胆，色调更加偏暖，甚至会有强烈明艳色彩的出现，整体色感依旧协调。法式民宿装饰精致的细节、浪漫的情调的特点，尤受年轻女性、青年情侣所喜爱。

（4）英式田园风。英式田园风民宿充满英式从容的生活气息，较之法式田园民宿装饰的特点，多了一丝严谨。英式民宿的装饰通过做旧的手法，表现一种被岁月洗礼过后的感觉，具有年代感，在这种氛围中可以体验到置身英式庄园的感觉，这种装饰增加了人情味，给人以情感的寄托。内容上装饰得较为繁复，但是通过装饰元素的重复与统一，整个民宿看起来又很和谐，具有非常生活化的乡野气息。

英式田园风装饰风格大致有两个风格偏向：一种是色调偏浅色系，采用奶白、象牙白等白色系进行家居装饰，桌、椅、柜等也都用白色系的高档油漆着色，造型上多线条，在细节处进行精致处理，呈现一种温婉内敛并不张扬的淡雅气质。另一种是装饰比较繁复，选择系列条纹、格子或碎花（不同于法式田园风的小碎花，这里的花纹更大、色彩也较为浓烈）的装饰图案运用在桌布、椅套、墙壁等处的装饰上，充满英格兰情调。不得不提及陶瓷，这也是打造英式乡村风格不可或缺的装饰，无论是单独作为装饰品还是用作花瓶、灯座都是具有英式代表的装饰物。

与自然融合统一的田园风民宿，装饰的每一处细节都藏着不同国度、不同民族的文化内涵。通过装饰使室内成为大自然的延伸，人们可以在这里与大自然共鸣。通过田园风格元素的装饰，民宿成为满足人们回归自然意愿的好去处。

3. 彰显个性

除了去繁就简和回归田园风格的民宿装饰类型，还有一些彰显个性装饰风格的民宿如雨后春笋般不断涌现，如地中海风、工业风、复古风等。

（1）地中海风。地中海风最初用来形容地中海北岸民居一带的建筑风格，英国工艺美术运动兴起后，地中海室内设计风格广泛运用在室内设计的装饰上，并逐渐形成地中海室内装饰风格。地中海风民宿装饰在空间形态、材料特征、色彩及工艺图案等方面都反映地中海地区的自然环境的特点，空间豁达明亮、开敞通透，拱门及马蹄状的门窗，搭配百叶窗构成自由开敞的空间造型；地面多用木板、陶砖或石板铺设而成，木材、石板、藤条等天然原料作为室内装饰材料与室外鹅卵石和小石子铺成的小路、植物形成呼应，使得室内室外浑然一体；色彩大多为蓝白色系的经典配色，也有一些蓝紫、绿色系的情调配色，还有极少数的土黄、红褐色系的质朴配色。原始工艺品随处可见，铁艺、马赛克、布艺等手工艺术细腻精致，具有浓郁的地中海地域气息。地中海风格的民宿装饰呈现出手工艺术陈设品的精巧，色彩也是地中海环境的常见色，铁艺、雕刻、拼花、镶嵌等手工形式，烛台、盆碟、灯具、壁灯以及海洋元素或马赛克拼贴装饰等极具地中海风情。手工工艺和天然材料的运用营造出休闲、质朴、自由、舒适、生活节奏缓慢的生活气息，传递一种天性自由奔放、豁达的人生态度。

（2）工业风。工业风民宿装饰大多采用黑、白、灰调，呈现低调氛围、内敛、奢华的内涵。工业风民宿大多是对废弃的仓库和工厂进行改造，因而在装饰过程中保留了很多原来的基底——外露的管道、砖块墙、混凝土墙面，营造一种未完成的氛围感，空间较为宽敞，这也正是工业风装饰的一大特色。颜色以简单的黑、白和不同深浅的灰色为主。墙面为混凝土、砖块墙，前者偏冷色调，后者偏暖色调。除了装修时外露的管道，甚至装饰一些管道样式的物品作为民宿设计的一部分。大片黑色高框架的大玻璃窗、玻璃墙使得民宿现代感更强。民宿装饰的具有工业风的元素还有：灰色粗糙木质地板、桌子、柜子，金属材质的储物架、灯座、楼梯等，仿旧皮革的沙发、椅子，定制特殊字体的LED灯，不同大小形状的工业灯泡，具有流动线条造型的灯芯。此外，还装饰有一些小玩意，诸如小乐器、自行车、小动物造型等。工业风民宿装饰类型相较于田园风的装饰少了一些家的温馨感、亲近自然的舒适感，但也正因为它突出的个性化，深受年轻人的推崇。杭州的栖迟民宿就属于典型的工业风。

（3）复古风。复古风顾名思义就是恢复旧时的某种风格。复古民宿装饰风格又可分为中式复古、美式复古、英式复古、法式复古等风格。西式民宿复古风多选用饱和度较高的撞色搭配，多选择原木、丝绒质感的材料，金属多着金黄色，墙壁装饰画多为历史场景、风景画、名人名画。装饰比较繁复，很多物品是从世界各地淘到的古玩，或是仿照旧时一些风格特色的装饰形式在木质沙发、桌椅上雕刻一些肌理纹样，装饰品的工艺十分考究。中式复古风民宿主要分为明清古风、民国风，明清古风民宿由于装饰起来工程量非常庞大，一般由已有基底的老宅改造而成，而民国风民宿大多出现在上海。在装饰过程中应尽量还原当时的一些用品、用具、工艺。无论是哪一个国度、地域的复古风，对装饰品的工艺都十分考究。不同民宿设计风格及经典代表如表 2-3-3 所示。

表 2-3-3　不同民宿设计风格及经典代表

民宿设计风格	典型代表	民宿设计风格	典型代表
欧式简约	浙江杭州：麦芽庭	日式和风	浙江杭州：不足
工业风格	浙江杭州：栖迟	惬意田园	浙江杭州：隐居西湖

续表

民宿设计风格	典型代表	民宿设计风格	典型代表
禅意风格	浙江临安：斐文上客堂	民族特色	云南香格里拉：阿若康巴
民国怀旧	浙江宁波：书房	明清古风	北京：书香阁
自然风情	浙江省丽水：过云山居	文青格调	重庆：米造民宿

三、民宿装修改造的原则

1. 保护性原则

民宿的改造涉及场地与原有建筑，我们应在尊重当地文化和地域环境的基础上进行改造。改造时须注意保护古老的树木和历史景观，注意建筑之间的空间利用，可以创造更多的公共空间，给住客提供活动交流的场所。在客栈之外，民宿客栈可通过设置标志，添加与民宿内部相对应的元素等方法，并结合当地的传统文化和风俗习惯，为住客提供更优质的服务，这样在一定程度上也对当地的传统文化做了进一步的宣传。在外部，要处理好与传统村落空间的关系，在不破坏原有格局和肌理的基础上进行整合，在改造和后期操作中避免对村落和自然环境产生破坏。妥善处理施工中产生的建筑垃圾，以保护好当地的自然资源。

2. 旧材料利用原则

在民宿改造时，材料的运用应按照就地取材、旧材料回收利用的原则。就地取材，不仅减少了当地建筑材料的浪费，也节省了外地取材的开支。旧材料的二次利用，不仅减少了建筑垃圾的产生，保护了当地的自然环境，也提高了资源的利用效率。旧材料主要包括当地一些拆迁老建筑时留下的废弃砖瓦、石块等，这些旧材料能让大家了解当地的历史文化和风俗习惯，让历史文化在新的环境中传承下去，改造过的建筑群在树木和花草的掩映中如诗如画般地呈现出来。因此，在民宿改造的设计中，利用旧材料不仅仅是对老建筑的保护，而且是让其以传统和文化载体的形式继续有“生气”地活着。

旧材料取于当地，源于历史，它们的使用赋予了民宿历史感和地域归属感。废旧材料经过重新利用，会唤起游客关于家乡的记忆。另外，使用旧材料可节省资源，避免浪费。在材料选择上自觉选择自然材料，并尽可能少地破坏自然，且材料的使用要遵循重复利用的方式。材料的重复利用，不仅是出于节约的考虑，还是让游客感受到信念的途径。人们有可能构建出一种和自然系统非常接近的生活。在改造时，利用传统的自然材料，如土、木、石等，不仅能加快改造速度，也利于再次利用。

3. 环境互共生原则

在民宿改造时，要确保建筑与环境的和谐统一，除了要考虑周围建筑之外，还要结合周边的山水及自然景观。民宿改造的核心是让游客亲近自然，民宿的室内外空间与周围环境要互融共生。民宿的改造，除对建筑主题结构的保护外，还充分利用了自然材料，采用眼前有景的设计手法。眼前有景，是中国古典造园手法之一，民宿的改造原则就是与当地的环境有机结合，使民宿出现虚实、疏密的变化。民宿在改造中运用古典园林的框景等手法营造出了眼前有景的景象，使游客不仅感受到充足的采光，还可以激发人们由内而外的观景兴致。在民宿改造中借用“造园”一词，将民宿建筑群体分为单体散布在景区的脚下。在竖向设计上，竖向轮廓的处理具有很强的方向性，游客走在其中，可以清晰地辨认出东南西北、房间朝向，能轻易地判断出自己所居住的民宿在什么位置。

4. 尊重生态发展原则

无论是中国还是外国，建筑原本都是生态的。而今，建筑形式多种多样，超越了人们的意识形态，生态问题是国内外最普遍的建筑问题，民宿改造过程中应遵循与自然交融的设计理念。让游客远离城市喧嚣，回归乡村安宁生活，通过改造拉近建筑与景观、自然的关系，依据“自然之道”的设计理念，树立自然比人造的建筑和城市更加重要的观念。

5. 个性化原则

民宿建设无固定标准，每个房子都有自己的地域特色与主题，由于传统民居先天条件的限制，每个房间大小、形状等都有所不同。在设计中可以赋予各个房间不同的主题与特点，给游客带来不同的体验。这些独特的房间，将民宿建造者的个性与品位展现出来，既展现了特色，又吸引了住客。民宿的改造应通过对地域传统和异域特征的现代诠释不断完善，如建筑的外观造型与使用材料、室内的装修等都是体现民俗的个性与情怀的元素。

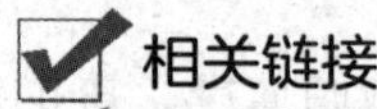

民宿装修需要注意的细节

1. 房间的采光和通风

房间的采光和通风是客房最基本的条件，设计得好，还会因此提高客房的档次和价位。谁都不喜欢没有直接采光的房间，所以设计的时候就需要格外注意，“暗房”卖不出好的价格。如果客房通风达不到良好的效果，就需要安装新风系统，一般的中央空调都可以附加这个系统，价格也不是很贵。

2. 房间的隔音设计

如果住客在休息时，听到隔壁房间传来此起彼伏的打呼声，又或者是电话声，那是很难入睡的。一般情况下，选择隔音好的砖墙加上隔音棉之类的材料，尤其是做木结构的仿古建筑，解决隔音要放在第一位。

（1）洗手间的排风房，要安装在实体墙壁上，防止因共鸣而放大噪声。

（2）中央空调等大型设备室外机噪声也很大，一般会放置在房顶或者足够远的地面上。安装时，要加装减震系统，否则，夜深人静时，房间会嗡嗡作响。

3. 供水系统的设计

（1）供水最好能够满足最大入住需要，热水用量按家用的 1.5 倍设计，在多个房间同时用水时，供水系统要能够保障水压及水量。

（2）洗澡间要注意地面有点坡度，排水要快、地漏要多，以免积水。

（3）下水和污水管没有处理，会导致卫生间反味。如果民宿规模比较大，为了避免因管道过长而导致异味，可增加化粪池，让卫生间的污物快速流到最近的化粪池，化粪池与市政管道接通时，弄清楚下水和污水管道。

（4）民宿经营的时间久了，容易出现漏水，因此，装修时最好做双层防水。

4. 用电的设计

（1）夏天或冬天空调全部开启的时候，如果因过载而跳闸就不好了，甚至还有可能导致火灾。所以，需联系当地供电局增容，电缆容量预留足够的负载。

（2）灯具都要选用节能灯，电是每时每刻要用的，每天多用一点，长年累月就是一笔不小的开支。

（3）装修时，房间里多安装几个电源插口。

（4）强电和弱电安装，最好是一拨电工统一做。虽然是不同的工种，但他们之间许多工作是需要统筹和协调的。

5. 无线网络的安装

无线网络对入住体验至关重要，一个好的网络会让客人舒服很多，如果你希望客人窝在民宿的某个公共区域，实现潜在的消费变现，Wi-Fi 信号不好的话肯定不行。

电视机顶盒最好和网络分开，电视可用有线电视，如果用了网络电视，万一遇到客满，出现网络卡顿，电视也卡，大家都会感觉很不好。

6. 取暖的设计

空调取暖时会感觉很干，容易产生不舒适的感觉，地暖是较好的取暖方式，不过地暖一旦铺好就很难维修了，除非撬开地板来做。

如果你的民宿在北方，旅客在房间的时间比较多，为了舒适起见可选择地暖，如果是南方的民宿，选择空调也可以。但作为一家提供优质服务的民宿24小时提供热水、空调是最基本的条件。

7. 房屋的结构、承重等

如果是改建民宿，就要充分考虑房屋的结构及承重等，不能超过原建筑的结构及承重范围，任何改建都必须在原建筑所能承受的范围内进行。需选择有资质的设计及施工单位，这样方便出现问题时追溯责任并及时解决。

8. 房间的配套设施

民宿最为关键的是设施齐全，使用方便，让客人住着舒服。这样的体验是最基本的，也能让你的民宿比较有家的感觉。

有的民宿会请住店的员工。如果是包吃包住的，民宿就要留出几个房间给员工住宿，需设计准备布草间、工具间、公用洗手间、公共游浴设施以及必要的日常工具，如晾衣架、衣挂架、穿衣镜等。这些必要的设施和工具都需配备齐全。

（资料来源：江美亮．民宿客栈开店指南·实战图解版［M］．北京：化学工业出版社，2021）

任务二　民宿的软装

【任务描述】

任务内容	成果形式	完成单位
假设你要筹建一家民宿，请为你的民宿搭配适合风格特色的灯具、色彩和植物	PPT	小组
就地取材，完成一款适合民宿的插花作品，课堂展示	实物	小组

【相关知识】

如果说民宿设计是构建骨骼，那么软装配饰则是赋予灵魂，软装配饰决定了民宿的格调和氛围，软装配饰最能体现民宿主人的品位。“软装”可以简单理解为一切室内陈列的、可以移动的装饰物品，包括家具、灯具、布艺、饰品、画品、花艺等。软装设计着重于提升室内美学环境，打造室内空间风格、彰显室内独特个性。“以人为本”是软装设计的主导思想。一个空间的陈设设计想要体现出主人的品位，就要将家具、灯具、纺织品、花艺等进行合理组合，创造出符合美学的空间环境。

民宿软装配饰能够起到画龙点睛的作用，在令人舒适的氛围中，恰到好处的配饰能够使人印象深刻。装饰则属于设计的延伸，从感官的多重维度加深消费者对民宿的印象。民宿内的各个部分都可作为点睛的配饰，要善于利用民宿空间内的诸多元素和物品。

一、民宿软装设计要点

在同质化较严重的民宿行业，想要崭露头角，需要做出与其他民宿不同的特点，若硬装大同小异，软装就要做到与众不同。民宿软装赋予民宿以个性化的生活与情感体验，而这些恰是一个民宿的灵魂，如果民宿只是单纯提供住宿服务，相信更多人会选择酒店而不是民宿。

1. 民宿软装要体现原生态

民宿与酒店最大的区别就是个性化，民宿选址大多是依山傍水的风景胜地，在选择软装物件时，结合当地风土民情，尽量使用带有当地特色的物品，融情于砖瓦，通过老物件向观光者诉说这个城市的故事。

2. 民宿软装要有温度

对于最初一批的民宿创业者，情怀是推动他们经营民宿的动力，因为自己喜欢某种生活方式，所以营造这样的一种生活状态，这也是民宿最初吸引大家目光的地方。亲近自然、宁静、舒适、简单，民宿追求的是一种与都市生活迥然不同的生活方式，因此民宿设计要在舒适整洁的基础上，更多地侧重于空间的营造，要有人文温暖。

3. 民宿软装要善用花草

也许你的民宿处在闹市区，没有高山也没有流水，但万万不能缺少制造氧气兼美观的绿色植物。绿色是能让人放松的颜色，逃离世俗的桃花源在人的想象中总是和一片绿色联系在一起。温柔的多肉，富有生机的藤蔓，可以装点朴素的房子，可以营造出梦境般的感觉。

4. 民宿软装要有主人的格调

一个人的生活格调是由他的经验以及阅历决定的，一个民宿的格调是民宿主人格调的实体化表现，是很难复制的独特格调。具有人格化的事物能够让人快速记住，客人满意了，才能带来更多的客源。

二、民宿软装陈设规律

民宿软装陈设需要遵循一定的美学标准，如同民宿设计时需要注意灯光、色彩比例等，恰到好处的软装陈设会让人心旷神怡。民宿是有个性的，因此软装配饰也应当具有灵性。灵性的物品不是批量制作出来的，而是需要不停地去置换寻觅。民宿在软装陈设时，可参照以下规律进行家具和装饰的摆放。

1. 对称、平衡、合理摆放

将一些家居饰品组合在一起时，可以采用对称、平衡的方式使其成为视觉焦点的一部分。如果旁边有大型家具，排列的顺序应该由高到低，避免视觉上出现不协调感，或是保持两个饰品的重心一致。例如，将两个样式相同的灯具并列或是将两个色泽、花样相同的抱枕并排，这样不但能制造和谐的韵律感，还能给人祥和、温馨的感受。另外，摆放饰品时注意前小后大、层次分明更能突出每个饰品的特色，在视觉上就会让人感到很舒服。

2. 体现整体风格

先找出大致的风格与色调，依着统一基调来布置就不容易出错。例如，简约的家居设计，具有设计感的家居饰品就很适合整个空间的个性；民宿设计中一般自然的乡村风格偏多，就可以以自然风的家居饰品为主。

3. 不必倾其所有

大家常常希望把买的每一样饰品都展示出来，但是摆放太多就会失去特色，可先将家里的饰品分类，将相同属性的放在一起，不用急着将全部饰品展现出来。分类后，可依季节或节庆更换布置，变换不同的入住体验。

4. 从“小”处入手

摆件、抱枕、桌巾、小挂饰等中小型饰品是最容易上手的布置单品。布置时可以先从这些家居饰品着手，再慢慢着手于大型的家具陈设。小的家居饰品往往会成为视觉的焦点，更能体现民宿主人的兴趣和爱好。

5. 家居布艺是重点

每一个季节都有不同颜色、图案的家居布艺，家居布艺的色系要统一搭配，才能更加和谐，才能增强居室的整体感。家居中硬的线条和冷色调，都可以用布艺来柔化。春天时，挑选清新的花朵图案，春意盎然；夏天时，选择清爽的水果或花草图案；秋天、冬天时，则可换上毛茸茸的抱枕，温暖过冬。随着季节的变化只需要更换不同风格的家居布艺，就可以变换出不同的家居风格，同时也能给住客带来不同的视觉感受。

6. 利用绿植营造生机

民宿中适当地融入大自然的气息，摆放一些应季的花花草草是再简单不过的方法，尤其是换季布置，花卉更是重要，不同的季节会有不同的花卉，可以营造出截然不同的空间情趣。

考虑好摆放的位置后，摆放的比例和尺寸也是软装陈设中需要注意的点。圣·奥古斯丁曾说过：“美是各部分的比例适当，再加一种悦目的颜色。”美学中，“黄金分割”是经典的比例分配方式，可以用 1∶0.618 的完美比例来规划居室空间。尺度是物与人之间的对比，不涉及具体尺寸，一般凭感觉上的印象来把握。毕竟比例是理性的、具体的，尺度是感性的、抽象的。即使整个家居布置采用的是同一种比例，也要有所变化才好，不然就会显得过于古板。

三、民宿软装搭配技巧

1. 色彩搭配技巧

在民宿的软装设计配色中，一般以硬装的配色为基础，不使用超过三种色彩的配色方案，应从民宿主人的喜好和设计主题出发，色彩按照主要色彩、次要色彩、点缀色彩分别占 60%、30%、10% 的原则进行分配（见表 2-3-4）。比如，在室内空间中，墙壁颜色占 60%，家具、床品窗帘的颜色占 30%，那么 10% 就是饰品和艺术品的颜色占比了。点缀色虽然是占比最少的色彩，但往往能起到最重要的强调作用。

表 2-3-4　民宿空间设计的三色标准

类型	占比（%）	说明
主要色彩	60	一般为墙壁等主体空间色彩的占比
次要色彩	30	通常为家具、床品、窗帘等次级色彩的占比
点缀色彩	10	此类为小摆件及艺术品等色彩的占比

当然，最重要的是首先要考虑空间的功能，根据所需的不同功能来搭配色彩。

在大型空间中，暖色和深色可以让大空间显得温暖、舒适。强烈、显眼的点缀色适用大空间的装饰墙，用以制造视觉焦点，如独特的墙纸或者手绘。尽量避免让同色的装饰分散在屋内的各个角落，这样会使大空间显得更加扩散，缺乏中心，将近似色的装饰物集中陈设便会让室内空间聚焦。搭配时要从天花板到地面纵观整体，必须协调好从天花板到地面的整体色彩。最简单的做法就是给色彩分重量，暗色最重，用在靠下的部位；浅色最轻，适合天花板；中度的色彩则可贯穿其间。如果把天花板刷成深色或是和墙壁相同的颜色，可以让整个空间看上去较小、较温馨，相反，浅色可以扩大空间，能让天花板看上去更高一些。

在小型空间中，清爽、淡雅的墙面色彩的巧妙运用可以让小空间看上去更大；用鲜艳强烈的色彩进行点缀会增加整体的活力和趣味；还可以用不同深浅的同类色叠加以增强整空间的层次感，让其看上去宽敞而不单调。

色彩支配统一性。做民宿设计时，使用一个比较突出的色彩，哪怕只是一个点缀色，让其他色彩围绕这个色彩展开。比如，选择的花卉是酒红色时，窗帘、画品、饰品、布艺等都用带有酒红色的色调，整个空间就会显得比较协调。

三色搭配最稳固。在设计和方案实施的过程中，空间配色最好不要超过三种色彩，不包括白色、黑色。同一空间尽量使用同一配色方案，形成系统化的空间感觉。

空间配色次序很重要。空间配色方案要遵循一定顺序，可以按照硬装→家具→灯具→窗艺→地毯→床品→靠垫→花艺→饰品的顺序进行搭配。

善用中性色。黑、白、灰、金、银五种中性色主要用于调和色彩搭配，突出其他颜色。它们给人轻松的感觉，可以避免疲劳，其中，金色、银色属于百搭色。民宿色彩搭配的注意事项如表 2-3-5 所示。

表 2-3-5 民宿色彩搭配的注意事项

颜色	禁忌	适宜
红色	不宜作为空间主色调	用窗帘、床品、靠垫等小物件进行点缀
橙色	不宜用来装饰卧室	运用在客厅营造欢快的气氛，运用在餐厅能诱发食欲
黄色	不宜在书房使用	在客厅与餐厅适量点缀
紫色	不宜在房间内大面积使用	局部使用可现实高贵和典雅
蓝色	不宜在餐厅、厨房和卧室大面积使用	可作为点缀起到调节作用
咖啡色	不宜装饰在餐厅和儿童房，不宜搭配黑色	白色、灰色和米色可以作为咖啡色的配色
粉红色	不宜在卧室大面积使用	可作为点缀色，或将颜色浓度稀释，淡淡的粉红色墙壁或壁纸可营造温馨的氛围
金色	不宜用来作为装饰房间的唯一用色	用金色勾勒点、线能创造出富丽的效果
黑色	不宜大面积运用在居室内	与大面积白色搭配是永恒的经典，在饰品上使用纯度较高的红色进行点缀，会显得神秘而高贵

2. 灯具搭配技巧

民宿设计中灯具的搭配、灯光色调的搭配是必须考虑的。在民宿设计中，灯具设计不仅侧重于艺术造型，还要考虑型、色、光与环境格调的协调性，以达到灯与环境互相辉映的效果。

民宿的灯具，首先，要具备可观赏性，要求材质优质，造型别致，色彩丰富；其次，要求与营造的风格氛围相统一；再次，布光形式要经过精心设计，注重与空间、家具、陈设等配套装饰相协调；最后，还应突出个性，光源色彩的选择要遵循用户的需求，如热烈、沉稳、安适、宁静、祥和等。民宿灯具可以从灯具的风格、灯具的材质和灯具的造型三个方面考虑。

灯具的风格有中式、欧式、现代、美式、地中海式、东南亚风格等。民宿一般采用现代风格的灯具。现代风格的灯具充满时尚和高雅的气息，返璞归真，崇尚自然。灯具的材质注重节能，经济实用，一般采用具有金属质感的铁材、铝材、皮质、亚克力、玻璃等。灯具的造型以另类的表现手法为主，多种组合形式，功能齐全，色彩方面的搭配比较符合民宿的装饰特点，这主要是根据民宿主人的喜好、周边的人文景观以及房间的整体色调进行相应的搭配和设定的。

四、民宿植物摆放及插花技巧

1. 民宿植物摆放的注意事项

在民宿的不同空间摆放植物应注意以下几点。

（1）根据空间功能选择并摆放不同的植物。白天植物会进行光合作用，产生氧气，夜间植物的呼吸作用旺盛，会释放二氧化碳。民宿要根据空间的不同功能选择并摆放不同的植物。

（2）根据空间大小选择并摆放不同的植物。植物净化室内环境的效果与植物的叶片面积有直接关系，所以植株的高低、冠径的大小等都会影响净化效果。一般情况下，10 平方米左右的房间，1.5 米高的植物放两盆比较合适。

（3）植物摆放四忌。

一忌香：如夜来香、郁金香、五色梅等。

二忌敏：一些花卉像月季、玉丁香、五色梅、天竺葵、紫荆花等，会让人产生过敏反应，有些人触碰它们后，会出现皮肤过敏的情况。

三忌毒：有的观赏花草带有毒性，如含羞草、一品红、夹竹桃、黄杜鹃和状元红等。

四忌伤害：如仙人掌类的植物有尖刺，所以在有儿童的家庭或者儿童房尽量不要摆放。另外为了安全，儿童房里的植物不要太高大，不要选择稳定性差的花盆架，以免对儿童造成伤害。

2. 民宿插花

民宿插花除了需要注意植物的大小和种类外，还应关注植物摆放的美观和艺术性。插花，即利用切花、花材进行艺术再加工造型，达到艺术创作或装饰效果。一般插花分为东方插花和西方插花。东方插花主要讲究意境美、线条美，一般民宿、咖啡厅等用花装饰、点缀时会采用东方插花。而西方插花主要讲究技艺、技巧、色彩美，一般婚礼上用的捧花、礼花、节日时包装的花属于西方插花。

民宿常用东方插花，东方插花最讲究意境，是大自然美的缩影。它取材于自然，与自然景色巧妙搭配，体现自然情趣。东方插花特别强调线条运用，营造一种流动感和韵律美。“情”与“理”的统一，“形”与“神”的统一，将花“人格化”，托物言志，寄托情感，抒发情怀，创造意境。民宿东方插花，其造型法则如下。

（1）高低错落：三点一线，不能总插在同一条直线上。

（2）疏密有致：不应等距安排。

（3）虚实结合：花为实、叶为虚，空灵有趣、余味无穷。

（4）俯仰呼应：围绕中心、俯仰呼应。

（5）上轻下重：大花下、中花上，盛华下、花蕾上，浅色上、深色下，团块下、穗状上。

（6）上散下聚：基部聚拢、上部疏散有致。

无论是插花、茶艺、对弈，还是其他的活动，都能给民宿空间锦上添花。

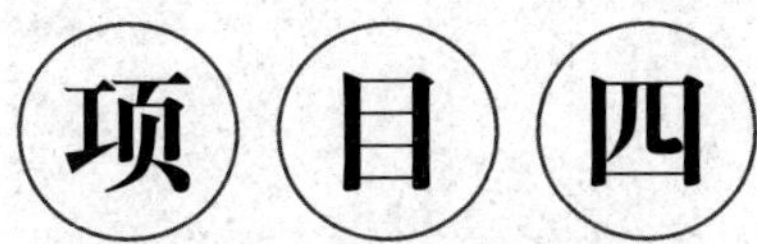

民宿产品开发

【项目引入】

民宿并不只是住宿的地方，它最主要的功能是将当地的人文、自然景观与生态特色融合在一起，让游客融入当地的生活。民宿产品是民宿消费者在民宿活动中所购买的物质产品、精神产品和服务的总和，而民宿产品开发就是根据目标市场的需要，对民宿设施、民宿服务、民宿纪念品、民宿体验项目等进行规划、设计、开发和组合的过程。

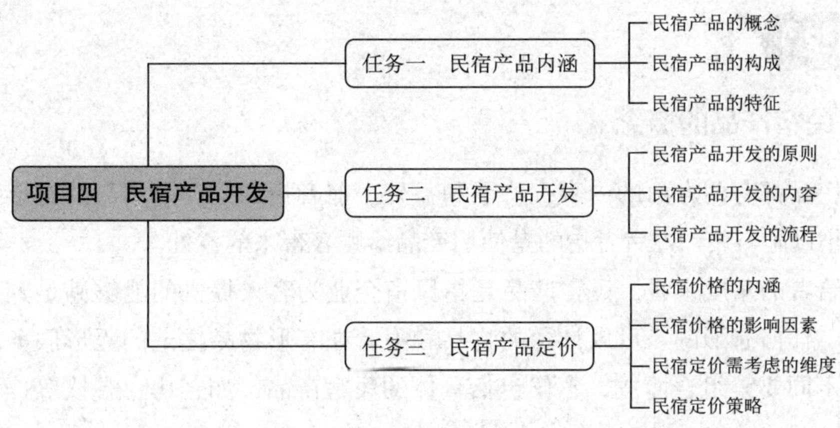

【学习目标】

知识目标：

- 掌握民宿产品的概念、特征与构成
- 熟悉民宿产品开发的流程
- 了解民宿的定价策略

能力目标：

- 能根据民宿产品策略对民宿产品进行选择与组合
- 会设计开发民宿新产品

任务一　民宿产品内涵

【任务描述】

任务内容	成果形式	完成单位
调研 1~2 家国内甲级民宿，分析其民宿产品构成和特色	PPT	个人
实地走访调研当地 1~2 家民宿，了解民宿的产品，分析其与国内甲级民宿产品的差距	PPT	小组

【相关知识】

一、民宿产品的概念

每种产品都有两方面的内容：特征和益处。前者指的是产品本身的有形特征，如客房的大小设施与装饰，后者指的是使用产品给顾客带来的益处。

从供给者的角度来看，民宿产品是指民宿企业为客人提供的能够满足其某种需求和欲望的、任何有形的、可以计量的物品和附着在有形物品之上的无形服务之和。它由若干个不同要素组合而成，不仅包括具体的民宿产品，如客房、餐饮等，还包括各种服务。

二、民宿产品的构成

一般认为，民宿产品由五个部分组成，每部分都可能给客人带来不同的感受和利益。

1. 地理位置

民宿的地理位置是指其与机场、车站、码头、商务中心、旅游景点的距离及其周围的环境状况。这些都是消费者选择民宿时需要考虑的因素。地理位置的好坏意味着可进入性与交通是否方便，周围环境是否良好等。

2. 设备与设施

民宿的设施设备是指民宿的建筑设计、规模、结构以及建筑内部的设备与格局等，包括客房、餐厅、酒吧、会议室等。民宿设计是否新颖、风格是否独特、外表是否美观，安全状况如何等都会影响消费者的选择。

3. 服务

包括服务内容、方式、态度、效率等。民宿所提供的服务的种类和质量是消费者选择与评价民宿时的重要指标，优质的服务应体现在服务态度、服务技能、服务效率、服务理念，以及环境的舒适、安全与卫生上。

4. 形象

指消费者对民宿设施服务、地理位置与内外环境等各种因素的印象的综合与总和。设施、服务、地理位置对民宿形象极为重要，但店名、外观、氛围等对于形象亦能起到重要作用。形象可以通过宣传加以树立和改善，然而一家民宿的最终形象取决于消费者的印象、评论和口碑。

5. 价格

价格即表示了民宿通过其地理位置、设施与设备、服务和形象给予客人的价值，也表示了客人从上述因素所获得的满足。

因此，从消费者的角度看，民宿产品是消费者通过支付一定的时间、精力和金钱所获得的一连串的生理满足、经济满足、社会满足、心理满足或不满足的结合体。消费者眼中的民宿产品，不仅仅是他在消费过程中所购买的一张床位、一个餐厅座位、一次接送服务等，还是民宿资源、设施设备等有形产品与民宿服务人员提供的一系列无形服务的综合体。

三、民宿产品的特征

民宿产品作为住宿类产品，首先具有住宿类产品的共有的特征，主要包括有形产品与无形服务的结合、不可储存性、生产与消费的同步性、季节性等。此外，民宿产品还具有以下的自身特征。

1. 依附性

民宿的出现最初是作为旅游旺季时的住宿补充，大多在旅游景区附近，所以具有很强的依附性。在台湾地区，学者通过回归分析发现民宿与休闲农渔业、风景特定区、海水浴场、高尔夫球场、国家公园、森林游乐区、温泉、湿地、古道、瀑布、水库湖泊、商圈及观光游乐业有显著关联，说明民宿的发展与观光资源有关。

如凤凰古城的民宿不是每一家都有优越的地理位置，但给予的是不同角度欣赏凤凰古镇美的体验。为了一览最美的凤凰美景，民宿主人将自家民宿放在半山腰上，为了不破坏生态环境，采用了最生态的青石板铺路。虽然入住不一定便捷，但民宿提供了一个更自然、更具诗意的环境。位于古城最核心、最繁华的沱江泛舟风景区的“等一个人”江景客栈，拥有古城不错的观景台，俯江而望，来上一杯清茶，远离喧哗，享受最美风景。而位于古城凤凰核心景区沙湾的山谷花间，后倚空气清新植被茂密的奇峰山，推开门窗抑或站在露台，凤凰古城美景一览无余，独自或与三五好友，品茗或是喝咖啡，都将是一次盛大的视觉体验和美的享受。

2. 地方性

作为“小而美”非标准化住宿的民宿，其“美”的来源就在于充满着地方风情。建筑材质、房屋布局、室内装饰、设备设施、餐饮菜肴、庭院设计等都呈现着本地风貌。不仅满足了游客的住宿功能，更是承担着深度体验的地方载体。

很多民宿是由当地具有历史意义的老房子修缮而成的，本身就是历史文化积淀下的产物，如花间堂系列——“花间堂 · 丽则女学”，就是在当地传统建筑基础进行创新设计，基本保留古建筑的风韵，重新演绎每栋房子的历史和故事，将地方人文特色与家的理念融入设计中。借助民宿这个媒介，将地域文化特色做了完美展现。“花间堂 · 丽则女学”是从民国时期的女校改造而成的，保留了百年间的校门和学校的整体框架。以婉约、细腻、温情的方式，打造独具特色的民国名媛女学风华之旅，以人文休闲度假模式，传达中华之美。

3. 交互性

无形服务更能深化游客的地方氛围体验，而这种无形服务来源于民宿中的主客交往的互动过程。主客的闲暇聊天、农事体验、景点咨询、安全提醒、代订服务等都让游客感觉到个性化、定制化需求的满足。

这种交互性让民宿充满了浓浓的“人情味”。民宿主人正是民宿区别于传统酒店的关键所在，在传统酒店服务业，游客接触的基本都是标准化服务的服务员，所有的服务都是标准化的，缺少了人与人之间的温度的传递。而在民宿中，则会给予客人朋友与亲人的感觉。

在凤凰古镇的民宿里，民宿主人多以花名昵称或者直接以兄弟姐妹称呼客人，亲切自然，随和温暖。他们会着当地的服装或者自己喜爱的穿着；会亲自去凤凰古镇的车站迎接游客；会邀请游客一起共进晚餐；会像家人一样嘘寒问暖。而最特别的是，民宿的主人都有讲不完的故事。有人曾说过民宿卖的是主人的故事，一个有故事会讲故事的主人才能吸引大批游客来这儿听故事。一个个有情怀的故事，让产品独具魅力，让游客深度体验，入乡随俗。

4. 家居性

Airbnb 的民宿广告语是“与房东互动，了解当地民俗”。全民宿网的广告语是“慢享生活之旅”，去民宿网的广告语是“不一样的旅行”，去哪儿网的广告语是“住的就是家”。民宿与传统的酒店住宿呈现出不一样的体验感，在装修风格、物品摆放、服务提供方面更接地气，更加个性化、定制化，使游客感觉像在自己家里一样舒适自如。

任务二　民宿产品开发

【任务描述】

任务内容	成果形式	完成单位
调研当地民宿，请为其开发 1~2 个民宿新产品	PPT	个人
假设你要筹建一家民宿，请为你的民宿开发系列产品	PPT	小组

【相关知识】

一、民宿产品开发的原则

为了使民宿产品具有持久的生命力，在设计和开发民宿产品时，必须遵循以下几项基本原则。

1. 市场导向原则

这是设计和开发民宿产品原则中最重要的一条。民宿产品的设计和开发必须在调查研究的基础上，首先考虑客人亦即市场的需求。这种需求可以不是现实的，只是潜在的，但必须是真实的，在许多时候是可以量化的。民宿产品开发与设计必须牢固树立市场观念，以市场需求作为产品设计创新的出发点。要树立市场观念，应做到以下几点。

（1）要根据社会经济发展及对外开放的实际情况进行市场定位，确定客源市场的主体和重点，明确产品开发的针对性，提高经济效益。

（2）要根据市场定位，调查和分析市场需求和供给，把握目标市场的需求特点、规模、档次、水平及变化规律和趋势，从而形成适销对路的民宿产品。

（3）针对市场需求，对各类产品进行筛选、加工或再创造，然后设计、开发和组合成具有竞争力的产品，并推向市场。

当然，民宿产品的设计和开发不应该人云亦云，只看别人的步子往前走；更不是个人或几个人闭门造车能获得成功的。

2. 产品特色化原则

求新是人们普遍具有的一种心理。进行民宿产品设计和开发必须注意和利用求新心理。这样民宿产品便可能因其“新奇”“独特”而对客人具有吸引力。这种新奇、独特的特色化产品可以有其物质表现形式，如建筑外观的设计、房间的装修、餐具的式样、菜单的外观等，它们都是看得见、摸得着的。也可以不具有特定的物质表现形式，如有些民宿客人每一次外出归来回到房间都会感到种种细微变化，鲜花已经更换，写字台已经整理干净，烟灰缸已一尘不染、焕然一新。这是民宿给予客人的特色化精细服务。在特色化原则的民宿产品开发与设计中，需要考虑以下几点。

（1）应以民宿资源及其所在环境为基础，进行产品的设计和开发，特别要注意在其产品设计中注入文化元素，建设文化型民宿，以增强民宿及其产品的吸引力。

（2）要充分考虑产品的品位、质量及规模，突出产品特色，努力开发具有影响力的拳头产品和名牌产品。

（3）要随时跟踪分析和预测民宿产品的市场生命周期，根据不同时期目标市场的变化和需求，及时开发和设计适销对路的新产品，不断改造和完善老产品，从而保持民宿的持续发展。

3. 合理的经济效益原则

经营民宿业的重要目的之一是获取利润。设计和开发民宿产品的目的之一也是保证产品给民宿创造利益。因此，进行可行性研究很有必要。大的项目（如扩建或新建）应该进行可行性研究，小的需要投资的项目也不要把可行性研究看作可有可无。

讲究经济效益，要处理好近期与远期的关系。有时，新增的某一设施在一定时期内未给民宿带来良好的经济效益，甚至可能造成亏损，如一些体育健身设施包括游泳池和桑拿浴室。但是需要考虑从长远来看这项产品能否带来长期持续的经营收益。

4. 不断完善充实原则

任何产品都不可能从一开始就是十全十美的，民宿产品更是如此。一项产品在推出之初可能受到旅游者的欢迎，从而给民宿带来良好的经济效益，但我们不能因此而满足，以为万事大吉，只等客人上门即可。相反，应该不断改进，不断完善，不断创新，才能吸引越来越多的旅游者，创造出越来越好的经济效益来。

二、民宿产品开发的内容

民宿并不只是住宿的地方，它最主要的功能是将当地的人文、自然景观与生态特色融合在一起，让旅客融入当地的生活。因此，民宿产品的开发可以从以下几个方面来着手。

1. 民宿的风格

民宿应结合所在地域、民俗风情等，开发风格独具的民宿产品。从建筑的风格，到内部装修装饰的风格，都要与当地文化与现代美感相融合，促进自然与人文景观的协调，充分体现民宿的质朴和生态美，提升游客的审美体验。

民宿的风格还体现在民宿主人的个人风格上。民宿卖的是情怀，而这种情怀就是主人的情怀，是主人的故事，通过民宿这一载体，与客人共享。民宿主人可以通过自媒体的方式，用文字或直播的方式分享生活和感悟，拍摄微电影等，把自己的粉丝吸引过来。或将当地文化或者故事进行编辑，以二维码的方式呈现，让游客可以通过手机扫码，进行解读和学习，也能增加互动体验，如藏红包、捉迷藏等。

2. 民宿的内部设计

民宿是体验经济和共享经济下的产物，民宿的主题多种多样，有古朴回归自然的民宿，也有与现代生活科技相融合的民宿。在民宿的布置和装饰方面，民宿主人可发挥创意进行创意布局，将自我对生活文化的感悟融入其中。

根据民宿所在地的文化特色，民宿的内部设计可充分使用文化元素，装点文化产品，让客人足不出户就能感受到当地浓郁的文化氛围。

有些民宿提供餐食，就可以使用当地的原生态的食材，在公共区域进行展示，让游客参与其中，在餐饮体验中感受当地文化。

现代化、信息化的手段也可以纳入房间的设计中。例如，房间内部的开关控制智能化，全部通过入住游客的手机控制，如灯光的照明变化、电视的选台、窗帘的关闭等。甚至引进无人机鸟瞰民宿及周围全景，VR 虚拟空间场景体验回归历史等，都是不错的创意选择。

民宿的交互性特点也需要民宿主人营造一个别具特色的公共区域，便于让来自各地的旅客与民宿主人一起交流分享互动。

3. 民宿的服务

民宿作为旅游产业的新业态，自诞生起便以独特的主题和格调吸引着顾客的眼球，而民宿若想获得长足发展，必然要不断改进服务项目和服务内容，促使服务向着个性化、多元化、精细化方向发展，如“私人订制”便是精品民宿改进服务的一个突破口。

不同主题风格的民宿除了在外观建筑布局、内部装修、室内陈设摆件等设计体现既定的主题之外，对客服务设施和服务用品的设计也应该沿用该主题，设计系列用品，也可作为伴手礼相赠。采用私人定制法改进服务用品、创新服务项目有益之处表现在：其一，起到品牌宣传和主题强化作用，能够加深游客对民宿的印象，有利于提高游客对民宿的好感，从而可能产生回头客效应；其二，促进二次消费，生活用品是必不可少的消费品，无论在目的地还是客源地，客房简单的生活用品满含独特情调，对游客而言无疑是一种惊喜，甚至产生购买欲望，促进购物行为的产生。

民宿体验除了静态的创意建筑和实物展示，还需要在民宿活动、乡土特色中去展示，创意的点子活动将点燃游客的旅行记忆。以旅游者为主导，从线路、方式和服务着手为客户量身打造的具有浓郁个人专属风格的旅行；提供空间和材料，邀请当地人教游客制作特色小吃、手工蜡染、手工草鞋等，让游客参与其中，深度体验。可以从本土特色服饰、民俗演艺、饮食文化等方面深入挖掘特色所在，开发出适合游客的物品或体验，让游客尽情融入当地感受文化的同时，也能捎带一些特色伴手礼，将记忆打包带回家。这样在宣扬文化的同时，也提升了当地旅游产业的附加值。

三、民宿产品开发的流程

1. 产品构思与筛选

民宿产品开发的第一个阶段就是实施调研，进行产品构思。民宿产品创意的来源不仅仅是民宿主人，而是多方面的，如民宿的其他员工（如民宿管家）、消费者、竞争者、产品研发专家、分销商和供应商等。其中，最具发言权的当数民宿产品的直接使用者（消费者）和民宿服务的直接提供者（民宿主人）。他们能真实地了解市场需求，并提出最客观的产品构思。

（1）民宿内部公众。民宿内部公众即民宿的主人以及民宿的其他工作人员。其中，民宿主人或管家或其他直接服务于宾客的员工的创意，是民宿内部创意的主要来源。他们与客户直接接触，能及时了解顾客的需求、意见和建议，他们的创意最能体现顾客的需求；民宿的服务人员在直接对客服务中，常常能观察和洞悉到客人偏好及他们乐意接受的产品，他们的构思能直接反映顾客的意见。

（2）消费者。民宿只有通过分析消费者反馈的意见和建议，才能开发出迎合他们需求的产品，从而更好地满足消费者的需求，留住老顾客，吸引新顾客。

（3）竞争者。民宿产品的构思有的来源于竞争对手产品的启发。民宿有时采取分析竞争对手的产品宣传信息或亲自到竞争对手的民宿去消费的方法进行产品的模仿或借鉴。

（4）分销商和供应商。分销商直接有市场接触，能提供特定消费者的需求信息，为民宿提供产品构思的最新信息。供应商能及时向民宿提供有关新技术和新材料的信息，有助于产品构思的形成。

（5）其他来源。除上述来源外，民宿还可以通过网络、行业专家等途径获得产品构思。

通过第一个阶段产生的大量构思，并不都能付诸实施，要对这些构思进行比较评价，摒弃获利较小或亏损的产品构思，保留少数几个有吸引力和切实可行的构思。

在进行筛选时，要考虑民宿的内外部条件及经营能力，即评价产品构思与民宿经营目标是否一致，如一致则保留，如不一致则放弃。评价民宿是否有经营产品的技术、生产销售和财务等方面的能力，如有则保留，如无则放弃。评价民宿是否具备开发新产品的时机，如有则保留，如无则放弃。

2. 产品研制与开发

首先，对构思成形的产品进行商业分析。商业分析是预测一种产品概念在市场上的适应性和发展能力。具体包括预测产品的销售量、成本、利润额及收益率；预测产品开发对投入、成本费用、利润的影响；确定目标市场、预测市场趋势、分析产品的市场竞争状况等。

其次，对确有开发价值的产品，进行实际开发。将产品概念研制成样品，样品应满足三个条件，即消费者认为该样品体现了产品概念报告书中所描述的关键属性；在正常使用情况下，该产品能安全地发挥其功能；该产品能以预计的制造成本生产出来。

最后，在开发服务性产品时，除了必须注意服务产品的实体性要素外，还要注意服务产品传递系统的建立与测试。

3. 产品投放市场

在产品正式上市前，需要进行产品的试产试销。民宿将产品样本研制出来之后，就要根据企业自身的目标市场状况，制定相应的营销组合策略，及时将部分样品投放到市场中去，初步获悉消费者对该样品的反应，改进完善产品，调整市场营销策略。

在通过前期的分析和试验后，一旦民宿决定将产品商品化，就要处理好产品上市的成本费用、时机、地点、面向的目标市场及应采取的营销组合策略等方面的问题。

（1）新产品投放市场的时机。一般民宿在完成产品的试产试销后，应尽快将产品投放市场。但是，如果此时竞争者的产品开发工作也已完成，那么就要视情况而定。一是先行上市。这样民宿就能获得先行者优势，优先选择分销商，优先占领市场。二是平行进入。这样民宿就能与竞争对手共同分担产品上市推广的促销费用。三是推迟上市。这样，竞争者已经为产品促销投入了成本，产品已经被消费者接受，消费者也会对产品提出改进意见，后进入的民宿就可以节省促销费用，提供更能满足消费者需求的产品。

（2）新产品上市的地点。民宿新产品在哪个城市或地区上市，还是在某几个城市、地区同时上市，民宿主人需要就不同城市和地区的消费者对该产品的需求强度进行评价选择。

（3）面向的目标市场及营销策略。特定的产品往往是为特定的目标市场设计的，只能满足这部分顾客群的需求。因此，特定的产品应到相应的人群中去推广促销，如民宿的亲子活动应面向都市家庭市场去营销，营销策略也应有针对性。

4. 搜集反馈

新产品在市场上销售一定时间后，通常会暴露出一定的缺陷。因此，民宿主人应时常对客人进行跟踪回访，搜集宾客对该产品的意见和建议，不断改进产品，提高产品质量。同时，消费者的信息反馈往往将成为下一个新产品创意的重要来源。

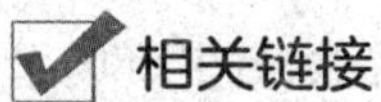

北京四合院里的民宿

老北京四合院，世界闻名。朴素的青砖灰瓦，幽静的四方庭院，为北京这座古老的城市平添了一份优雅。四合院作为北京在人们记忆里最深刻的标签之一，究竟有多少座？根据清乾隆时期绘制的《京城全图》看，当时共有大小四合院 26000 多座。2016 年，在北京市地方志编纂委员会编纂的《北京四合院志》中，保存较为完好的四合院仅有 923 座。

汪曾祺在《胡同文化》中生动地描述了老北京胡同。他写道，胡同和四合院是一体。北京人理想的住家是“独门独院”。北京人也很讲究“处街坊”，深信“远亲不如近邻”。

随着拆迁改造，胡同里的原住居民渐渐搬离胡同，当人们猛然间意识到四合院正在成为记忆，城市的天际线开始让人感到压抑的时候，有一部分老北京人开始想念胡同里的人情味。于是，胡同里的民宿就这样产生了。一位民宿主人说：“我对这里有一种情感，真的！我从小在这片儿长大，后来跟着爸爸妈妈搬走了，可我就是不想离开这儿，所以回来开了这家民宿，想让更多的人体验北京的胡同文化。”

要把胡同里的民居改成民宿，需要改得宜居、舒适，还要有设计感。胡同民居空间普遍较小、建筑整体采光性差、一般没有独立卫生间等，都是改造时很难克服的问题。

胡同里的民宿，有着低调的门脸，推门进去却别有天地。精心设计的庭院与房间格局，用心的装修与软装配饰，为喧嚣的胡同平添一份宁静。“宁静和繁华，就是一转身的距离。”民宿主人如此描述。

于是，充满着生机的四合院民宿，成了更多人到访北京时心有所念的去处。站在民宿的庭院中，仰望鸽子来回盘旋……四合院是老北京人难以割舍的精神家园，寄托着老北京人的无尽乡愁。

现如今，越来越多的外国友人迷上北京四合院，不少来京旅游的外国游客甚至只是为了在胡同里、四合院中消磨一段时光。

（资料来源：根据网络资料整理）

任务三　民宿产品定价

【任务描述】

任务内容	成果形式	完成单位
调研当地 4~6 家民宿的价格	PPT	个人
假设你要筹建一家民宿，请为你的民宿产品进行定价，并说明定价的理由	PPT	小组

【相关知识】

民宿产品的价格合适与否，不仅关系到民宿能够顺利地进入市场、占领市场、取得较好的经济效益，而且关系到民宿的命运和企业的前途。

一、民宿价格的内涵

对于民宿而言，民宿经营活动的根本目的就是把价格以产品为载体卖出去，价格既是民宿各种经营管理活动获得市场认可的标志，也是民宿得以可持续发展的基础。对于旅游者而言，价格是各种旅游诉求得到满足后必须付出的成本代价，是民宿产品选择和购买行为的重要决定因素，也是影响旅游者满意度和体验性的关键方面。对于社会经济活动中的其他主体而言，价格以及由价格带来的利润是决定其能否进入民宿行业、参与民宿市场竞争的重要指标。民宿价格背后是民宿经营者、旅游者以及竞争者之间的多重博弈。

目前，我国民宿每天每间客房的定价分三个区间：一是 100~300 元，其比例在 60% 左右；二是 400~1500 元，其比例占 20% ~ 30%；三是 1500 元以上，其比例在

10% 左右。

在旺季是上述价格，在淡季则都有相当的折扣。随着民宿经营者对特色、品牌的追求，民宿价格层次将呈现逐步拉大的趋势。2017 年，通过网络预订平台上发布的价格可以看到，有的具有品牌特点的民宿旺季单间价格在 3000 元以上。

二、民宿价格的影响因素

1. 民宿文化

文化是民宿有温度、有情怀的源头和灵魂。国家《旅游民宿基本要求与评价（LB/T 065—2017）》和浙江省《民宿基本要求与评价（DB33/T 2048—2017）》中都提到了民宿评级的文化要求，如传递生活美学、弘扬地方文化等，由此可见，文化属性特征对于民宿的重要性。在现代经济社会，文化对产品的增值是一个普遍现象，对于民宿而言，民宿文化能带来多少的客房价格增加却鲜有研究。

民宿是否具有特色文化对于民宿价格的影响程度极大，仅次于民宿宜住人数，甚至高于民宿配套设施对民宿价格的影响程度。对民宿价格还有比较大正向影响的文化是主题性文化和饮食文化，民宿文化的主题定位以及特色美食都有利于民宿增值。

2. 民宿品牌

民宿品牌虽然由民宿经营者发布和宣传，但只有经过消费者认可，品牌才算真正塑造出来。民宿品牌本质上是指消费者对民宿产品总体认知的概括，是消费者总体认知的物化投射。正因为如此，品牌后面是民宿经营者极力营造的民宿软硬件综合效用，良好的民宿品牌代表了良好的住宿体验，高品质民宿品牌对价格有较大的溢价作用。

3. 民宿环境

自然环境和人文环境对民宿价格都有一定的影响。其中，自然环境变量包括民宿的海拔、坡度、起伏度以及民宿与水系的距离，代表了民宿所处的地形与自然环境。旅游者愿意花费大量时间和金钱成本入住特色民宿，一个很重要的原因在于切换时空的需求，而优美的自然环境必定是其选择民宿、接受民宿高价位的一个重要原因。有研究显示：高海拔的民宿价格更高，十分有力地说明了客源市场对于高海拔民宿的偏好。主要原因是高海拔民宿意味着更凉爽的气候和更优越的自然环境，与城市环境形成了较大的反差，能较好地满足城市居民的差异性需求。浙江著名的民宿产业集聚区——德清莫干山、松阳四都乡等就是很好的例证。民宿与水系的距离对价格有着显著正相关的影响，但在不同分位数上，它对民宿价格的影响呈现波动性。这说明临水民宿也受市场欢迎，但并不是所有临水民宿都能卖出市场认可的高价，关键在于水体环境的绿色生态效应。

人文环境变量包括民宿所在区域经济发展水平、民宿是否在城市及与城市中心距离、民宿交通状况、周边餐饮等服务要素和竞争者的多少。经济发展使市场对高端民宿产品有更强的购买力，市场需求更大。

民宿与城市中心的距离、民宿与交通主干道的距离两个变量对价格影响分别为负向和正向，因为远离城市会增加旅游者出行成本，接近交通干线能降低出行成本，因而对价格有不同的影响。另外，民宿周边的餐饮、购物等服务要素对民宿价格有轻度的影响，影响的正负向由服务要素带来的便利性与其对居住环境的损害综合而定。

4. 民宿硬件

硬件是民宿给旅游者提供休闲度假的基础，在一定程度上决定了旅游者能进行什么活动、获得什么体验。对于旅游者而言，民宿产品中的硬件可见、可触，是最容易识别好坏的因素。硬件特征主要考察民宿类型、民宿大小和民宿配套设施三方面。这主要是因为民宿类型是民宿各项特征属性的综合体现，不同的民宿类型意味着不同的空间、设施、功能和服务，给旅游者带来的总体效用不同，价格自然就不同。配套设施对高端民宿价格有更大程度的影响，旅游者愿意为好设施付费。

5. 民宿服务

民宿服务特征相对于民宿区位、硬件和设施，属于软件特征，主要涉及服务项目、功能活动和服务人员。

对于高档民宿而言，现有服务项目对价格的负向影响更大。可能的原因包括：一是现有的服务做得还不到位，与旅游者的预期差异较大，越是高端民宿的服务与旅游者期望值差异越大；二是民宿经营者为了弥补民宿硬件设施等的不足，希望提供更多的服务项目招徕旅游者，故服务是民宿其他方面不足的隐含表现。

越是高端民宿，民宿主人和民宿管家对价格影响就越大，也越重要。这也符合人们的一般认知，民宿业属于服务行业，旅游者不可避免接触到的各类人员都会对旅游体验产生重大影响，特别是民宿主人，可以说是民宿的灵魂，他们的独特个性、生活态度、生活方式以及人生故事等，往往成为旅游者选择民宿的重要考量。而民宿管家周到细致的接待安排，无微不至的贴心服务，都能让旅游者更加放松身心，让整个入住体验增色不少。

三、民宿定价需考虑的维度

合理定价是一项系统工程，需要从多个维度进行思考，每个维度都有可能会对未来营业带来一定影响。对于民宿来说，通常制定一个合理的价格需要尽可能考虑以下五个维度。

1. 成本价格

成本是民宿定价的落脚点。首先，民宿的定价是需要明确前期的成本投入。行业内的标准是 6~8 个月回本，因此在产品投入市场初期不宜贪快，应尽量设定合理的回本价格。

比如，前期装修成本 3 万元，每月租金要 3000 元，要想在 6 个月内达到收益 2 万元，则每月需要净利润 5000 元左右。扣掉月租金 3000 元及水电费、清洁费、平台抽成，那么每月的订单总额应在 9000 元左右，就可以满足半年左右回本。按照这种计算方法，则民宿房费定价 300 元每晚，就可以达到这一目标。

当然了，这是最理想的状态，是预想每晚都有人订房，而通常入住率达到 80% 左右就已经算良好了，那么如果不能保证入住率百分百，又想在半年内回本，就需要在房源质量以及价格上做文章。

2. 淡旺季影响

民宿经营淡旺季明显，而淡旺季对价格也会产生较大的影响。所以民宿经营者需要了解自己的房间是否有明显的淡旺季，是否对周围人群来说是刚需。

如果民宿附近有地铁站、高校、大型市场，总之就是不与传统的旅游出游目标重合，那么可能受淡旺季的影响就会小很多，在淡季也可以不用下调过多的金额，入住率也有一定的保证。如果民宿地处当地旅游景点，那么就要做好在淡季可能一个月也没有几单的准备，就需要在旺季制定相对高的价格来补贴淡季的亏损。

3. 附近竞争者价格

一个好的房源定价需要参考周围其他竞争者房源的价格，通过各种平台搜索自己地理位置附近的房源，参考其民宿定价以及房源入住率。再对比自己的房间装修与其他房源孰优孰劣，就可以确定民宿的价格应该设定在哪一个区间。

4. 平台智能价格

民宿价格的制定需要考虑平台智能定价功能，如 Airbnb 的智能定价，首先由经营者设定可以接受的价格区间，再由平台智能分析来确定房源价格多少合适。这样可以帮助民宿经营者节省部分精力。但智能定价在一定程度上还存在一些争议，不少民宿经营者反映智能定价总是以超低价格将房源出租。所以如果使用智能定价，需尽量将底价调高，最高价设定为节假日的热门价格。

5. 实时调整价格

房源价格的制定不是一劳永逸的，需要民宿经营者实时进行调整。

（1）尾房处理。如在当天还有空房，则应该调低价格，并且在多个时间段修改，一次比一次低，力求房源可以出租出去，不出现空房。

（2）节假日上调价格。一般节假日是民宿经营者追求盈利的最佳时期，因为在节假日，当天价格涨幅基本可以达到 50%，甚至一些位于爆满旅游景点的民宿达到 100% 的涨幅还供不应求，因此需要至少在半个月之前就设定节假日的价格。

四、民宿定价策略

1. 民宿电商渠道定价

旅客在计划行程时，通常会到旅游线上电商平台找客房，在没有到过你的民宿的情况下，想了解民宿及客房情况，电商平台是很好的选择，信息量大，加上专业的信息精准，交易环节规范，效率也就高很多。因此，大多数民宿会选择旅游在线电商销售渠道，获取精准用户。

由于平台的规则是公开透明的，旅客在电商平台上找房源的时候，搜索一下关键词，出来的相关信息一目了然，其中客房价格是一个非常敏感的数字，标得过高或过低，都可能造成客户的流失。

因此，在给客房定价的时候，应该对民宿周边的房价有所了解。除此之外，详情页里面再编辑一些民宿店面的特色、增值业务、礼包等信息，以此来吸引旅客。还有一点，旅客对民宿设施及服务的评分高低，也是影响转化率的关键。

2. 门店定价

到店价格通常会标得比较高，那是因为当客人走到你家民宿的时候，带着大包小包去找下一家未必就很方便，加上选择的参考信息有限，一般情况下，价格比较高的时候客人也是可以接受的。

同时，你并不希望每天靠这些上门客来维持民宿的正常运转，因为这些客群不是你的目标客群，流量也不稳定，因为到店旅客上网搜索房源后再做调整的可能性也很大。所以，对客群分类时，因到店客群非目标客群，可以把民宿的门店价格定高一点。

3. 会员定价

和酒店一样，民宿的会员系统十分必要，如已经入住过民宿的旅客、民宿主人的亲朋好友、民宿周边的人群及周边企业等，都可以发展为会员。

民宿生意好的时候，也许你会觉得无所谓，加上民宿的体量比较小，客户也是一个非常小众的人群，每天很容易就可以把几间客房租出去。但是，遇到淡季生意不好的时候，这个会员系统就会有帮助。会员价格可以用折扣、积分、优惠券等方式，使民宿的入住率保持平稳。

由散客转化为会员要让客人易于接受，杜绝填写各种复杂的表格或销售价格过高。比如，散客房费 200 元、会员 180 元，但会员卡 20 元或更高一张，就不利于散客转化。如果散客房费为 220 元，客人只需要关注二维码即可成为会员，享受会员价 180 元就利于转化。

4. 分销定价

在做好价格管理系统之后，民宿客房销售渠道越多越好，如针对旅行社、导游等这些接触旅客的人群，是民宿客房很好的销售渠道。特别是利润空间较大、房间比较多的民宿，多一个分销渠道，对提升民宿的入住率非常有帮助。因此，在建立民宿销售系统的时候，多渠道分销是必须考虑的。

5. 内部优惠

内部优惠的对象主要包括民宿员工需求、股东需求、民宿主人亲友的需求。当内部需求出现时，既避免了全价收费的尴尬，也避免了不好意思不要钱的情况。如果没有这些内部优惠计划，当特殊旅客出现时，收钱或不收钱都感觉不妥当。如果有一个内部优惠计划，在遇到这些突发情况时，就会有章可循。

相关链接

民宿创业成功的关键要素

民宿作为一种旅游新业态，它最大程度上体现了创业者独特的情怀与生活方式，一度掀起我国中小企业创业热潮。尤其2015年国务院提出“加快发展生活性服务业、促进消费结构升级”后，全国各地民宿创业支持政策纷纷出台，涌现了大批民宿创业项目。根据《2019年中国在线民宿预订行业发展研究报告》，2018年中国民宿数量达16.98万家，全年投融资超50亿元；线上交易额突破200亿元，较2016年增长4倍。因此，民宿是我国旅游中小企业中最具活力的组成部分之一，民宿经济成为激活我国文旅消费的重要手段，民宿创业实践对商业模式、社会文化和经济发展均产生了深刻的影响。

然而，伴随民宿的爆发式增长，“投资盲目跟风”“营收无力”“产品同质化”等问题也层出不穷，导致多数民宿经营惨淡、效益不佳，以失败告终。因此，在2019年“推动民宿品牌化发展”的政策号召下，民宿创业成功与可持续发展问题越发成为我国关注的焦点。

一、创业环境

目的地创业环境（资源禀赋、地理条件、产业背景、制度环境和社会状况）为创业活动提供激励和支持，是促进民宿创业成功的关键外部因素。

1. 资源禀赋

“美丽的风景、厚重的文化”体现了民宿选址导向。首先，民宿主要依靠自然和文化资源吸引游客。其次，旅游中小企业创业效益很大程度上取决于资源独特性，民宿产品销售更是依赖于此。

2. 地理条件

地理条件反映了民宿所在地的可进入性，是民宿规划与选址的重要因素。对乡村民宿来说，这一要素更为关键。大部分创业者对民宿选址做出有前瞻性的判断，选择靠近核心景区的区域创建民宿。

3. 产业背景

产业背景是民宿创业的宏观环境。首先，基础设施是民宿发展的客观基础。其次，“只有不断竞争整个行业才会不断发展”，意味着产生一定竞争的“商圈”对民宿发展具有促进作用。最后，客源市场指旅游地现实或潜在的民宿产品购买者，涉及客流数量及质量。良好的客源市场具有先发优势，有利于民宿创业快速成功。例如，“就当时的（客源）市场环境来说，好的民宿是非常稀缺的”。

4. 制度环境

良好的制度环境对民宿创业具有积极影响。首先，已有研究表明，面临制度约束的创业者会将大量资源分配于企业制度改造，造成现有资源浪费，因而地方政府出台土地、资金、信贷等支持政策，能优化民宿内部资源配置。其次，虽然政府干预可能增加环境的不确定性，但民宿常被视为“非正式”的旅游企业，普遍存在“非正规”（非规范但合理）活动，因此制度“嵌入”对民宿良性发展具有实际作用。

5. 社会状况

社会状况是民宿创业者社会网络关系的重要构成，体现了创业者与政府、居民、员工及投资者等利益相关主体的关系状况。由于民宿往往扎根于当地社区，沟通在社会网络关系维护、社区冲突解决上起重要作用。

二、创业者特征

资源基础理论认为，创业者具备稀缺的多样化特征是企业的竞争优势。高阶理论（Upper Echelons Theory）认为，创业者的认知差异可能影响创业行为及结果。而民宿创业者作为创业的灵魂人物，兼具决策者、设计者、管理者等多重角色，因此创业者特征（先前经历与经验、创业能力、情怀动机和创业精神）会直接影响民宿创业的成功与否。

1. 先前经历与经验

先前经历与经验是民宿创业者知识的积累。首先，先前知识和创业成功经验使创业者形成对“商业的前瞻性和预判力”，即创业者预测民宿所处环境，识别和利用新机会，以加强现有产品和服务。其次，创业者的家庭成长和旅游经历会塑造独特的民宿故事，增加民宿竞争力。

2. 创业能力

创业能力是个体完成一项新任务或创造新事物的能力。本研究表明，机会识别能力作为创业者对商业的“灵敏嗅觉”，是创建民宿的前提；艺术设计与策划能力体现了创业者的独特审美；营销与运营能力对提高民宿创业效益必不可少；应急和危机管理能力有助于创业者快速应对突发事件、处置旅游危机、抵御创业风险及延长民宿生命周期。

3. 情怀动机

情怀动机具有个体认知和情感属性特征，是影响民宿创业成功的决定性因素。虽然多数创业研究表明企业家创业具有强烈的经济动机，但民宿创业更多是出于“生活方式”动机，并非单纯的“利润追求”。民宿体现了一种家的温暖和旅居式的生活方式，因为“大部分的民宿人有情怀在背后做推动”。

4. 创业精神

创业精神是创业者保持创业激情的根源，核心精神包括匠心、冒险、落地等。Komppula提出，没有创新、责任心和冒险精神的创业者，就没有繁荣的旅游目的地。因此创业者“身上必须保持好奇心，用乐观精神来看待未来和行业，具备冒险精神”。

三、创业资源

已有研究表明，企业的成功取决于具有某些特殊特征的资源，这些资源决定了组织的竞争优势，因此关注组织的资源比关注其生产功能更为重要。创业资源（资金资源、人力资源和技术资源）是民宿创业需要具备的内部资源。

1. 资金资源

资金资源是民宿创业的基础性资源。首先，充足的创业启动资金是民宿创建和生存的根本前提。创业者主要通过整合现有资金、银行贷款等方式，合理组织与筹集启动资金。其次，持续积累和有效利用储备资金是民宿创业成功的关键，部分创业者通过融资、集资等方式引进资金，壮大民宿内部“资金池”，从而保障民宿项目开展、正常运营及快速成长。

2. 人力资源

人力资源决定了人力资本的供给水平，涵盖团队建设和人才培养。人力资源作为企业核心资源直接参与生产经营，能为企业创造价值。由于部分创业者没有预先制订商业计划，又缺乏专业的管理经验，因此选择“将项目交给专业的团队去做”，以便获取有效信息。同时“集体的力量是不可忽视的”，积累专业人才和增强团队凝聚力对民宿创业成功也至关重要。

3. 技术资源

互联网技术是民宿创业所具备或利用的关键技术资源。研究发现，社交媒体、网站开发、互联网平台等技术有助于民宿开展线上业务和推广产品，增强互联网渠道的客户联系，提高企业运营绩效。

四、创业战略

战略管理理论强调创业成功主要取决于创业者制定和执行有效的战略。创业战略（产品与服务导向、品牌战略和民宿活动）涉及民宿创业成功的具体行动要求和方式：一是创业者将创业思维和创造力应用到民宿战略的制定中，体现创业导向；二是创业者制定某种战略以指导民宿活动。

1. 产品与服务导向

产品与服务导向指引民宿装饰设计、对客服务和活动体验的全过程，涉及合法性（标准化、安全等）和独特性（空间美学、个性化等）。其中，“合法性”是对民宿产品与服务的基本要求；“独特性”体现民宿的个性和特色，即让客人“体验到不一样的感觉”。

2. 品牌战略

品牌战略（在地文化植入、口碑传播、私域流量等）是民宿可持续竞争优势和价值创造的核心。首先，在地文化是民宿发展的催化剂，因为民宿生活方式与商业实践的兼容需在特定的文化“框架”内。其次，口碑支持是“一个店的持续生命力”。作为最有效的广告渠道，它能提高顾客品牌感知，能促进新产品扩散和销售。最后，私域流量是一种自营销渠道，依赖忠诚的会员或粉丝，如“爱树”品牌民宿用三年积累了近 3 万会员，所销售的订单一半以上来自其中。

3. 民宿活动

民宿活动（传统节日活动、美食体验活动、公益活动等）涉及营销、价值实现和创造性活动。特色文化、美食体验活动等是为了引流、发展经济和打造民宿文化体验。公益活动则是民宿社会责任的体现，有利于其塑造良好的社会形象，实现组织成长。例如，“爱树”的树木认养活动、“侗房”的传统手艺学习活动。

五、创业学习

已有研究表明，创业者要在竞争中取胜，发现商机并攻克重重壁垒，就需要不断地学习。迄今，关于“成功的习得”已形成了经验学习论、组织学习论、社会认知论等多种视角。创业学习（获得性学习和探索性学习）是创业者通过经验、观察与实践获取并吸收知识、发展技能和能力的动态过程，涉及知识获取、交流分享等阶段。

1. 获得性学习

获得性学习（借鉴模仿、培训学习、顾客反馈等）侧重获得已存在的知识、经验及技术。其中，行业交流、顾客反馈是民宿创业者吸收建议和满足顾客需求的关键。

2. 探索性学习

探索性学习（自主摸索、项目试验、自我反思等）指探索未知的知识和项目或反思已有行动结果。其中，反思有助于创业者确定未来的行动方向，及时调整自身战略，改善产品与服务。

六、创业效益

已有研究表明，创业成功的表现形式和创业动机有关，以生活方式为导向的创业者更注重提高生活质量，而非利润最大化。民宿创业成功的表现形式除了经济效益，还包括社会文化和成长效益。

1. 经济效益

经济效益（高入住率、带动经济发展等）是民宿创业成功的基本表现。民宿获得较高的入住率和顾客好评率，不仅能够支撑自身持续运营，还能"拉动当地经济发展"。

2. 社会文化效益

社会文化效益（带动当地产品销售、地方文化传承、资源活化等）是民宿创业成功的特殊表现。其中，公益行为是一种理性的商业战略，社会文化效益较高的民宿将被视为对社会负责的企业，有利于激励员工、获得政府扶持和社区支持。

3. 成长效益

成长效益（结识朋友、品牌推广、自我实现与成长等）是民宿创业成功的增值表现。其中，口碑推荐对民宿客户积累具有重要意义。例如，"客人如今都会不断回来，还推荐朋友过来"。

总体而言，"情怀"对民宿长期创业至关重要。一方面，民宿选址与开发、生活方式型业务开展和团队建设均受到创业者情怀动机的影响。另一方面，民宿作为学习型组织，创业者必须持续学习关于创业的先进知识、经验和技能，不断进行自我反思与成长，从而将个人情怀和创业精神渗透于产品打造的各个环节，实现产品改进和业务增长。

民宿和一般中小企业创业的要素特点比较表

纬度	民宿创业	酒店创业	其他中小企业创业（设计贸易、制造、服务业等）
创业环境	对目的地旅游资源禀赋和客源市场环境依赖性极高	对创业环境整体依赖性较小，偏向经济环境因素	创业环境不确定性较高，偏向制度、经济环境因素
创业者特征	偏向全能的情怀型生活家	偏向专业的魅力型企业家	偏向灵活的商业型企业家
创业资源	偏向人力、技术资源	偏向组织、技术资源	偏向金融、财务、技术资源
创业战略	在标准化、合法化基础上，偏向个性化、独特性的战略活动	偏向标准化、合法化的战略活动	主要为标准化、合法化的战略活动，关注产品或技术创新
创业学习	创业学习伴随创业过程始终，与创业战略和创业效益形成动态循环	对创业学习整体依赖适中，重点关注顾客反馈	创业学习与动态能力相关，依赖组织学习
创业效益	不局限于经济效益，更关注社会文化及成长效益	更关注经济效益	更关注经济利益和商业价值

［资料来源：王美钰，李勇泉，阮文奇．民宿创业成功的关键要素与理论逻辑：基于扎根理论分析［J］．南开管理评论，2022，25（2）：13］

模块三

民宿运营：做有温度的民宿主人

【导言】

运营就是对运营过程的计划、组织、实施和控制，是与产品生产和服务创造密切相关的各项管理工作的总称。民宿运营是指民宿日常运营过程中所涉及的人、事、物的日常操作及管理。具体来说，民宿运营就是有计划、有组织地实施和控制民宿日常工作，并根据数据、统计和分析的结果，对民宿日常经营进行调整。这是一个在日常经营过程中发现问题和解决问题的过程。

项目一 民宿服务与管理

【项目引入】

民宿作为一种住宿接待产品，其提供的服务内容与其他住宿产品类似，但也有其独特性。美国学者卡尔·卡尔布里奇将服务管理定义为“将顾客感知服务质量作为企业经营第一驱动力的一种总体的组织方法”。服务管理水平直接影响消费者的重复购买决策，是衡量住宿行业发展成熟度的重要指标。民宿在运营管理方面，制定高标准的基础服务和适度定制化的服务，是民宿行业发展的重要特征。

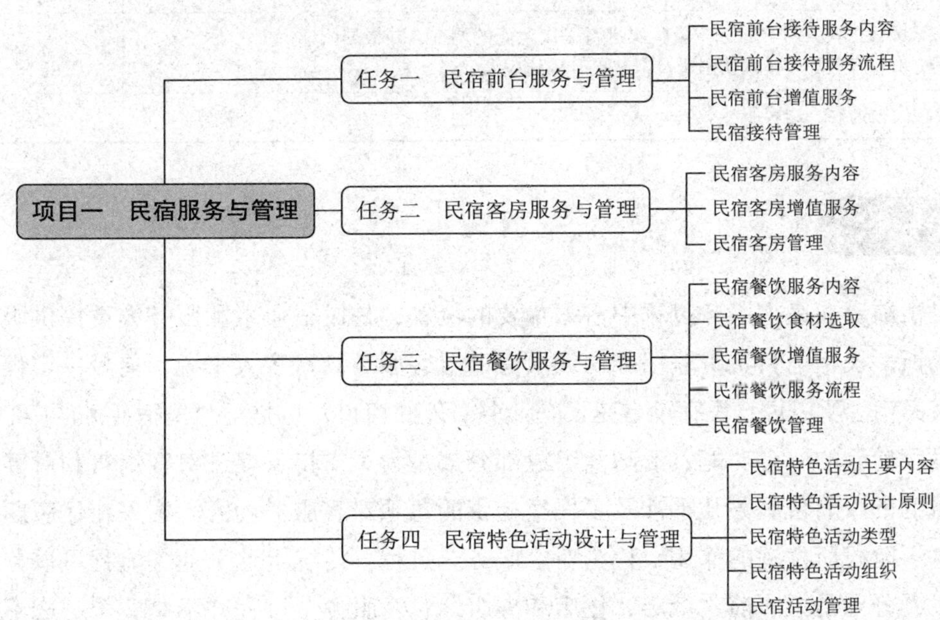

【学习目标】

知识目标：

- 掌握民宿前台接待服务内容与流程
- 掌握民宿客房服务与管理的内容
- 掌握民宿餐饮服务的内容和流程
- 掌握民宿特色活动设计的类型和民宿活动管理

能力目标：

- 能提供民宿前台接待、客房、餐食等服务工作
- 能根据客人需要提供个性化服务
- 能对民宿前台、客房、餐饮等服务进行有效管理
- 能组织住客开展民宿特色活动

任务一　民宿前台服务与管理

【任务描述】

任务内容	成果形式	完成单位
选择一家民宿，对其对客服务质量状况进行一次全面的调查，并根据所学提供一份对客服务质量现状调研及整改提升的建议书	文本	小组
分组模拟民宿迎客、送客服务	视频	小组

【相关知识】

民宿前台在民宿服务过程中占据重要的位置，是民宿业主和服务人员提供服务的重要场所。民宿前台负责联络和协调所有的对客服务。对客人来说，前台一定程度上就代表民宿。所以说，民宿前台是民宿业务对外的窗口，也是整个民宿业务的中心。

民宿前台的所有功能、活动及组成部分都是为了支持、促进对客销售和对客服务这一目的的。前台服务几乎涉及了民宿提供的每项对客服务内容。客人在住店期间前台在每一阶段所发挥的作用，称为对客服务全过程。传统上这个业务流程可以分成四个阶段，分别是抵店前、抵店、住店和离店。对客服务全过程并不是一个一成不变的

标准模式，因为各个阶段的活动和功能是相互交叉的。

一、民宿前台接待服务内容

民宿前台需要时刻了解客人入住期间所有阶段发生的对客服务和客人账目有关的活动，进而可以根据客人的需要提供高效的服务。民宿前台的服务内容主要有以下几方面。

1. 销售客房

销售客房是民宿前台的首要任务。客房虽不是民宿的核心产品，但是其销售收入也占据相当大的比重，同时，客房商品具有不可储存的特点，因此，能否有效地推销客房，将很大程度上影响民宿的经济效益。民宿前台客房销售主要由以下三方面的工作组成。

（1）预订销售。预订是前台管理和服务的中心环节之一，通过预订可以保证客源。前台一般会负责客房预订服务，订房是否成功往往取决于前台服务人员的主动推销意识、推销技巧、数量程度以及对客房产品的熟悉程度。预订销售包括网络预订和电话预订，并以网络预订为主，辅以电话咨询。

（2）接待销售。民宿前台对未经预订而直接抵店的客人销售客房，这样的情况较少，但也存在。服务人员在接待这类客人时，需要表现出强烈的服务意识和良好的推销能力。在使客人感到宾至如归、温馨舒适的同时，适时向客人推销客房或其他服务产品。对于已经预订了客房的客人来说，主动介绍民宿其他服务项目，会对客人的消费产生刺激和导向作用，形成二次推销。这种促销行为及结果会提高民宿的综合效益。

（3）合理排房与价格控制。客房营业收入的高低取决于客房销售的数量、价格及时间。前台服务人员不仅要注意客房销售的数量和价格，执行民宿的价格政策、优惠政策及促销政策，还要注意合理排房，最大限度地将符合客人要求的房间安排给客人。

2. 提供综合服务

作为直接向客人提供各类服务的前台，其服务范围包括迎送宾客服务、行李服务、问询邮件服务、电话总机服务接受和处理投诉服务等基本服务以及各个民宿的特色服务，如民宿主题服务、游览介绍服务、民宿购物等。这种服务理念的核心思想是在完成前台各项服务的过程中，促使前台服务于其他服务，如客房服务、餐饮服务等，使它们共同构成民宿的整体服务，表现为“服务链条”的紧密衔接，避免推诿、扯皮等现象，强调“服务到位”，使客人对民宿留下满意、深刻的印象。

3. 提供信息服务

民宿前台是客人集聚活动的场所，民宿业主和服务人员与客人保持着最多的接触。因此，应随时准备向客人提供其所需要和感兴趣的信息资料，如交通、餐饮、购物、游览等详细和准确的信息，并在显眼的区域放置或公布相关信息，使客人感觉到温馨、方便。另外，前台作为信息传递中心，要及时准确地将各种信息加以处理，传递给其他管理部门，为其经营决策提供参考依据。

4. 协调对客服务

民宿服务是既有分工又有协作的有机整体，民宿服务质量的好坏取决于客人的满意程度。客人的满意程度是对民宿每一次具体服务所形成的一系列感受和印象的总和。在对客人服务的全过程中，任何一个环节出现差错，都会影响到服务质量，影响到民宿的整体声誉。民宿前台在统一协调对客服务过程中发挥着重要作用，如客人对客房的个性化需求、客人对活动的个性化需求等，方便其他部门提供及时的服务。

5. 控制客房状况

民宿前台一方面要协调客房销售与客房管理工作，另一方面还要能够在任何时候正确地反映客房状况。在协调客房销售与客房管理方面，前台应提供准确的客房信息，防止过度超额预订，避免工作被动。另外，前台应及时向客房部通报实时和未来的预订情况，便于其安排卫生计划或调整劳动组织工作。正确反映并掌握客房状况是做好客房销售的先决条件，也是前台管理的重要目标之一。

6. 管理客账

民宿前台为登记入住的客人提供一次性结账服务，为客人建账、记账，并为离店客人办理结账、收款或转账等事宜。前台可以在客人预订客房时商定并建立客账（收取订金或预付账），也可以在客人办理入住手续时建立客账。

7. 建立客史档案

民宿前台为来店客人，尤其是常客建立客史档案，记录客人在店期间消费的主要情况及数据，为今后客人再次入住提供服务参考，以提高民宿的销售能力和服务的针对性，赢得回头客。

二、民宿前台接待服务流程

前台接待服务是指客人预订后，由民宿前台为客人提供的有关服务项目。接待服务是民宿对客服务的重要组成部分，在很大程度上体现了民宿的对客服务质量。民宿接待服务主要由民宿业主人或服务人员完成，接待服务自预订服务后开始，至客人离店后结束。

1. 前期服务

民宿业主和服务人员根据客人预订资料中关于抵店日期、特殊要求等有关内容，要做出提前安排。比如，事先排房、准备礼品、提前通知、预约交通等工作，使准备工作周到、细致，并为下一阶段的服务奠定良好的基础。

在前期服务中需要确认客人的对应管家，与客人直接联系，并完成前期沟通服务，如客人对民宿周边游览有个性化需求，应尽量满足客人的要求。

2. 抵店服务

民宿业主或服务人员根据前期服务中得到的接待信息提供抵店服务，主要包括接送服务、迎客服务、行李服务等。接送服务是指客人需要民宿提供接待服务，民宿业主或服务人员如有条件，可提供相应服务。迎客服务是指客人抵达民宿时，民宿业主或服务人员的迎接服务。行李服务是指客人行李的寄存、领取等服务。

（1）接送服务。服务人员在接送服务时，首先要着装整齐，如有规定的服装，需穿着统一制服。提前在事先商定好的地点等候客人，并随时保持联系。成功对接客人时，应面带微笑，全神贯注。对于客人提出的疑问，应如实准确地回答。

（2）迎客服务。如客人直接抵店，服务人员应提前在门前迎客，向客人点头致意，表示欢迎。如客人乘坐汽车，则应迅速走向汽车，微笑着为客人打开车门，向客人表示欢迎，并协助客人卸下行李，带领客人前往前厅。

（3）行李服务。客人要求寄存行李时首先询问是否有贵重物品和易碎物品，并礼貌地请客人自己保管好。对于易碎物品，应小心轻放。请客人填写“行李寄存牌”，并提醒客人此为领取行李的凭证。领取行李时，核对“行李寄存牌”的信息，证实准确无误后，将行李交给客人。

3. 入住服务

无论是对已办理预订手续的客人，还是对直接抵店的客人，都要依照国家住宿业管理的法律法规，办理入住登记手续。由于民宿已经掌握办理了预订手续客人的个人资料，因而可以提前办理入住登记手续，使客人到店时经查明客人身份证件后，可以很快入住，缩短在前台的滞留时间。对直接抵店的客人，服务人员在定价、排房过程中，应进一步了解清楚客人对所需房间的要求，及时地进行面对面的销售，因此直接入店的客人在办理入住手续时需要的时间相对长些。

在客人办理完入住登记手续，得到入住权利后，即表明客人的入住期间服务阶段正式开始。

4. 入住期间服务

（1）民宿主题服务。好的民宿是有个性和故事的，它像一本书，可以让住在民宿的客人细细地品味。民宿的主题有几种表达方式：第一，主人的情趣。这可能是绝大多数民宿主题设计的缘由。第二，市场导向型主题。例如，台湾有很多亲子主题民宿，根据亲子市场的需求设计民宿风格。第三，价值导向型主题。此类主题设计形成于民宿本身的价值界定，通常在品牌连锁民宿中比较常见。例如，松赞系列、花间堂系列，其主题风格具有地域文化及民宿本身传达的价值意义。

（2）游览介绍服务。因为大多数选择民宿的客人属于自助游游客，客人在入住民宿之前，虽然已经对当地的地理人文及景区景点进行了一定的了解，但是仍然对实际的出游计划和行程没有充分安排。民宿业主和服务人员需要在客人入住后将民宿周边的休闲旅游线路进行介绍，如有条件，可提供出租自行车、私家车或者全程陪同向导服务。这样一方面增加了民宿与周边景区的合作，另一方面也为民宿增加了盈利点和服务内容。

（3）民宿购物服务。民宿不仅仅是用来住的，好的民宿是用来生活的。在民宿中，客人可以买走喜欢的读到的一本好书，听过的一盘 CD，当地的特色美食，甚至是民宿业主手工制作的和客人自己体验制作的某种艺术品或商品。因此，很多民宿也将体验性购物融入其中，读书、陶艺、绘画、品茶、瑜伽、美食均可以成为其中的体验和购物服务内容。

5. 离店服务

（1）办理结账离店手续。客人在办理离店手续时，服务人员按账户设定、付款方式、预付款存额等情况，经核实后打印账单，经客人确认无误后，签名再予以收款。

（2）主动征求客人意见。服务人员在客人即将离店之时，主动、诚恳地征求客人意见，并请客人对服务的不足之处予以谅解，同时感谢客人的光临。这属于二次推销，以培养“忠诚客户”。

（3）送客服务。根据客人离店的时间和去向，主动了解客人要求，及时安排服务人员，优先照顾老弱病残客人以及妇女和儿童，最后道别祝愿客人旅途愉快，并欢迎客人再次光临。

三、民宿前台增值服务

1. 水果茶水服务

（1）前台等候。客人在民宿前台等候办理手续的时候，服务人员可以提供适量的水果和茶水服务。一方面，可以缓解客人等候的焦虑情绪；另一方面，也能体现民宿服务的贴心。

（2）夜床服务。在夜床服务的过程中，可以提供当地或符合时令的水果盘。在客人回房休息时，可以为客人倒杯当地的饮品，会给客人带来温暖的感觉。

2. 花卉摆设服务

（1）前台布置。利用当地或应季的花卉布置前台，会给前台增添生机，也会给客人带来回家的感觉。植物的装点切忌多而杂，宜少而精。

（2）客房点缀。秋日折桂，冬日赏梅，根据时令选择植物，在保证卫生的条件下，放置于案头床边，将大自然的馨香带给客人。

3. 提前联系服务

（1）接待联系。在客人预订成功后，民宿会按照分配的客房，安排特定的管家与客人对接，管家需要提前与客人联系，并确认信息，包括抵店时间、是否需要接客、是否需要提供停车位等。

（2）入住期间联系。管家在客人住宿期间，需要主动联系客人，包括确定当天行程是否需要帮助，每晚需要确定次日的早餐情况等。

4. 告知信息服务

（1）民宿信息。管家在接待客人的时候，需要告知客人关于民宿的信息，如设施设备使用、特色活动开展、周边地区情况、附近交通信息等。

（2）活动信息。在民宿开展特色活动时，管家需要指导客人参与活动，并告知相关信息，如制陶活动中的技术技巧、采摘活动中的注意事项、运动活动中的安全教育等。

四、民宿接待管理

1. 预订管理

预订就是对客房的提前销售，不仅可以为民宿开拓市场，稳定客源，提高客房出租率，更能有效地指导民宿合理安排调动人力、物力、财力，提高工作效率和服务质量。因此，在民宿业竞争激烈的今天，预订业务管理至关重要。

客房预订业务是一项技术性很强的业务，为了确保客房预订工作的高效运行，服务人员必须建立科学的工作流程和操作规范。首先，在受理预订时，服务人员要热情接待、高效服务，给客人留下热情、友好、高效的形象，言语举止得当、动作精干利索，展现民宿的亲情和关怀。其次，在受理预订时，服务人员要规范细致，准确报价，并对预订受理与否给予明确答复，并将客人的订房要求填写在统一的客房预订单上，确保各项预订信息准确无误。最后，在受理预订后，民宿要恪守信誉，没有特殊情况下务必为客人保留预订的客房。

2. 接待管理

接待服务是民宿对客服务的一个关键环节，也是客人与民宿建立正式合法的租住关系的根本环节。通过接待服务，民宿可以有效获取住店客人的个人基本信息，了解客人的消费需求，更好地促进客房产品销售，保障双方的合法权益。因此，做好接待管理意义重大。具体来说，应做好以下三个方面工作。

（1）要准确掌控客房状况。在民宿运营过程中，客房状况是不断更新变化的。比如，客人办理入住登记后，客房状态就由空房转变为住客房；客人结账离店后，客房状态就转变为走客房；其随后经过客房服务员的清洁整理后，又转变为空房。因此，客房状态的实时掌控是接待管理的一项重要内容，也是接待业务顺利开展的前提和基础。

（2）要积极做好客房营销。积极向客人推销民宿的客房和其他产品是接待工作人员的重要职责。它不仅影响着客房的销售业绩和民宿的经济收益，还能够让客人更好地了解民宿的产品价值和特色，有效提升民宿的整体形象。比如，通过介绍客房的特色和亮点，能够突出客房产品的价值，使人更觉得物有所值、物超所值；通过向客人介绍推销民宿的其他产品和服务，能够凸显民宿的综合性，满足客人的多种需求；等等。因此，向客人积极做好客房和其他民宿产品的推销工作也是接待业务管理的重要内容。

（3）要快速合理的为客人安排房间。迅速快捷的入住登记手续是每位住店客人的共同期望，也是民宿工作效率的直接体现。对此，接待人员不仅需要准确掌控每间客房的状况，更需要了解排房的基本技巧。总之，只有熟练地掌握了客房状况、排房技巧，才能快捷地为每位住店客人安排合适的房间。

3. 客账管理

客账工作的好坏，直接关系到民宿的经济效益。它不仅具有很强的专业性，而且具有很强的时间性，必须做到迅速、清楚、准确无误。具体来说，做好客账业务管理工作要做好以下三个方面的工作。

（1）要认真核算和整理客人消费账单，做好客账记录工作。客账记录是一项日常业务工作，必须做到账户清楚、转账迅速、记账准确。也就是说，民宿要为每一位住店客人建立个人账户，准确记录客人住店期间的一切费用，如住宿、餐饮、伴手礼等，消费要及时入账，防止跑账、漏账、错账发生。

（2）要准确、快速地为离店客人办理结账手续，做好结账服务工作。民宿一般采用离店一次性结账的收款方式，这样既能给客人带来方便，也大大减轻了工作人员的工作量，提高了工作效率。

（3）要做营业日报表的编制工作，及时反映民宿营业活动情况。营业日报表是全面反映民宿当日营业情况的业务报表，主要用于反映民宿营业情况及核对营业收入的依据。

4. 日常服务管理

接待人员除负责预订业务、接待业务和客账管理外，还承担着日常服务工作，比如迎送服务、行李服务、问讯服务、委托代办服务等。这些日常服务工作既是围绕客房销售工作而展开，也是整个民宿服务工作的重要组成部分。

（1）迎送服务。迎送服务是指民宿为住店客人提供的迎接与欢送服务，其主要包括店外迎送服务和店内迎送服务两个部分。店内迎送服务是指当客人抵离民宿大门时，民宿工作人员为其提供的迎接与送别服务。店外迎送服务则是店内迎送服务的延伸，主要由民宿工作人员在机场、车站、码头等处迎送抵离店客人，并为其提供市内交通和行李服务，以及登机、上车等协助服务。因此，店外迎送服务既是民宿设立的一种配套服务，也是民宿根据自己的市场定位所做的一项促销工作。

（2）行李服务。主要包括行李搬运服务和行李寄存保管服务。民宿工作人员会帮助客人提供行李搬运或寄存服务。工作人员要积极主动、热情礼貌、细心观察，提拿行李时注意轻拿轻放。同时必须严格遵守规范制度，提醒客人核对检查行李件数，防止行李遗失，尤其是在客人寄存行李时要礼貌询问、核实客人行李情况，并规范办理寄存手续。

（3）问讯服务。主要指咨询服务，也就是帮助客人获取资讯、解答难题。住店客人咨询通常涉及民宿的位置、服务内容、营业时间和收费标准等问题，以及有关民宿所在城市的旅游信息、交通信息、文化体育娱乐信息和商业信息等。服务人员在回答客人的问题时，必须做到准确、迅速、无误。

（4）委托代办服务。民宿在做好日常服务工作的前提下，在力所能及的范围内，按照客人要求帮助客人处理各项委托事宜。民宿为客人提供的委托代办服务主要包括递送转交服务、物流服务、订票服务、订餐服务、订车服务等。

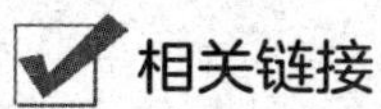

民宿 PMS 系统

PMS（Property Management System）已在酒店行业普遍应用。随着互联网的发展，各大 OTA 在民宿的销售占比也越来越大，然而渠道多了，很多烦琐的维护工作就会耗费他们原本花在民宿和旅行者身上的时间。同时管理多个 OTA 的后台，操作烦琐，很容易出现忘记关房等现象，从而造成超卖等情况。通过线上预订民宿房间的用户希望在获取产品时能够更加快速便捷，但目前很多民宿因为时差、地域等原因无法实现实时确认房态。

民宿 PMS 系统可以进行实时后台数据交换，支持 PC 端和移动端同步管理，实现民宿产品从用户选择预订到民宿主人处理订单、完成结算的完整过程，提高民宿预订的效率，让民宿业主不用花太多时间在房态维护和订单处理上面。当客人在预订时，民宿员工可以通过系统客人信息功能在第一时间判断出是新客还是老客，从而提供更有针对性的服务，还可方便地进行民宿 VIP 客户管理。

PMS 系统结合智能门锁，可在客人预订之后，用门锁的管理软件给客户发房卡链接，客人自主入住、退房等，提升客人入住体验，降低经营成本。

PMS 系统可将房态、账务管理、销售渠道及客户资料都进行登记，为民宿主人统计提供经营信息，尤其是经营过程中遇到的细节问题，如当月产生的退订订单、优质客户（会员）的重复预订率等。

在人数有限的条件下，民宿员工在职能分配上往往一人兼数职，因此，民宿员工的关键绩效指标（Key Performance Indicator，KPI）考核是一件相当复杂的事项。而PMS系统可分别给每位员工开设账号及设置相应的操作权限，任何一笔订单从创建到收银的操作员工都会被系统记录在内，保证责任到人。

同时，随着民宿多元化的发展，经营业态也逐渐增多。PMS可以帮助民宿进行多业态的管理，完整收集经营数据并统计输出，提高经营和管理效率。因此，民宿PMS系统可以帮助民宿实现更贴心的服务、更便捷的账务系统和更科学的管理。PMS给民宿带来的不仅仅是在管理功能上的迭代升级，更多的是建立一套完善的工作体系。

（资料来源：张琰，侯新冬.民宿服务管理［M］.上海：上海交通大学出版社，2019）

任务二　民宿客房服务与管理

【任务描述】

任务内容	成果形式	完成单位
调研一家民宿，收集其客房数量、面积等数据，进行成本、收益方面的预算	文本	小组
自行拟定服务对象，设计客房个性化服务方案	文本	小组

【相关知识】

民宿客房服务是民宿的主体产品。客房是民宿向客人提供住宿和休息的主要设施，是民宿中不可或缺的组成。客房服务包括所有客房及公共区域的清洁和保养，供应生活用品，为客人创造清洁、舒适、安全、私密、温馨的休息环境。

一、民宿客房服务内容

民宿的客房规模较小，因此，各岗位工种之间往往是分工不分家，甚至很多岗位没有明确的分工，要求从业人员一专多能。其中特别专项的布草洗涤、清洁保养工作等，都可以由社会上的专业公司来承担。这种模式有效地降低了客房从业人员的雇佣数，提高了效率。

1. 布草服务

现代民宿里差不多一切跟“布”有关的东西，包含床上用棉织品、卫生间/盥洗室针织用品、公共区域用品等。

（1）布草的分类。根据布草的用途，可分为卫生间布草、床上布草和其他布草。

①卫生间布草：包括地巾、浴衣、方巾等。

②床上布草：包括床单、床罩、枕套、褥垫、被套、床裙等。

③其他布草：包括沙发套、纱窗帘、遮光窗帘、帷幔、公共区域的餐巾等。

（2）布草换洗的原则。民宿的布草应时刻保持无瑕疵、无污渍，外观整洁，不褪色，松软适宜，无异味，与客房整体布置相协调。客房内布草除客人有特殊要求外，应每天全面整埋一次，隔日或应需求随时进房整理床上用品，客用品和消耗品应补充齐全，并做到每客必换。公用卫生间应每天全面整理一次，隔日或应需求更换一次针织用品。

（3）布草的配备。客房布草配备须有合理的定额标准，要防止定额的不合理而影响客房布草的正常供应以及造成无谓的浪费和损耗。客房布草包括在用布草和备用布草两个部分，在用布草即投入日常使用和周转的布草，备用布草即存在库房以备更新补充使用的布草。

根据经验，客房布草的配备定额一般为 4 套，其中一套在客房使用，一套在布草房或工作车上，一套在洗衣房，另外一套存在库房。民宿布草库存不宜多，为防止库存时间过长而造成自然损耗，各种布草的损耗情况并不完全一样。此外，有的布草可以改制再利用。

2. 卫生保洁服务

民宿的卫生保洁包括客房内部及公共区域两个部分。其中，公共区域保洁工作的范围较为分散，内容也较多，包括饭店内除客房和厨房以外的客人活动区域和员工区域及庭院的清洁工作，如厅堂、楼道与楼梯（电梯）、餐厅、客用卫生间、地毯、庭院的清洁和清洗工作。

（1）厅堂。厅堂是民宿客人活动的主要场所之一，同时也是住客最先看到和感受到的场所，还是进出最繁忙的公共区域。因此对厅堂的卫生保洁至关重要，厅堂卫生的好与坏可直接反映出总体的管理水平，反映出整体卫生质量和服务人员的工作质量，所以任何档次的民宿都不可忽视对厅堂的卫生保洁工作，它是保洁工作中较为重要的一个内容。

（2）楼道与楼梯（电梯）。与厅堂一样，楼道与楼梯（电梯）也是客人使用频繁的场所。经过每日大量的客人使用后，都会造成卫生的污染，这就需要公共区域清扫员每天进行及时的清扫，保持楼道、楼梯（电梯）的清洁和卫生。

（3）餐厅。餐厅作为客人的用餐场所，每餐都会使地面、墙面、餐台、餐椅等的卫生状况受到破坏。餐饮场所的卫生要求较高，需要及时地清洁与维护，要做到每餐后清洁，每天夜间进行全面的、有计划的清洁工作，使餐厅内随时保持最佳的卫生状态。

（4）客用卫生间。过去卫生间往往不被人们重视，卫生状况不尽如人意，是客人投诉的主要内容。随着旅游业的发展，民宿经营者对卫生间的清洁程度越来越重视，卫生间内设备的档次越来越高，卫生保洁投入的费用也越来越多。

（5）地毯。地毯主要用于客房和餐厅。地毯虽然能够增加豪华感，但是清洗和保养较为困难，经过专业地毯清洗、保养得当的地毯不但可使卫生水平提高，也可使地毯延长使用寿命。

（6）庭院。庭院保洁是民宿的一项重要的工作。庭院包括车道、车场、绿地、花园等，是客人和服务人员途经、逗留和休息的场所。庭院的卫生工作是由公共区域清扫员负责的。其主要工作内容有卫生清洁工作和绿化工作，对绿地的养护等。庭院的清洁是公共区域保洁工作不能缺少的内容。

3. 物资管理服务

（1）民宿物资服务类型。根据民宿物资的种类，物资管理服务可以分为：设备的资产管理，包括家具、地毯、电器设备、卫生设备、安全装置等物品；物料用品管理，包括床上用品、卫生间用品等物品；低值易耗品管理，包括印刷、文具等用品。民宿不同于酒店，低值易耗品的采购主要根据民宿主人的理念进行添置。

（2）物资配备的原则。具体包括：具有实用性；具有安全性；利于节能、环保；便于维修保养；具有特色和主体布局协调。

二、民宿客房增值服务

一家优秀的民宿，除了提供常规的客房服务外，还需要根据不同的情况适时进行恰当的增值服务。在自身功能达标的情况下，方便房客享受，让民宿更好地发展。

1. 夜床服务

夜床服务是为客人做好入睡前的准备工作，服务人员会为住客把床整理成适宜入睡的状态，这通常包括客房的整理和客用品的补充，恢复房间环境卫生。贴心的民宿业主会根据住客的喜好，将茶水、睡前小点心送入房内，或调节住客偏好的枕头、添加具有安神功能的香薰等。自制的巧克力、烘焙的饼干、精致的小糕点，配有民宿业主手写的晚安卡片，让客人在外游玩回来时倍感温馨。

2. 主题布置

主题布置是指根据客人的需求而特别设计，对原有客房陈设、布置进行一系列的改造。对于不同的客群设计蜜月客房、儿童客房等。蜜月客房的陈设布置包括花床、香薰、音乐等。儿童客房的陈设布置包括儿童床、抱枕、玩偶等。

3. 独有的客房特色

民宿，是一种生活的体验。传统酒店更讲究住的功能性，而民宿更注重住的体验性。民宿的客房不一定是奢华的，但必须有自己的特色。客房特色的表现方式有以下几点：

（1）原味朴素的生活气息。客房注重对软装的偏爱，对原材料、老物件着重表现。

（2）利用道具营造视觉中心，对床位实现聚焦。客房利用帷幔、树枝、麻绳等道具来营造视觉的中心，形成客房特色。

（3）对空间的喜爱，即对阁楼空间的表现。客房利用坡屋顶，形成自己独特的空间特征。

（4）对墙体质感的偏爱，注重表现粗犷原始的肌理与舒适细腻的软装配饰对比。客房会保留建筑结构体系里原始的材料肌理与质感，通过质感上的对比彰显自己的住宿特色。

（5）借景自然，模糊室内室外的界限。客房通过窗这个立面元素对外借景，形成自己的特色。

（6）基于人文的思考，运用设计手段刻意营造一种住宿氛围，这是设计师对在地文化的深层思考后表达的内容。

三、民宿客房管理

民宿客房管理的主要工作任务是向客人提供一个安全、清洁、健康、舒适的休息环境。具体来说，主要包括：做好安全保障和清洁卫生工作，为客人提供安全舒适的住宿环境；做好客房服务工作，为客人提供周到的配套服务；负责民宿各种布件的洗涤、熨烫和收发保管工作；注意客房设施设备的维护和保养，加强控制客房的物资消耗，降低客房成本费用。民宿客房管理重点围绕客房清洁卫生管理、客房对客服务管理、客房设备用品管理和客房安全管理等方面展开。

任务三　民宿餐饮服务与管理

【任务描述】

任务内容	成果形式	完成单位
调研 1~2 家民宿，谈谈特色餐饮经营及餐饮品质管理的思路	文本	小组
假设你要筹建一家民宿，请根据民宿的实际情况，设计两款不同类型的早餐套餐，并说明其中的营养搭配技巧	PPT	小组

【相关知识】

民以食为天。以色、香、味、形、器为特征的中国餐饮，是我国五千年悠久历史文化宝库中的瑰宝。就餐对于中国人而言不仅是与食物的对话，满足顾客的消费和休闲的需求，更是同烹饪者和客人对话的社交活动。

民宿餐饮是民宿产品的重要组成部分。民宿餐饮不同于其他餐饮行业，更多是通过有形的餐饮产品、独特的就餐环境、无形的餐饮服务为顾客创造出令人难以忘怀的体验。高颜值、高品质的餐饮产品是民宿的核心竞争要素。

一、民宿餐饮服务内容

1. 早餐

对于民宿来说，早餐在一日三餐中扮演着极其重要的角色。在民宿经营中，一顿元气满满的早餐会增加宾客的幸福感，不仅能提高宾客对民宿的认同感和满意度，更是一种增加民宿口碑的强大武器。

多数民宿客人以民宿为据点，在周边进行全天的旅游活动，在民宿主要的停留时间为夜间歇息及早餐享用。相较于酒店的餐饮部，B&B 模式下的民宿将一日三餐的重心几乎都倾注在早餐上。餐饮服务相较客房服务，更直观、动态地展现了民宿经营者的服务理念，参与感与互动感更强。我国台湾民宿界更有着“过一天他乡的生活，莫过于吃一顿民宿主人精心准备的早餐”的说法。民宿通过每日变换的早餐，带给客人惊喜的同时，也需兼顾营养的搭配。部分民宿提供午餐及晚餐服务，但必须提前预订以便于食材的采购。部分民宿提供炊具、厨房、冰箱等设施设备，由客人自行烹调。

目前民宿提供的早餐一般有中式、西式、日式、韩式、中西结合等类型，用餐方式一般有零点、套餐和自助餐形式。

2. 茶点

除早餐外，一般民宿还提供茶点服务，主要包括前台等候区的糖果、饮水，餐饮区的午茶，客房内的睡前小点心等。服务可根据自身的喜好选择西式的下午茶组合或是中式的工夫茶、手工小点心的搭配，既能独自消遣，又可同他人分享乐趣。

3. 晚餐

中国幅员辽阔，民族多且民俗殊异，地理、气候、风俗、民情、经济等因素塑造了多样的文化性格，形成了独特的饮食习惯与奇妙的烹调方法。本地菜系是民宿餐饮服务中最为常见的类型，顾客通过品尝当地菜肴，最直接地领略当地的文化和特色风情，满足游客体验当地特色美食的需要。常见的民宿晚餐产品有回归农家型、素食主义型、怀旧复古型、异域风情型等。除了民宿经营者提供的餐饮服务产品外，许多民宿允许客人使用厨房、冰箱、BBQ 等设施设备，客人可以自行购买食材或使用民宿提供的食材，根据自己的喜好进行烹调。

二、民宿餐饮食材选取

民宿不是传统意义上的农家乐，因此对于用餐食材的选取更加注重卫生、新鲜、安全。而有些民宿往往由于资金、人才的限制，在餐饮食材方面下大量功夫往往是得不偿失的，但是功夫下得少了，又会影响消费者对民宿的整体印象。餐厅部分是最能直接体现用户体验的环节，很多有经验的民宿，在食材用餐方面有其独特的办法。

1. 专注单一品类

由于消费者众口难调的特性，不便于在餐厅中设置过多菜系菜品，以免在这方面浪费过多的人力和成本。当今时代，以“90 后”为代表的新生代人群，具有强烈的好奇心和尝鲜心理，民宿只要专注于某一特定品类，将产品做到极致，就能拥有与其他民宿餐饮层面的鲜明差异，形成自身特色，打造特色品牌印记、粉丝群体和核心竞争力，正如提起“热辣一号”就能让人想到火锅一样。

2. 控制餐品数量

对民宿而言，主营业态当是提供生活方式和场景空间，因此不应当让消费者在餐品方面花费过多的时间，因此要控制餐品数量，只要满足吃饱吃好的标准即可，从而让消费者有更多的时间进行体验和感悟。

3. 关注营养搭配

要确保用餐营养的均衡，在民宿中，消费者不会对菜品有过高的要求，毕竟多种样的餐品在城市中就能够消费到，来民宿体验的目的并不是用餐，但是民宿的餐品也应该充分兼顾健康和营养，保证每日基本营养的摄入，确保消费者有充沛的精力在民宿中娱乐消遣。

三、民宿餐饮增值服务

客人在选择民宿时，对文化体验和情感交流带有更多的期待。因此，会有更多的标准服务之外的需求和想法。民宿还要能够根据不同的情况为客人的不同需求提供恰当的增值服务，这是提升客人满意度，加强与客人联系的重要方式。

1. 便当外带

“便当”一词最早起源于南宋时期，即指便利的东西。民宿的外带便当和饮品解决了出行客人游玩过程中的就餐便捷、食品安全、营养均衡等问题，富有造型的美味便当往往是旅行中的一道风景。便当的菜式并不复杂，取材也非常方便，无须高难度的烹饪技巧，却呈现了制作者的情意，承载了双方的温馨记忆。其中，中式便当主要包括饭团、煎饼、鸡蛋等，西式便当主要包括三明治、炸鸡、土豆泥等。便当的黄金比例为主食：主菜：配菜＝3:2:1，可以充分满足营养均衡的需求。在色泽上，选取红、白、黄、绿，可刺激食欲。

2. 聚会活动

民宿餐饮除了满足客人的餐饮需求外，在空闲时段亦可承接茶会、聚会、宴会等娱乐活动。在短时间内迎接大量人流，对预订、接待人员的要求较高。

其中，中式聚会宜配有中式糕点、中式茶席、蒲团垫、民乐曲目等；西式聚会宜配有投影仪、音响、话筒等，可以办私人派对、单位小型聚会，也可举办小型婚礼，满足不同客群的需求。

3. 烘焙体验

民宿本身即是一种旅游体验，通过在网上提前预订或是现场支付的方式，客人在民宿主人的帮助下进行烘焙体验。不仅可增加客人与民宿主人间的互动，更能让客人更深层次地体验自助式的乐趣，增添旅途的回忆。

4. 手信购买

手信是民宿餐饮服务的一种延伸产品，既可以是民宿餐饮部的手工食品，又可以是代表当地文化特色的农副产品。手信是增加民宿经营收入的重要途径，是加深客人体验度的有效方法，是促进民宿口碑推广的无形宣传。

四、民宿餐饮服务流程

根据对客户的服务时间点，可以将民宿餐饮服务流程划分为餐前准备、餐中控制和餐后管理三个阶段。民宿餐饮服务的三个阶段都包括人员、物资和信息的管理，既有民宿内部的控制管理，也有与客人和供应商之间的沟通协调。

1. 餐前准备

（1）做好信息沟通。开餐前，餐厅的管理人必须与厨师长联系，核对前后所接到的客情预报或活动通知单是否一致，以避免因信息的传递失误而引起事故。同时，还需了解当天、当餐的菜点供应情况，掌握缺货菜点及原因和需特别推荐的菜点，以便在服务中采取相应的措施，降低客人的不悦程度，提高餐饮的销售收入。

（2）做好人员安排。餐厅管理人员应注意工作的预见性。要根据客情预报及餐饮业务的规律和本餐厅的经营特点，合理安排班次和上班人员，保证在营业时间有足够的人力资源，力求避免“闲时无事干、忙时疲劳战”的状况。同时，要注意各尽所能，优化群体结构，根据每位服务人员的业务水平、身体状况等因素，合理分配任务。

（3）做好物资准备。开餐前，餐厅管理人员应根据当天的营业预测开好领料单，督促指导有关人员准备好开餐过程中的物资用品，如酒水饮料、摆台及翻台用品等，并需对其规格、质量等方面进行检查，做到万无一失。

（4）做好餐前检查。开餐前，餐厅管理人员必须对开餐前的准备工作进行全面检查，主要内容包括：一是设施设备的完好状况；二是餐车、托盘、点菜单、开瓶器、抹布、口巾、餐巾纸、刀叉、火柴、牙签、烟灰缸等用品、工具的数量和质量；三是餐台布置规范；四是各种装饰陈列规格；五是卫生质量标准；六是安全可靠程度。

（5）开好餐前例会。在服务人员用完工作餐、餐厅开门迎客前，应有餐厅管理人员召集服务人员开好餐前例会。其主要内容：一是检查服务人员的仪表仪容；二是简单总结前一餐的服务情况，肯定表扬优秀行为，委婉地提出存在问题和不足；三是说明当餐的任务及注意事项，包括重要客情、缺货的菜点、需要推荐的菜点等；四是给每个员工分配具体任务。

2. 餐中控制

餐中控制是指餐饮管理人员在服务现场指挥、督促服务员的工作，加强与客人的沟通，协调同厨房等部门的关系，以保证餐饮服务活动的顺利进行，并达到理想的效果。

（1）加强对客交流。“再忙也不能忘了顾客”，餐饮管理人员必须熟知这一黄金准则。开餐过程中餐饮管理者的工作可谓千头万绪，但始终不能忘记关注你的客人。所以，餐饮管理人员餐中控制的首要任务就是热情问候客人，及时征询客人的意见，适时提供必要的服务，帮助客人解决一些特殊的需要，使客人有受尊重、受关注的感觉。

（2）控制服务标准。开餐期间，餐厅的管理人员应始终站在第一线，通过观察判断，指挥和督促服务人员按标准规程提供服务，发现偏差，必须迅速采取弥补措施，及时纠正，以防事态扩大，更不能影响客人的用餐情绪。同时，要及时同厨房保持联络，掌握好各餐桌的出菜速度，既不能太慢让客人久等，又不能太快出现压台使客人来不及食用而影响菜点质量。此外，还必须时刻注意并及时处理各种突发事件，如客人不小心摔倒、醉酒、碰翻酒具等，有效控制餐厅的气氛。

（3）关注重点服务。分清主次，抓住重点，这是管理的基本方法之一。餐饮管理人员在开餐过程中，同样必须关注重点服务。一般来说，餐饮管理人员需要特别关注重点服务客人、爱挑剔的客人、曾经对菜点和服务以及在其他部门服务板块投诉过的客人、独自进餐的客人等。

（4）寻找并处理客人的投诉。由于各种主客观原因，客人对餐饮环境、菜点、服务、价格等产生不满意的现象是难以避免的。但客人对待不满意的态度是不同的，有些会进行投诉或给予建议，有些则不会主动告知；有些可能会再来，有些则不会再来。所以，客人若有不满意，投诉并不可怕，可怕的是客人不投诉。因为客人不投诉并不等于客人都满意，他在就餐时不说，并不意味他离开后不说。所以，餐饮管理人员必须随时注意客人的表情和情绪，主动征求客人的意见，及时把客人的不满情绪消灭在萌芽状态。总之，对于客人的投诉，应给予足够的重视并注意处理的技巧。

（5）做好人力的调度。为了做到分工明确、职责清楚、责任到人，餐饮服务一般采用分岗分区域负责。但是，开餐过程中，客人的分布及抵达时间往往不以我们的意志为转移。所以，必然会出现忙闲不均的状况，这就需要餐厅管理人员现场调度，进行第二次、第三次分工，以保证接待服务质量。另外，客人的用餐有高峰期和低谷期，当用餐高潮过后，餐厅管理人员应适时安排员工休息，以节约劳动力。

3. 餐后管理

餐后管理主要是质量评估分析，通过质量信息反馈，找出餐饮服务工作的不足，总结餐饮服务质量管理的规律，制定质量改进方案和防范措施，以便做好餐饮质量的提前控制。

餐饮质量信息，由内部信息和外部信息组成。内部信息是指来自服务人员的自我表现评价和看法，外部信息则是指来自客人的质量评价。餐饮部应通过建立一定的制度，保证质量信息的有效反馈，并应注意对信息的分析、处理，建立相应的质量档案。在此基础上，寻找到质量问题发生的规律，从而做好质量预报，达到防患于未然的目标。

五、民宿餐饮管理

1. 市场定位

民宿餐饮市场定位是指为了让民宿餐饮产品在目标市场顾客的心目中树立明确及深受欢迎的形象而进行的各种决策及活动。通过市场定位要使民宿经营者明白自身所处的位置，面对的是什么类型和层次的顾客，并根据他们的需求设计民宿餐饮产品，展开经营和促销活动。民宿餐饮经营的成败关键在于对目标市场的研究与分析，在于市场定位是否准确与可行。总之，市场定位就是要了解顾客希望获取什么样的需求，然后就提供什么样的产品来满足这种需求。

2. 餐饮原料管理

餐饮产品的原料管理十分重要，也就是需要提供当地的本土菜品，并仍以常规家常菜为主，保持多样性。民宿的食材还是需要生活化，回归其本身，回归烟火味。原料不仅直接关系到菜肴的质量，而且关系到餐饮成本的控制。因此，做好餐饮原料管理工作对于充分利用原料、提高菜肴质量、降低菜肴成本、增加营业利润有着重要的意义。

餐饮原料管理主要包括食品原料的采购和储存管理。其中采购管理就是要保障食品原料的数量、质量、价格和供应时间符合菜肴销售和厨房加工的各项要求。另外，采购价格管理和采购数量管理也是食品原料采购管理的重要内容，应多加比较，尽量获取理想的采购价格，既要节省采购成本，又要保证餐饮生产需要。

3. 餐饮生产管理

餐饮生产管理是餐饮管理的重要组成部分，凭借对本地文化、特色产品的充分理解，民宿业主可以融合形成自身的品牌餐饮，文化是旅游的灵魂，民宿餐饮在设计过程中，也要和当地文化元素、民宿主题结合起来，要考虑游客对本土文化的探求和向往。餐饮产品的生产水平和产品质量直接关系到餐饮的特色、形象和等级档次。而且餐饮产品的成本和盈利在很大程度上也受餐饮生产的制约。因此，搞好餐饮生产管理对确立民宿声誉，增加餐饮经济收益有着重要意义。尤其是要注意原料质量控制、加工烹饪质量控制和成品放置的质量控制。

4. 餐饮服务管理

餐饮服务是餐饮服务人员为就餐客人提供餐饮产品的全过程，包括直接对客的前台服务和间接对客的后台服务。前台服务是指面对面地为客人提供的服务；后台服务则是指厨房等客人看不到的部门为餐饮产品的生产、服务所做的一系列工作。前台服务和后台服务相辅相成，任何一方出了问题都会影响餐饮服务质量。

做好餐饮服务至关重要。无论是餐前的准备工作，还是就餐服务环节和餐后服务环节都要精心组织、严格要求。做好餐饮服务不仅需要服务人员熟练地掌握基本服务技能，更要服务人员具有爱岗敬业的职业精神和灵活应变的综合素质。为确保餐饮前台服务质量，民宿必须高度重视，正确理解餐饮服务质量的内涵和特点，并进行积极有效的质量监督和管理。

5. 餐饮卫生与安全管理

餐饮卫生与安全管理就是民宿经营者依据餐饮卫生安全的相关法律法规与制度要求，对餐饮生产过程、餐饮服务过程以及所有与之有关的过程进行的安全卫生方面的管理。民宿餐饮卫生安全管理的主要目的是为客人提供卫生达标、对人体安全有益的饮食。餐饮卫生和安全是保护消费者身心健康、建立维护餐饮经营信誉的基本保障，因此民宿要切实做好餐饮卫生安全管理工作。

由于餐饮生产是一个复杂的过程，从食品原料的采购、验收、储存、发放，到烹饪加工制作和餐桌服务，每一个环节都会影响食品的卫生与安全。因此，餐饮卫生安全管理是全方位、多角度的。首先，要抓好食品原料的卫生管理，保证原料干净、卫生、富有营养，没有受过病菌、寄生虫、有毒动植物和有害化学物质的污染。其次，要抓好员工的卫生管理，确保员工身体健康，无传染性疾病，严格遵守操作卫生管理规定，养成良好的卫生习惯。再次，要做好餐饮设备和餐具的卫生管理，格外重视各种烹饪加工设备和厨具、储藏设备和餐具、消毒设备和厨房设施的卫生管理，确保食品不受污染，符合卫生要求。最后，要抓好厨房和餐厅的环境卫生管理，尤其是餐厅环境卫生管理，因为消费者可以通过视觉、嗅觉直接感知餐厅卫生。所以，餐厅的地面、墙壁、餐桌及用品等务必到达卫生要求。

6. 餐饮成本管理

在民宿餐饮管理中，餐饮成本有广义和狭义之分。狭义的餐饮成本是指原料成本，即主料成本、配料成本、调味料成本和酒水饮料成本。广义的餐饮成本则是指在一定时期内，在餐饮生产经营活动中所发生的各种支出和耗费的总和，它包括原料成本、人工费用和各种消耗，如水电燃料消耗、家具及机器折旧费用、管理费用、维修费用等。

如今餐饮成本费用控制问题已成为民宿经营管理的重要工作内容，它直接影响着民宿经营的竞争力和民宿餐饮的经济效益。因此，加强成本控制，降低费用开支，是民宿经营成功的关键因素。餐饮成本控制要贯穿于餐饮产品生产的全过程，凡是餐饮生产经营过程中对餐饮成本存在影响的各种因素，都是餐饮成本管理的对象。餐饮成本管理的关键在于制定各种餐饮产品的各项标准成本，做好餐饮产品成本的各项控制工作。尤其是要做好餐饮产品的原料成本控制、人工成本控制和燃料能源成本控制工作。总之，虽然餐饮成本的泄漏点多，但餐饮成本的可控成本也很大，各民宿需要结合具体情况，不断总结提高，把各项成本控制在最低限度之内，使餐饮产品的生产成为民宿的吸引点之一。

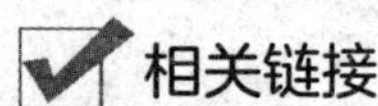

民宿伴手礼

民宿伴手礼作为一种重要的在地文化呈现，已成为民宿产品的重要内容。伴随经济的发展，当今客人在民宿过程中的消费，越来越注重多元化的满足，民宿伴手礼并不是价值不菲的名贵产品，而是代表着送礼者的心意，是牵动人与人之间情感联系的桥梁。因此，民宿伴手礼在产品设计中，是一种兼具物质性与精神性的特殊产品，需要更多地关注在地文化的形式表达及消费者的情感需求。

1. 地域性

我国文化的博大精深，历史文化的悠久传承，不乏地方特色的食材或食品，这些都是伴手礼的创意来源。民宿伴手礼的地域性，就是利用在地特产，结合独特的制作方式，形成特色美食。如台湾的凤梨酥、云南的鲜花饼，都是采用了当地熟知的食材，匠人的精心制作满足大家对健康与口味的双重需求，精美的包装融合了人文与时尚。

2. 独特性

其实贵的并不一定是最好的，有特色、有新意的才是好的伴手礼。独特性是指民宿的伴手礼区别于别家的鲜明个性，表现在品种独特性、品质独特性、功效独特性以及文化独特性等多个方面。有些民宿会印制专属的民宿风景明信片让旅客寄给亲友或是自己，让旅行的回忆可以永远保存、散播。澎湖旅游的民宿制作了印有民宿 logo 和民宿外观的环保袋，只要打卡或是在粉丝团点赞就能得到，外出旅行买东西不够装的时候，环保袋可以立即派上用场，回家之后还可以重复使用多次并且可以得到很好的宣传效果。

3. 文化性

有些伴手礼将传统文化和地方文化特色结合，这些都赋予了伴手礼深刻的文化内涵，也使得伴手礼更有话题性。传统文化、消费习俗等和企业创新、引导相互影响，并且这些因素会影响到人们认可并消费某一商品。不仅民宿会讲故事，民宿伴手礼也会讲故事，具有浓郁地方特色的伴手礼，能传播当地文化、旅游文化，提升当地影响力和知名度。如云南的孔雀羽翎梳子，是因为孔雀是西双版纳的标志，是傣族文化里女性的象征。

4. 美观性

美观性指两方面，一是伴手礼本身的美观，二是包装设计的美观。伴手礼的包装风格应该主题鲜明、设计美观、风格统一。主题鲜明是需要包装突出主题，让游客一眼望去就知道是什么商品。设计美观关系到游客的感官，由于人往往被美好的事物所吸引，所以设计美观的商品更容易获得游客的青睐。风格统一指的是商品的里包装与外包装要统一为整体的风格，最好使用相同的色系或者纹样，这样能使游客更愿意将这样的伴手礼带回家送给亲朋好友。游客通常喜欢携带轻便的产品，所以在设计食品包装时要尽量在保持美观的同时减轻包装的重量。把茶叶压成各种形状，其实也是一种包装。现在客人收藏茶叶已不满足于千篇一律的茶饼，也希望茶叶买回家能成为一种摆设。

5. 市场性

市场性指的是方便携带、价格适中、容易获得，可以宅配或通过邮购、电话、网络等虚拟门市展开非店铺行销。台湾的伴手礼文化历史悠久，很多游客都会在出发前去“台湾观光年历”“台湾好行”等网站做台湾各地伴手礼的功课。很多网站的首页导航中除了常规的民宿、景点介绍外，还专门有一栏是伴手礼推送，把许多民宿的特色伴手礼放在网站上，同时标注了特色、价格及配送联系方式，这种集中性的服务非常容易让客人做出选择，可以借鉴。

（资料来源：丁豆网，https://www.docin.com/p–2418436701.html）

任务四　民宿特色活动设计与管理

【任务描述】

任务内容	完成单位	成果形式
调研当地民宿，分析民宿特色活动及开展情况，提出改进意见	个人	文本
假设你要筹建一家民宿，请结合民宿主题和地域特色设计一项特色活动，撰写特色活动实施方案	小组	PPT

【相关知识】

民宿的特色活动就是民宿根据其主题定位，依托其独特的资源，为游客提供的独特文化娱乐和休闲活动，以丰富游客在民宿旅居期间的体验，增进旅客对民宿的情感认同。因此，民宿的活动不是简单地做一些促销和点缀，而是要精心地设计，营造一种家庭式、团队式的温馨、轻松、融洽的氛围，使这种活动成为客人的一种美好的记忆，并转化为民宿的口碑和品牌价值。

一、民宿特色活动主要内容

1. 围绕主题特色化

不同的民宿有不同的定位，相同的活动，可以因不同主题定位而有不同的设计。围绕主题特色化，就是要将民宿的主题体现于活动中，彰显民宿的文化特色，使游客在潜移默化中留下美好的记忆，达到对民宿的文化认同和品牌认可。例如，休闲农庄是台湾创意农业较具代表性的发展模式，数量非常多，而且每个休闲农庄都有自己特色鲜明的主题。位于苗栗的"花露休闲农场"以草香文化为主题，农场内种植各式花卉盆栽、药用香草植物，还围绕花草开发花草洗护产品制作与体验活动、花草餐与花草食品、花草精油 DIY 体验、花草博物馆以及特色花卉住宿等。在沐浴花海活动单元，有从全球各地搜罗的近 40 种食虫植物，像猪笼草、太阳瓶子草等，品种之多堪称台湾之最，可供教学服务。在精油博物馆，通过专业的导览解说，让游客认识精油的由来与生产历史，博物馆展示了一些 20 世纪初台湾的蒸馏炉器具。馆内还介绍很多不同的香草植物、香草植物精油萃取过程，并让旅客亲手体验提炼精油、学习调制香水、天然护肤霜等美容品 DIY 课程。

因此，民宿的特色活动围绕民宿的主题定位，将民宿的资源在这个主题下有效地组织起来。因为民宿所有的产品和服务都是以主题展开的，特色活动就是要通过设计，形成活动、产品、服务的一体化。例如，在上述精油博物馆中，通过体验活动和博物馆的知识教育活动，让旅客参与和了解到民宿的主题和文化，深入体验民宿的花卉精油主题衍生产品。博物馆内有特产卖场，售卖很多与花草相关的商品，如生姜薄荷洗发水、薰衣草精油、香茅薄荷抹草三合一沐浴乳、老姜精油泡澡素、无患子的天然洗洁剂等，还有各种不同香味的精油香皂，适合做手信礼品。

2. 巧妙地利用民宿资源条件

民宿通常开设在具有较好自然和人文资源的地方，民宿的特色活动应当考虑如何巧妙地利用这些生态资源和人文资源。例如，在台湾淘米的"青蛙丫婆的家"是一家精致的民宿，主人是位健谈的老婆婆，听说之前在台北市某学校当老师，后来厌烦了城市的喧嚣，来到了淘米做起了民宿。由于这里的青蛙有 100 多种，所以就取名"青蛙丫婆的家"。除提供住宿服务外，还提供当地青蛙和蝴蝶的科普教育，带着住宿客人郊游，寻找和认识各类物种，晚上带着客人捉萤火虫，甚至动手做陶艺，让人们意识到环保低碳生活的重要性。

3. 选择恰当的时间

民宿的特色主题活动通常需要常年性地固定开展，所以时间的选择很重要，具体应做到以下几点。

一是有些与特定生态资源、自然现象结合的特色活动只能在特定的时间进行，如观看蝴蝶、萤火虫等。

二是游客可能存在季节性，特色活动需要选择具有一定规模的游客旺季进行。

三是选对日子非常关键。要选个好日子，包括适合的天气和吉日。

四是活动开始和结束的时间。活动需要在一天之中某个时间开始和结束。有的活动宜在白天举行，有的活动则要选择晚上，如观测天文活动。同时考虑到参与活动的旅客中如果有老人、孩子，活动开始和结束的时间也不能太晚。如果是必须在晚间开始的活动，则必须考虑到特殊的安全应对措施。

4. 选择适当的场所

通常民宿的住宿空间不会太大，民宿的活动需要考虑活动的复杂性和参加人数规模对空间的需求。一些复杂的活动可能需要特殊的空间安排，如舞台空间、运动竞技空间（如球场）、展览陈列空间等。

有些民宿会配备附属的活动场所，有些则利用民宿周边的资源条件开展活动。有些是在室内举行，有些是在露天举行。不同的场所空间条件，要考虑到的因素也是差异很大的。例如，同样特色的婚礼活动策划，在室内和室外的要求是不同的。如果在室外举行西式的婚礼，那么场地的布置需要符合一定的西式冷餐的婚礼风格和规范，对天气条件也有特殊要求。

因此，活动组织者必须有效利用空间资源来设计活动的路线图和进程。例如，组织一个家庭或者团队的自行车骑行观光活动，需要在相应起伏迂回的山地园林中进行，并规划路程、时间和驿站，并在每个驿站设计好内容（如餐饮休憩、生态考察和小型游戏等）。

5. 细分活动的主体

所有的活动都是在一定主题设定和游戏环节设计下，由特定的人群参与的体验。所以，做特色活动必须明确活动的参与主体是谁，就是民宿的特色活动针对的是什么样的旅客。只有对这些旅客进行目标细分，进而对这些细分旅客群体的需求、偏好进行分析，才能设计出有针对性的特色活动，最终提高旅客对特色活动体验的满意度。

通常民宿的非标准化、小规模、特色化的旅居条件，吸引的是大城市的消费群体，这些消费群体按照收入水平、年龄层次又可细分。如在收入方面，根据相关调查，主要集中在高收入的人群和收入不高的城市年轻人，市场消费群体呈现哑铃状分布。这两个群体对活动的品质和内涵需求自然会有较大的差异。如果从性别方面细分，不同性别的旅客，对特色活动的需求也是不一样的，男性团队可能会喜欢在乡野草地的竞赛型运动，如足球、橄榄球等，女性群体可能更偏好采摘、亲子娱乐活动。

民宿的经营者应当密切地关注和分析旅客群体，建立起旅客数据系统，对自己民宿的主要客户群体的偏好和需求进行分析，在此基础上设计具有较强针对性的特色活动。在具体分析中，还可将不同的细分标准交叉对比，如手工陶瓷体验活动，可分析高收入和低收入消费群体的喜好差异点和共同点，以及不同年龄、不同收入群体的特征。这样在设计活动的时候，可以在活动内容、活动环节、活动配套服务上进行有针对性的设计，将陶瓷体验区分为高级专业陶瓷体验和普通陶瓷手工 DIY 体验两个工作室，让参与活动的女性旅客自己选择。这种细分群体的分析和活动设计，有利于民宿特色活动的精细化、特色化和丰富化。

要注意的是，民宿的旅客通常来自大城市，虽然散客也较多，但是大多数出行的方式是三五好友、家庭或者是机构的团队外出拓展等群体型方式，针对不同团队和群体组织不同特色的活动是十分重要的。

6. 组织与人员配备

特色活动的执行需要民宿主人投入全部的心思，也要有一定的人员配备和组织形式。通常，民宿的经营团队不可能像酒店一样规模化和专业化，但是民宿主人可以在民宿特色活动设计中利用各方面不同的力量，在活动的细节上做好组织设计，以提高活动的执行力。

民宿的活动虽然规模不一定太大，但是要精致，需要做到细节完美。民宿主人在活动的设计方面，要把活动的每个环节、流程都清楚地列出来，在每个环节和流程的关节点上，确定要完成什么样的工作，需要什么样的人参与，明确各自的分工和角色及花费多少时间、何时何地完成。这是对民宿的非标准化的特色活动进行标准化设计的重要步骤。民宿主人还要在执行中，严格按照计划和标准去检查每个环节，并在每次活动后进行总结、修改和提高。只有这样精益求精，才能让特色活动越做越好，成为民宿的品牌，成为旅客心中永存的美好记忆。

此外，民宿的活动非常强调旅客的参与性。民宿主人在组织和执行中，应当将旅客带入其中，在自主性、参与性的方面进行活动环节设计和任务分配，巧妙、合理地分配角色，让民宿的特色活动充分体现出民宿特点，并提高旅客参与的趣味性和体验度。例如，乡野民宿的土灶自助野炊活动，民宿主人只需要提供柴火、锅灶台、炊具、餐具等必要的条件，可让旅客自助式地进行采摘，或民宿主人配送好旅客提前定制的食材，让旅客自己生火、烧菜，体验乡村大灶的美味生活。

7. 预算控制

开展特色活动必然要投入一定资源，会提升民宿经营成本，这是民宿主人必须考虑的事情。做好活动的预算，控制活动的成本开支，实现投入产出最大化，用最小的投入获得最大的活动效益是特色活动在财务方面的要求。

通常民宿都不会像酒店那样有很大的财务预算投入，在有限的资金预算条件下，民宿主人必须树立正确的财务观念。一方面，活动做得如何，最终还是反映在财务方面。民宿主人要对活动效益做一个评估，包括客户满意度、活动对销售提升贡献等，既有硬性的财务衡量，也要有软的品牌和满意度等评价。这项工作可以衡量活动的有效性，帮助民宿主人找到哪些环节还可以提高和哪些环节还可以降低成本。另一方面，预算控制并不是说投入越少越好，而是要提高特色活动的有效性。因此，有的特色活动在改进的过程中，可能需要增加投入，提高性价比。例如，某次民宿的手工活动请来的老师并不能满足高端客户要求，而这些高端的客户需要更专业化的指导和培训。为了提高活动品质，就需要请专业的艺术家或者手工艺大家来，必然会提高成本。民宿主人需要衡量一下增加投入对提升整个活动品质和品牌、扩大知名度、提高旅客满意度的贡献。

二、民宿特色活动设计原则

为吸引游客、丰富游客的体验，民宿可以创造或提供各种特色活动。民宿特色活动是加深客人体验增强情感纽带的重要载体。民宿特色活动设计具有特定的主题，充分利用民宿或民宿周边所拥有的资源体现其地域特色，刺激客人活动中的综合感觉，带动游客的参与性，与民宿所在地区的自然资源、人文设施、民俗文化等共同发展，并根据客人偏好的变化进行适时调整。

1. 主题性

成功的民宿必然有其特定的主题，而民宿特色活动的设计也应该顺应民宿主题进行选择和打造。没有主题的活动，参与者很难抓到活动主轴，难以整合体验感受，无法留下长久的记忆。主题可以从历史、宗教、时尚、艺术等中选取，并确保与自身的民宿风格相协调。

民宿可以根据经营者的特长及审美偏好和当地的资源特色，设置更多的体验活动、亲子活动。例如，民宿主人喜欢酿酒，打造一家以精酿啤酒为主题的民宿，通过举办沙龙、评酒知识分享等活动，吸引具有相同爱好的客人，进行社群化经营。

乡间民宿可以通过组织活动帮助客人体验乡村生活。例如，有民宿把饲养小动物的场所变为小动物观察与喂养空间，小朋友们可在屋外零距离接触观察小动物，如小兔、小羊、小鸡等，也可亲自投食喂养。

2. 本土化

民宿最大的特色就是乡土性和地域性。因此在设计活动时要尽量利用民宿或民宿周边所拥有的资源（包括自然、人文生产、建筑物餐饮等），一方面可以起到节约活动设计成本的作用，另一方面可以使顾客感受到民宿的特色，留下美好回忆，提高顾客的回头率或形成口碑宣传。民宿活动设计可利用资源主要包括：自然资源、景观资源、产业资源、人文资源及文化资源五大类，如表 3-1-1 所示。

表 3-1-1 民宿活动可利用的资源类型

自然资源	气象资源
	植物资源
	动物资源
	水文资源
景观资源	地形地质景观
	田园景观
	园艺花卉景观
产业资源	农林渔牧
	生产或制造过程
人文资源	历史人文
	特色技艺
	农渔村活动
文化资源	传统建筑
	传统雕刻艺术及手工艺品
	民俗活动
	宗教信仰活动
	各种文化设施与活动

3. 参与性

特色活动应该在活动的视觉、听觉、味觉、嗅觉、触觉等多种感官上给予游客刺激，带动游客的参与性。通过活动举行机制、激励机制与纪念品发放，激发游客的参与感，提升游客消费体验。

4. 灵活性

不同游客对特色活动的偏好是存在差异的。这对特色活动的灵活性提出了要求，即可以根据不同游客的喜好进行适当调整，以保证活动的生命周期。

三、民宿特色活动类型

民宿经济的兴起在于它是“有温度的住宿、有灵魂的生活、有情感的体验”，是“宿在民居、乐在乡间、游在山水”，具有人情味、乡土味、自然味。客人选择住宿民宿，即是对特色化和情感化的住宿方式的选择。依托周边资源和空间的创意，以住宿为主，融入游览、餐饮娱乐、休闲购物、生产活动等一体化设计，对民宿进行深层次复合发展，满足客人的深层体验需求，会对客群产生长期吸引力。

民宿市场分布有“依赖成熟景区、资源优秀、靠近周边游市场”等特点，其发展有相应的旅游资源、乡村生态资源等作为依托。而且民宿单体的规模直接决定了民宿的扩展空间有限，单独以住宿为核心吸引力的民宿无法对客群产生长期吸引力，周边资源与空间的创意利用成为民宿复合发展、增加附加值的绝佳之选。同时，充分整合和发挥六大要素（食、住、行、游、购、娱）的功能，多元化收益的探索将会为民宿综合收益带来有效补充。按功能及体验活动的不同，民宿活动可分为以下几种类型。

1. 农家体验

依托传统的农业乡村，除提供农村景观、体验农家生活，还有农业生产方面的体验活动，配套观光果园、观光菜园、观光茶园等，发展蔬果采摘等周边活动。

依托当地特色畜牧或渔业资源，发展动物喂养、渔产捕获等特色周边活动，让客人能像当地人一样生活，穿当地人的服装，像当地人一样做饭、赶羊、捕鱼，充分感受当地的文化。

乡村民宿结合农业有两层意义。一是民宿食材绿色、安全，让旅客在菜园或牧场、养殖场，看到自己吃到的是无污染、安全的食材。二是农场提供农业体验活动，让旅客获得休闲，也获得农业操作的知识与技术，由此扩大民宿服务的广度。

2. 工艺体验

工艺体验类活动是天然的文化 DIY，它强调客人参与整个工艺的制作过程，客人通过动手、动脑进行创意，从而创造一种个性化的体验，充分激发客人的想象力，是现在较受游客欢迎的项目之一。

民宿主人具备一些小技艺，如歌艺、舞艺、乐器技艺、棋艺、书法、绘画、雕刻、陶艺、球技、口技、魔术、杂耍等，可与游客互相交流与娱乐，强化游客的消费体验。

民宿的工艺体验主要有以下几种：

柳编。柳编是中国民间传统手工艺品之一，经过历代艺人的传承发展，凝聚了广大劳动人民的心血和汗水。作为一种民间艺术形式，其实用价值、审美价值和社会价值得到普遍认可。柳编的编织工艺大致分为平编、纹编、勒编、砌编、缠边五种。

蓑衣。许多人在孩提的时候，都曾见到过穿蓑衣、戴蓑笠的农夫在田间辛勤劳作的场景。随着时光的流转，这些已逐渐模糊成了记忆。蓑衣制作分为挑料、绞棕绳、编织棕衣三步。

蓝染。蓝染是一种古老的印染工艺，想要制作好一件蓝染，要花上至少 20 年的时间练习，才能出现特有的颜色。

刺绣。刺绣是中国民间传统手工艺之一，在中国有两三千年历史。中国刺绣主要有苏绣、湘绣、蜀绣和粤绣四大门类。

舂年糕。舂年糕有许多程序，先是碾米粉、拌和米、兑水、蒸糕，然后是打糕、和饼、盖印、晾干。

做陶器。陶器是指以黏土为胎，经过手捏、轮制、模塑等方法加工成型后，在800~1000℃高温下焙烧而成的器具，坯体不透明，有微孔，具有吸水性，叩之声音不清。

3. 民俗体验

民宿所在地一般都有其独特的民俗文化，包括地方祭典、民俗传说等。依托这些民俗资源，民宿可以通过节庆举办、民俗传说演绎等活动，给予客人当地民俗体验。

乡愁是青山绿水，心有栖居。民俗文化的挖掘传承，让我们重温乡情乡音；民宿旅游的蓬勃兴起，让我们体验诗意栖居。近年来，杭州依托独特的自然风光、山水资源和文化底蕴，大力发展民宿经济。如今，民宿已成为杭州气质最丰富的表达，形成了四眼井、白乐桥、满觉陇、青芝坞、河坊街等精品民宿集群，以及桐庐、富阳、临安等特色民宿区块。据统计，目前杭州已有民宿床位5万多张，民宿农庄点300多个，对民宿装修改造等投入30多亿元。同时，杭州依托美丽乡村和农村文化礼堂建设，着力挖掘、保护、传承各地的民俗风情、人文景观、历史遗存及特色文化，让民俗记忆的符号融入故乡新貌。民俗民宿，把自然生态和历史人文融合为一体，让杭州市民在城市化的进程中依然“看得见山、望得见水、留得住乡愁”。

有着800余年历史的新叶古村，至今仍完好地保存着16处古祠堂、古塔、古阁和200多幢古民居，被誉为“明清古建筑露天博物馆”“中国民居建筑大观园”。近年来，浙江省建德市全面启动“乡村记忆工程”，着力保护好村镇千百年来传承的自然景观、民风民俗等“乡愁”符号。新叶古村更是完美诠释了“水清流、绿掩映、房古朴、人安逸”的新乡村魅力，成为中国传统村落的保护典范。

4. 自然体验

浙江省丽水市松阳县是我国有名的“油茶之乡”，早在几百年前，当地村民就经常榨好山茶油，挑着油担翻山越岭去外地换取其他物品，闻名的“油茶古道”就是最好的历史见证。随着科学技术的进步，借助于发达的物流网络，松阳的山茶油已经实现了产业化的发展。

不同于大木山周边的其他民宿，坐落于松阴溪旁的“中野·茶香轩榭”的诞生，源于山茶油产业与休闲旅游的结合。有了产业的依托，入住民宿的体验变得愈加丰富，原来传统的茶油产区被改造成了多个不同主题和功能的区块，在装饰古朴的古法榨油展示馆，可见传统压榨工具的展出，游客可以在这里体验学习古法压榨工艺中的粉碎与压榨；在特色产品展示馆，展品已经超出了我们对于传统农产品的想象，适合女性的精油、香氛等深加工产品以及新开发的特制歇力茶、端午茶饮品都得到了展示。

5. 运动体验

户外运动旅游，如滑雪、登山、徒步等，由于具有时尚、健康、休闲的特质，近年来也越来越受到人们的欢迎。民宿可以充分利用所在地的运动场所，使民宿旅游成为一项参与性很强的旅游项目。

“月光岛”民宿位于国家级海洋特别保护区浙江省乐江市西门岛内，距离雁荡山主景区 10 公里，是一家以海鲜美食为主题的民宿。“月光岛”民宿充分利用西门岛优良的自然环境及优质的海产品资源，精心打造海岛美食主题民宿，极大地推动了雁荡山海上旅游的发展。接下来，雁荡镇党委政府还将继续加快对“海上旅游 + 体育、观光、体验”等新兴项目的打造，大力发展“海鲜养殖 + 体验”“登山观光 + 摄影 + 写生”、环岛公路马拉松赛、自行车骑行等项目。

不同的体验可以满足游客不同的需求，让游客在真正放松的同时学习相关知识。在当前“传统文化热”的背景下，个性化的民宿尤其是工艺、民俗体验民宿得到众多游客的青睐，同时也可以加强对文化遗产的保护，有助于文化遗产的延续传承。

四、民宿特色活动组织

民宿的体量不一，在员工岗位设置上各有不同。一些规模较大的民宿有着独立的营销人员、管家、财务人员、前台、保洁人员等细分岗位，但一些小型的民宿会由一人负责所有工作的情况。一般而言，特色活动的设计由民宿主人或民宿管家负责，在组织和执行阶段则需要其他员工的通力配合。

民宿活动的特色和内容首先会通过预订渠道进行展示和推广，在民宿客人入住后，前台员工应热情询问客人的参与意向，并做好预约记录。客人在充分了解活动的主题、内容、时间、地点、参与人数、费用情况等具体事项后，自主选择参与的活动。前台员工将收集到的顾客信息进行汇总，并由民宿管家统一组织客人参与活动。

特色活动的组织依赖于民宿管家的专业素养和组织能力。与酒店前台这样有明确专业分工的岗位不同，民宿管家工作的界限一般比较模糊。除了招待客人、与来客聊天、喝茶之外，民宿日常维护的各种事项要全包办，对从业者沟通、协调、服务能力都有较高的要求。在组织活动时，民宿管家在事前应充分了解客人的消费诉求，为客人选择最合适的民宿活动类型，并在活动过程中充分满足顾客需求，实现较高的顾客满意度。

特色活动的组织需要合理的内容和时间规划。民宿提供的特色活动可以是单一的产品，也可以是打包的活动组合。例如，为了陶冶情操、充实客人的假期，民宿可以安排陶器制作等室内活动，这种类型的活动对室内空间的大小、制作设备等要素没有很高的要求，适合很多小体量的民宿项目。同时，民宿也可以提供活动内容更丰富的户外休闲组团产品，如野外采摘、登山、钓鱼等，为时间更充裕的客人提供度假选择。

特色活动的组织需要良好的安全保障措施。任何特色活动的组织都要符合安全规范，确保顾客的人身安全。民宿活动组织者应注意以下几点：

（1）活动举办前，组织者要制定周密的安全措施和应急预案。

（2）对活动参与者进行安全常识的指导性讲解。

（3）保证电气和机械设备安全状况良好。

（4）活动场所要有足够的安全通道和提示标志。同时，要保证通道通畅，提示标志易于识别。

（5）活动参与者要了解安全通道情况，熟悉紧急疏散路线。

（6）要控制进入活动场所人员的数量，做好安全疏导工作。

（7）户外活动严守纪律，遇到意外事件，切忌慌乱，要统一指挥。

五、民宿活动管理

1. 活动项目管理

民宿的接待对象众多，不同客人的职业、性格、生活背景、兴趣爱好、年龄、身体状况、经济状况和道德素质各不相同。这就要求经营管理者要加强综合控制，不断提高服务水平。

第一，设计出最优服务流程和作业方法。第二，要加强员工的服务技能与应变能力的培训，使活动项目服务更加专业、灵活、富有人情味。第三，要抓好服务现场的监督控制，做好各种跟踪服务和弥补服务。第四，要充分发挥客史档案的作用，让活动项目服务更加具有针对性、主动性、超值性。第五，要畅通顾客意见反馈渠道，聆听顾客的声音，了解顾客的新需求，并及时解决顾客的不满和投诉。总之，活动项目服务贯穿于活动项目经营的全过程，搞好活动项目服务是活动项目经营成败的关键所在。

2. 活动项目设备与物资管理

活动项目设备和物资是民宿提供活动项目服务、开展经营活动的生产资料，做好活动项目设备和物资管理是活动项目经营成功的前提与基础。因此，活动项目设备和物资管理对提高活动项目服务质量，吸引客源，实现活动项目经营效益，树立良好民宿形象有着重要作用。活动项目设备和物资管理涉及设备物资的规划、购置、使用、操作、维修、保养、更新、改造等一系列活动。做好活动项目设备和物资管理，不仅需要责任心强的从业人员，还需要科学合理的管理制度和方法。总之，要做到合理配置设备和物资，保证设备的正常运行。

3. 活动项目安全与卫生管理

安全和卫生是活动项目经营密切相关的重大工作，它们直接影响活动项目经营活动能否正常进行。这就要求活动项目从业人员不仅要提高安全意识，而且要学习和掌握各种安全防护知识，并熟悉各种事故的安全措施和应急预案。目前，活动项目安全事故产生的原因主要有五个方面：一是设施设备质量欠佳，二是设施设备保养维修不到位，三是顾客使用方法和活动方式不当，四是民宿管理和服务不到位，五是治安管理和消防管理不善。对此，增强安全意识，加强安全防范管理，提升应急处理能力是活动项目安全管理的重中之重。

4. 活动项目营销管理

活动项目消费不像餐饮和客房那样具有生活必需性，它是一种休闲享受，具有较大的随机性和替代性。也就是说，活动项目需求是一种派生需求，而非人们的生存需求。

因此，民宿活动项目经营要想取得良好的经济效益，就必须设法开拓经营，创造需求，制造新闻，引导消费，并根据不同的项目和不同客人的要求，采用不同的经营方式，科学制定价格策略和营业时间，使活动项目灵活多样、丰富多彩。

相关链接

卓也小屋民宿特色活动

卓也小屋的创建是为了保留台湾早期的文化和生活模式，所以卓也民宿为游客提供客家乡村生活体验活动，加之周边社区的手工制作体验，卓也小屋特色活动主要有以下三类。

1. 农业体验活动

当地的休闲农业发展很好，有果园、农场、保育林、山泉、梯田等，主人也有几十亩地用于耕种，可以为住客提供林产品展示、解说和体验，如果蔬采摘、加工、入菜等。加之卓也小屋坐落于半山腰，有大量的山区枯木及竹段作薪材，可以提供客人体验以炉灶蒸炊客家米食的活动。

2. 娱乐休闲活动

由于卓也小屋的地理位置和地形，住客既可以拾级而上，登高望远，也可以在花园里赏花观蝶，或在窗前观景，或就池畔阳台品茶，或在庭院里赏景交流、休闲娱乐。民宿周边也有各种景点，当地的生态资源始终保护良好，有油桐花、萤火虫、低海拔云海等台湾别处不多见的自然景观和断桥、铁道等人文景观，住客除了可以参与园内的体验活动外，还可以到周边休闲赏景，体验客家文化。

3. 工艺体验活动

卓也小屋最主要的活动是蓝染工艺的全流程生产体验。民宿主人为了保留祖先们最古老的蓝染技术，从栽种到采蓝、打蓝、培养菌株、建染缸到染布，无一不是采用最原始的古法来制作，更是成立草木染坊致力于传统技艺的发扬光大。住客在此可以全流程参与其中，并且DIY简单衣物，体验蓝染工艺的生产过程。不只是卓也小屋，附近农业区中还包含脸谱、木雕、陶器制作、木鸭彩绘等好几家DIY艺术教学教室。

卓也小屋民宿的活动体验依托当地的人文、自然景观、生态、环境资源及农林渔牧生产活动设计主题，借助农业生产、加工调制DIY等的趣味形式，让更多人参与其中，不需要过高的成本就能创造出安全有趣的特色活动，满足住客对特色文化和古老工艺的求知需要的同时，又能在乡村美景中沉淀心情，让曾经的农业行为变身为特色文化活动而得以保留和壮大，带动当地的社会经济发展。

（资料来源：张琰，侯新冬.民宿服务管理［M］.上海：上海交通大学出版社，2019）

民宿日常管理

【项目引入】

民宿的日常管理主要是对人、事、物的管理，包括了物资的采购、设施设备、用品管理，也包含了民宿的成本管理和民宿的安全管理。做好民宿的日常管理，及时发现问题、处理问题，是确保民宿正常运营的基础和保障。

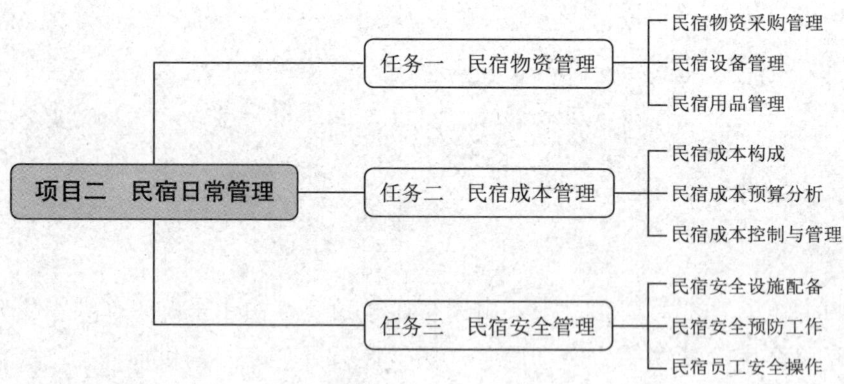

【学习目标】

知识目标：

- 掌握民宿设备用品管理方法
- 掌握民宿成本的内容及成本控制的方法
- 掌握民宿安全管理要点

能力目标：

- 能进行日常安全检查
- 能组织进行消防安全学习、应急预案的演练

任务一 民宿物资管理

【任务描述】

任务内容	成果形式	完成单位
实地走访当地的酒店用品商店，了解熟悉民宿用品的市场情况	文本	小组
假设你要筹建一家民宿，请制定一份较为详细的设备管理账卡	文本	小组

【相关知识】

物资是民宿服务的物质基础，物资采购管理是民宿管理的重要内容，民宿设备用品品种多、投资大，管理是否科学合理，将直接影响到民宿的服务质量及经济效益。因此，管理人员要加强物资采购与日常的管理，在满足客人需求、保证服务质量的前提下，努力降低成本，提高经济效益。

一、民宿物资采购管理

民宿采购管理工作是民宿日常管理、成本控制的一个重要环节，同时，采购工作的好坏将直接影响到整个民宿向客人提供产品及服务的质量。

对采购工作的管理与控制，主要由民宿店长负责，由于采购工作涉及民宿内部的成本控制以及客房、餐饮等生产和服务部门，还有外部众多的供应商、中间商，涉及面广，情况复杂。要做好采购工作的管理，民宿店长必须抓好以下几个方面的工作。

1. 学习商品知识，提高采购技能

在现实生活中，购买质次价高的假冒伪劣商品。吃亏上当的事屡见不鲜，一个很重要的原因就是缺乏必要的商品知识，对所购买的商品不了解，结果损害了民宿客人的利益，而且使企业本身蒙受不应有的甚至是巨大的损失。

（1）商品知识。包括商品的特性、产地、规格、用途、质量、价格、供应商情

况等。

（2）采购技能。学习采购的基本技能、方法，了解掌握物品供求信息，了解各类物品的特性和分类方法，提高与供货商洽谈业务技巧，商定供货条款等。

2. 了解市场行情，控制采购成本

民宿店长需要了解市场行情，要随物资特点而定，对时令商品，因其供求情况和价格变化快，需要随时掌握其变化；对季节性强的物品，如鱼类商品等，需掌握采购最佳时期；对用量较大的日用品，要进行专题调查，根据采购的质量、数量、时间要求进行选择，如从外地进货还要了解运输的情况和运输费用的高低。

市场上需要了解的内容有：货物来自什么渠道，可从哪些供货单位采购到哪些物品，各个供货单位提供物品的质量如何、价格如何等。采购时应尽可能多找几家了解行情，做到货比三家：同质比价、同价比质，从而有效地控制采购成本。

3. 控制食品的采购价格

（1）规定采购价格。通过详细的市场价格调查后，民宿对餐饮所需的某些食品提出购货限价，采购员必须在限价以内进行采购，不得超过，限价商品的品种一般是指每日采购的新鲜蔬果肉类。

（2）规定购货渠道和供应单位。采购部门只能去那些指定的供资单位购货，或者只许购置来自规定渠道的食品，如香烟、酒水等。

（3）向生产单位直接采购。对采购批量大的物品，应尽可能向生产单位直接采购，并要求以优惠价格供应。

（4）根据市场行情适时采购。当某些食品在市场上供过于求，价格低廉，又是民宿大量需要的，只要符合质量并可进行储存的可趁此机会购进，以备价格回升时使用。当应时食材上市，预计价格可能下跌时，采购量应尽量减少，只要够用即可，等到价格稳定时再行添购。

二、民宿设备管理

设备管理是民宿日常管理的重要内容，加强对设备的管理，有利于保证民宿产品尤其是客房产品质量、延长设备的使用寿命、减少设备维修更新的资金投入。

1. 设备的资产管理

（1）建立账卡。购进设备后，民宿管理人员必须严格查验，建立设备登记档案，将需用的设备按进货时的发票编号、分类、注册，记下品种、规格、型号、数量、价值及使用区域。每个使用单位（一般以一个区域为一个单位）将所管理的设备登记在小组设备账本上，见表 3-2-1。

表 3-2-1 设备账本

名称	编号	规格	数量	领出	结存	建账日期	经手人

①分类。所有的设备均需分类，分类要细致。

②准备账本。通常设备有多少种，账本就应有多少页，每一页应登记品种、规格、数量等项目。

③编号。在建设备档案时，要按一定的分类法进行分类编号，使每件设备都有分类号，以便管理。设备的编号，一般采用三节编码法。第一节表明设备种类，第二节表明使用区域，第三节表示设备编号。如客房的床垫可写成：C3-6-5，C 表示家具类，3 表示客房区域，6 表示床垫，5 表示床垫的编号。

④建卡。在建账的基础上设备还要建立相应的档案卡（见下表）。建卡要求做到“账卡相符”，即档案卡登记设备的品种、数量要与小组账本相符，以便核对控制。设备在使用过程中发生维修、变动、损坏等情况，都应在档案卡片及相关账册上做好登记，设备的使用状况也要做好记录，以便全面掌握设备维修情况。

表 3-2-2 设备档案卡

名称	购买日期	供应商	价格
型号＿＿＿＿＿＿＿＿ 出外维修＿＿＿＿＿＿＿＿		编号＿＿＿＿＿＿＿＿	
日期	价格	维修项目	修理方式

（2）建立设备的历史档案。为全面掌握设备的使用情况，加强对设备的管理，除了建立设备账卡外，还应建立设备的历史档案。客房、餐厅、会议室、厨房包括公共区域的设备，均须设有历史档案，主要内容有：设备的种类和数量、装修或启用日期、规格特征和历次维修保养记录等。

2. 设备的日常管理

（1）建立日常保养制度。应根据民宿家具设备的使用特性，制定设备的保养周期和保养质量要求，并严格执行。如房间铜器每天用擦铜剂擦拭一次，家具每月用家具蜡保养一次，电冰箱每周除霜一次等。

（2）定期检查。为保证设备运行良好、及时发现隐患，对民宿各类设备还应制定定期检查制度，发现问题及时处理。

（3）及时维修。设备一旦出现问题，应及时进行维修，否则小问题易变成大问题，增加维修工作量，缩短设备的使用寿命。设备维修有两种类型：一是小维修，二是大维修。小维修是对设备进行局部的修理或更换部分小零件，恢复其使用性能，在短时间内即可完成；大维修是对设备进行全面的修理，需花费较长时间更换主要部件来恢复其使用功能。

（4）重视员工培训。员工必须参加设备培训，学习和掌握所使用设备的原理、结构、性能、使用、维护、维修及技术安全等方面的知识，强化设备操作技能训练。

三、民宿用品管理

民宿用品的选购、储存、配置、使用、控制等各环节的工作做得好坏，直接关系到民宿的档次高低、宾客的满意程度及民宿的经济效益。

1. 用品库存管理

做好用品的保管，可以减少用品的损耗，保证周转。良好的库存条件及合理的物流管理程序是做好用品保管工作的两个必要条件。

（1）库存条件。

①库房需保持清洁、整齐、干燥。

②货架应采用开放式，货架与货架之间要有一定的间距，以利于通风。

③进库用品需按性质、特点、类别分别堆放，及时码放。

④加强库房安全管理，做到“三化”“三保”“三清”“两齐”“三一致”“五防”。“三化”即仓库规范化、存放系列化、养护经常化；“三保”即保质、保量、保安全；“三清”即材料清、规格清、数量清；“两齐”即库区整齐、货物整齐；“三一致”即账、物、卡一致；“五防”即防火、防潮、防盗、防虫、防变形。

（2）物流管理。

①严格验收。

②分类上架摆放。

③进出货物及时填写货卡，做到“有货必有卡，卡货必相符”。

④遵循“先进先出”的原则，应经常检查在库物品，发现毒变、破损及时填写报损单，报请店长审批。

⑤定期盘点，对积压的物品主动上报。

⑥严格掌握在库物品的保质期，对即将到期的货物应提前向店长反映，以免造成不必要的损失。

2. 用品日常管理

日常管理是用品控制工作中最容易发生问题的一个环节，也是最重要的一个环节。

（1）加强管理。用品的领发应由管家负责，每天根据客房、餐厅等处需要分发并做好相关记录。在用品的日常管理中，要严格控制非正常的消耗。员工在工作中要有成本意识，注意回收有价值的物品，并进行再利用。另外，还要防止因使用不当而造成的损耗。

（2）定期盘点。很多客用物品尤其是客用消耗品都有一定的保质期，如果库存太多、物品积压过期，难免会造成自然损耗。因此，民宿要根据市场货源供需关系确定库存数量，定期盘点，避免物品积压。

（3）做好统计分析。管家应对每天的用品清耗进行统计，同时对每周、每月、每季度、每年度的客用物品消耗量进行汇总，并结合盘点，了解用品的实际消耗情况，如果实际消耗额情况与定额标准偏离较大，就必须分析原因。

（4）推行"4R"做法，降低消耗。在用品消耗控制过程中，重视并做好降低消耗和环境保护工作。合理地降低消耗能够有效地控制成本，减轻民宿负担，提高经济效益。"4R"是指 4 个以"R"开头的英文单词：Reduce、Reuse、Recycle 和 Replace，概括了人们对降低消耗和环境保护工作的一些具体做法，

①减少（Reduce）。尽量减少或不用对环境有污染和破坏作用的材料或用品，如塑料用品和塑料包装材料、含氯等的化学清洁剂等。尽量减少能源和物资的消耗，如水、电及清洁用料等。减少包装，如客房卫生间尽量采用能够重新灌装的容器，减少消耗品的用量。减少客用物品的配置和更换。在客房内设有环保卡，倡议减少床上用品、毛巾的换洗。

②再利用（Reuse）。要求员工在日常工作中注重回收那些已经用过但仍有再利用价值的物品。如酒瓶、饮料罐、食品盒、肥皂头、剩余的卷纸、用过的牙刷及用剩的牙膏、浴液、洗发液等，有些物品的包装材料和容器等也可以回收。此外，凡是具有再利用价值的物品，回收后再合理利用，这样做既可以减少物品消耗，又可避免简单地将其作为垃圾处理，造成环境污染。如肥皂头、牙刷、牙膏、洗发液等可以用于清洁保养工作，报纸、杂志等可以卖给废品收购站。一些物品经过再加工还可以继续使用，如报废的毛巾可作抹布使用。

③循环（Recycle）。循环使用是减少客用物品消耗、做好环境保护工作的一项重要举措。客房的某些物品如果在材料和设计上做些调整，就可以循环重复使用。如将塑料制作的礼品袋改用环保纸制作。

④替代（Replace）。民宿应尽可能使用有利于环境保护和可再生利用的产品，以替代一些传统产品，如用纸质包装取代塑料包装。

3. 民宿布草的管理

（1）布草的概念。布草属于专业用语，泛指现代民宿里一切跟“布”有关的东西，包含客房床上用品，如床单、被套、枕套、枕芯、被芯、装饰面料等；卫生间方巾、面巾、浴巾、浴袍等；餐厅用台布、口布、椅套等。

民宿清洁布草是一门学问，也是留给宾客第一印象的关键，如果布草管理工作没做好，不仅会影响宾客的住宿体验，还会导致民宿整体品牌口碑变差。干净的布草是民宿给宾客们留下印象的第一步，民宿管理者必须能够在布草清洗的各个环节加强督导和重视。

（2）布草的洗涤。民宿布草洗涤一般会选择外包公司或自己洗。自己洗要注意的问题：毛巾类和床上四件套、餐厅用布草必须分开洗，此外要注意洗衣机所能承受的最大洗涤量。洗衣机装机八分满，不能全部装满，以免影响洗涤效果。

①分拣。有客人拿浴巾或毛巾之类擦拭皮鞋，导致洁白的布草上出现皮鞋油，此类污垢非常难清洗，有些直接导致布草报废；还有一些床上布草沾上血渍等污渍。洗涤前必须将所有带污垢的布草挑选出来单独处理后再放入洗衣机清洗。

②外洗单位核查及维权。与外洗单位进行合作时，一是需要完善合同，对于违规洗涤布草所引发的客人投诉要求合作商共同承担责任，以此来减少风险。二是在条款中标明各类布草的洗涤标准，要求洗涤机构按照布草洗涤标准洗涤，如未达到标准，将采取中止合约或者是罚款等方式来约束对方。三是加强巡查督导工作，指定人员对布草洗涤进行清查，不定期到对方的工厂进行抽查，严格执行合同标准，避免人为清洁不到位的现象。

任务二　民宿成本管理

【任务描述】

任务内容	成果形式	完成单位
调研一家民宿，收集其客房数量、面积等数据，并进行成本、收益方面的预算	文本	小组
假设你要筹建一家民宿，请分析你的民宿的成本构成和成本预算	PPT	小组

【相关知识】

一、民宿成本构成

1. 房租

就算民宿是自己的闲置房，自己就是房东、业主，那在成本里还是要算房租的，因为房屋拥有自身价值，即便是闲置，也不代表没有成本。而租用房子来做民宿，那房租成本就更不用说了。

根据对桂林、西安、成都、杭州、温州、丽江、大理、厦门、三亚等城市的调研数据来看，房租一般占到营业额的1/6~1/5。

2. 装修

装修是一笔非常大的投入，民宿经营者在成本计算时应把装修费用总数均摊到经营期内去做几年的均摊。并且在进行成本预算的时候，要去估算好装修回收期。一般来说，装修的回收期定在3~5年比较合理。在此情况下，装修投入的费用不管是按利率计算，还是按照其他项目的投资对比来看，都较为合理。如果回收期超过5年，基本上就没有什么利润或是收益可言了。

3. 人工

很多人是打算自己与家人一起来经营民宿，并不打算雇请外人，这样的话人工成本是否等于零呢？实际上这和房租是一个道理，全家人都投入到这个经营中后，不应因为是自家人就可以不去算人工成本，不算工资和奖金，仅仅是依靠营业利润来获得生活费用。在把民宿当成一个事业来做的时候，显然是不合理的。

4. 日常损耗

一般分为几个部分，如洗发水、沐浴露，甚至部分民宿会提供香氛、香水、洗面奶、香薰，还有一次性的牙膏、牙刷，包括布草送洗，这些都是经营中的日常损耗。

5. 维修费用

这一部分包括电器、家具的维修费用。

二、民宿成本预算分析

为了能够更好地控制民宿经营成本，进行合理全面的成本预算是非常有必要的。一般来说，做成本预算需要考虑以下几点。

1. 均摊

可以把所有的成本按照均摊的方式平均分配到每一间客房的每一天上面，这样就能知道每间客房每天的运营成本是多少。那么在定价的时候就可以计算出当房价是多少的时候是不亏本的。从中也可以发现高入住率并不等于高利润，当房价定价低于平均成本时，入住率越高亏损越多。

2. 装修回收期

做成本预算的时候一定要估算好装修回收期。装修回收期应考虑到各个地区的实际情况有所不同，一般定在 3~5 年比较合理，如果说超过 5 年还没有回笼资金，那么民宿的利润就相当于零。

3. 装修材料

现在有很多民宿、客栈等，在装修的选材上并没有考虑可持续利用的情况。其实考虑可持续利用对日后的成本支出有很大的影响。使用可持续、可以长久使用的材料，可能会在装修初期有较大的支出，可是从长远来看，可持续的材料在后期维修费用上会节约很多，不会存在用了没多久就需要重新改装的问题。

4. 价格体系

这里有一个具有相应普适性的一个公式：

客房数量 × 客房最低单价 × 全年 280 天 ×0.7= 全年房租 + 全年人工支出 + 全年损耗支出 + 全年水电 + 装修费用每年

均摊为什么是 280 呢？通过数据得出的结论，每年至少会有 90 天左右能够保证是满房的，并且满房时候的价格是不会低的。真正需要担心的就是这剩下的 280 天，即所谓的淡季。如何在这 280 天实现利润的最大化。一旦价格体系稳定了以后，就不要去做太频繁的调价。

5. 成本预算表

在筹备的时候先去做一个成本预算表，能清楚地知道自己要花的钱在哪里。然后把成本预算表里数额较大的项目都重新圈出来，单独列出来再去做一个单独的成本核算。

6. 目标定位

在民宿策划之前就要做好客户群定位。控制经营成本和客户群定位之间有非常大的关联，如果你的民宿什么房型都有，什么客人都接，那么就会非常辛苦。有些民宿也会去接待一些旅行社，其实这样是非常不利的。因为旅行社的价格压得非常低，虽然会有很高的入住率，但是你的利润并没有很高，而且接待旅行社对后期维修费用的增加也有很大的影响。

三、民宿成本控制与管理

成本控制有利于实现民宿利润最大化，从而提高民宿在区域、行业内的竞争力。成本控制不是简单地进行缩减，而是在保证质量并且能够提高质量的情况下，对人力、物力使用进行科学调整，提高综合利用率。

1. 人力成本控制

（1）人力成本范围。民宿人力成本包括人员薪酬成本、人员生活成本（吃住、日常生活用品购买等）、人员福利成本（缴纳五险一金、过节福利等）。

（2）常见问题。

①人员数量冗余。体现在人员岗位重叠化，人浮于事。如一个岗位有一个人胜任就足够，但是会出现两到三个人同时在一个岗位工作的情况。如果多出一个员工，假设每个月薪酬 3000 元，那么一年下来就要多支出 36000 元，这还不包括其他成本支出。对于体量小的民宿，这笔钱不是一个小的数目。

②人员职业能力较弱。体现在工作能力较弱，如前台只会做一些简单接待，而不会做诸如打扫卫生、网络推广营销、设备简单维修等其他事情。民宿不同于酒店，各个岗位都有专门的人员负责，而在民宿中，往往是一人多职，这就需要民宿的工作人员有较高的工作能力。

③淡旺季人员数量无差别。在淡旺季，客人数量会发生明显变化，如淡季可能每天有 90% 甚至 100% 的入住率。到了淡季，入住率可能一下跌到 40%~50%。这个时候，对于打扫房间的人员就不会需求那么多，如旺季时可能需要 4 个，而淡季时可能只需 2 个就可以胜任了。

（3）解决方法。

①优化人员架构体系，精减人员。通过对每个岗位、工作量、淡旺季分析，在保证服务和工作质量不变的情况下，优化人员架构体系，精减现有人员。从而减少薪酬支出，达到人员成本控制。

②提高员工综合素质，加强员工培训，提高工作能力。尽可能将员工培养成多面手，从而减少对员工数量的需求。把每一个员工打造成能接待客人、能网络推广、能维修设施、会打扫卫生等的全能角色。

③制定合理的薪酬方案。很多民宿采取传统单一的固定工资薪酬体系。这种体系的弊端很明显，旺季时民宿盈利较多，员工付出多，工资没变，这会打击到员工的积极性。淡季的时候，民宿挣得少，员工付出相对较少，工资依然不变，这会影响民宿利润。民宿经营者可以采用基本工资 + 绩效工资 + 福利这种薪酬体系。这种形式更加多样灵活，多劳多得，能够极大激发员工的积极性，从而提高工作效率，创造出更多利润。

④淡旺季人员合理安排，减少人员成本支出。由于淡旺季客流量的差别，对应的是淡旺季工作量的差别，尤其体现在客房打扫卫生人员数量上。对于这种差别，要灵活安排人员。如旺季在保证现有人员不变情况下，可以通过兼职形式来招聘打扫人员。

或者通过调整时间，安排其他人员一起打扫。

⑤建立健全财务监管体系，防止出现财务上的漏洞。

2. 物耗成本控制

物耗成本涉及范围较广，是成本控制中可控空间最大的一项。如果对物耗成本进行合理有效的控制，能够最大限度地提高利润空间。

（1）物耗成本范围。物耗成本主要包括客房耗品、日常用品等。

（2）常见问题。

①采购：采购制度、方法不完善。

②使用：使用制度、方法不合理，浪费现象较为严重。

③缺少对物耗成本统计分析，对耗品价格及使用数量不敏感。

④设备设施陈旧落后。

⑤缺乏有效的执行力。

⑥节约意识薄弱，缺乏节约理念宣传。

（3）解决方法。在整体上形成一套采购、使用流程制度，加强耗品数据统计分析，提高人员节约意识。对于客房耗品，可以采取以下控制措施。

①在不影响房间入住体验感情况下，根据价格、淡旺季情况搭配不同耗品。如房间价格较高的情况下，房间易耗品可以放置六件套甚至十件套，如牙膏、牙刷、沐浴露、洗发露、护发素、润肤露、浴帽、针线包、鞋擦、梳子、剃须刀、护理包等。在质量上，可以选择小瓶装的品牌产品。在淡季房间价格低的时候，减少易耗品套装数量。一些易耗品可以放在前台，客人有需要可以到前台来取。在质量上，可以换成价格较低、使用时间长的大瓶装。

②根据民宿文化理念及其所处位置，选择使用易耗品。如一些位置在海边的民宿，倡导保护环境、不使用一次性耗品。对此客人也能够理解，从而节省了部分易耗品的支出费用。

3. 餐饮成本控制

民宿收入构成中，餐饮收入占比很大。餐饮成本的控制直接影响到餐饮的营业收入和利润，进而影响到民宿的整体收入。

（1）餐饮成本范围。餐饮成本控制范围包括食材调料费用、设备折旧费用等，涵盖采购、库存、发放、粗加工、切配、烹饪、服务、结账收款等环节，每一个环节都会影响到成本。

（2）常见问题。

①食材采购数量控制不当。

②食材价格供应不稳。

③食材浪费现象严重。

（3）解决方法。

①制定合理采购标准，采购人员应熟悉食材及周边市场动态变化。食材最好就地选购，减少运输成本。如果采购量大，挑选合适的供应商，建立长期合作关系。保证食材供应稳定及食材价格低于市场价格。做好库存管理，库存不当则会引起食物变质等情况。

②在每天需求量少的情况下，减少库存数量，做到当天定量采购。

③制定早餐提供时间表，制定早餐提供的种类。早餐提供的种类要灵活多变，在保证食物质量的前提下，根据季节及食材价格，灵活更新早餐提供种类。

④量化食物，做到某些食物提供量与客人数量对应。

⑤在餐桌上张贴“节约食物”等宣传标语，提醒客人不要浪费。

⑥根据每天客人剩余食物量做数据统计分析，选择更换食物种类及数量。如规定的是每人每天两个鸡蛋，但几个月的数据表明，80% 的客人只吃了一个鸡蛋，那么接下来就可以更换鸡蛋的供应量了。

4. 能源成本控制

（1）成本范围。水、电、燃气每年费用支出会占到民宿支出的很大一部分，在水、电、气费用不变甚至上升的情况下，只有合理、节约使用，才能降低支出成本，从而实现成本控制。

（2）常见问题。

①能源浪费严重。

②能源使用没有规划制度。

③由于设备因素影响，造成能源消耗量大。

（3）解决方法。

①总体上制定合理的能源使用规则，杜绝浪费能源，提高客人和员工节约使用水、电、气的意识。

②根据季节、天日长短调整晚上亮灯时间及亮灯位置。如走廊、大厅、招牌等亮灯时间，夏季可安排在 19：00，冬季可安排在 18：00；23：00 熄灭公共空间部分灯；24：00 熄灭除走廊以外所有的灯；早上 7：00 熄灭走廊灯。

③客房及公共空间放置提醒节约用水用电的牌子。

④根据情况，更新更换大功率用水用电设备。虽然短时间内造成成本支出，但从长远来看，则减少了成本支出。

5. 销售成本控制

（1）销售成本范围。这里的销售成本，主要是指民宿在线上电商平台（OTA）做推广所付的佣金。

（2）常见问题。民宿销售渠道狭窄，过度依赖 OTA 平台。而 OTA 平台 15% 左右的佣金，对于体量小的民宿来说是一个不小的负担。

（3）解决方法。

①拓宽销售渠道，减少对 OTA 平台的依赖，降低佣金成本。如通过提升服务、提升客人入住体验感，从而通过客人的口碑宣传，增加客源。

②根据淡旺季客人流量，适当性进行房态操作。如春节期间，由于线上线下客人流量巨大，如果民宿有 20 间客房，那么可以拿一部分在 OTA 上销售，一部分选择在线下销售。全部在线下销售也不妥，会影响到民宿与 OTA 的合作及在上面的排名。

③加强网络营销推广，加大直销平台客人来源。

④把 OTA 平台线上客人转化为线下客人。

6. 维修成本控制

（1）维修成本范围。维修更换成本在客栈民宿中也是一笔不小支出，并且也是一种必要支出。设施受损或者设施陈旧影响着客栈民宿正常运营。提高设施设备使用寿命，减少专业维修费用，可达到成本的有效控制。

（2）常见问题。

①设施出现状况，不能自行修理解决。需要请专业人员修理，则会支出一笔较高的修理费。

②没有形成保养设备设施的习惯，加大了设施设备出现故障的概率，缩短了其使用寿命。

（3）解决方法。

①爱惜爱护设施设备，加强设施设备保养。如定期清理空调内机过滤网、面盆过滤处积淀的污垢。

②卫生间放置提醒牌，如“请勿向便池内投扔杂物”等。

③备好维修工具及一些替换品，如折叠梯、维修工具箱、电钻等。

④加强工作人员技能培训，能够胜任一些简单维修。如能够处理房间断电、卫生间马桶堵塞、断网、空调制冷制热慢等问题。

⑤对设施设备出现状况及解决方法进行书面记录。

任务三　民宿安全管理

【任务描述】

任务内容	成果形式	完成单位
调研 1~2 家民宿，查找民宿安全隐患，并提出相应的解决方案	文本	小组
假设你要筹建一家民宿，为你的民宿设计一份安全管理应急预案	文本	小组

【相关知识】

安全是民宿工作的生命线，没有安全就没有旅游业。经营一家民宿，不但要给旅客提供舒适的环境和优质的服务，更要保障旅客的安全，让旅客住得安心、住得放心。安全、舒适、方便是客人对民宿产品的最基本需求，增强安全意识，提高对安全事故的预防与处理能力，是民宿工作的重要内容。

一、民宿安全设施配备

安全设施是指一切能够预防、发现违法犯罪活动、保障安全的技术装备，由一系列机械、仪器、仪表、工具等组合而成。配备安全设施是做好民宿安全工作的必要条件。

1. 电视监控系统

电视监控系统是现代管理设施的一个重要组成部分，配置的目的是提高安全效益、优化安全服务、预防安全事故的发生、保障客人的安全。电视监控系统由多台电视屏幕、摄像机、自动或手动图像切换机和录像机组成。电视监控系统主要设置在民宿公共区域、客房走廊和进出口多而又不易控制的地方。

2. 消防控制系统

必须在民宿的客房、走廊等要害部位装置烟感器、温感器等报警器材，并进行集中管理。这些地方一旦出现火灾苗头，消防控制柜就会显示火警方位，相关人员即可采取紧急扑救措施。

消防控制系统主要有：（1）烟感报警器。客房内屋顶上一般安装烟感报警器，一旦发生火灾，烟感报警器会自动发出报警信号。（2）灭火器、消防栓。餐厅、厨房、客房走廊上等处配备各种灭火器、消防栓等防火设施。

3. 安全报警系统

安全报警系统是民宿防盗、防火安全工作的一个重要环节。防盗重点是对非法进入者进行监督控制，在出现危害客人安全、偷盗财物等情况时，能够及时报警。

4. 其他安全设施

①民宿出入口门禁安全管理系统，防止闲杂人员进入。

②客房门上装有窥镜，门后装有安全防盗扣或防盗链，张贴安全指示图，标明客人的位置或安全通道方向，安全指示图涂上荧光剂。

③安全通道门上安装有昼夜明亮的红色安全指示灯，一旦发生火灾或由于其他原因使通道灯停电，安全指示灯会立即亮起。

④客房内配有防毒面罩，卫生间内装有紧急呼叫按钮及拉绳。

二、民宿安全预防工作

1. 客房区域的安全

（1）客房安全。客房是客人休息起居的地方，也是客人在民宿内活动时间最长的地方。所以应特别关注客人的人身安全、财产安全、火灾隐患问题。

①客房一层对外的门、窗应采取防盗措施，户门应配置窥镜、双锁或防盗链；窗户应安装防盗窗或限位器。

②房门后粘贴“逃生路线图”并确保逃生路线标注正确。

③客房内应配置烟感、喷淋装置，且烟感、喷淋无遮挡物，或者配置灭火器，确保现场测试有效。

④楼梯显眼处需有“小心台阶”的温馨提示。

⑤如果有整体玻璃隔断，需要在距离地面 115 厘米处粘贴明显防撞腰线。

⑥客房内的显著位置应张贴“贵重物品请随身携带”等的温馨提示。

⑦在床头应贴有“请勿床上吸烟”的温馨提示。

（2）卫生间安全。卫生间是特别容易发生滑倒、摔伤、磕碰的地方，需提前做好预防措施。

①防爆膜。如果您有玻璃淋浴间，可以提前粘贴防爆膜，因为粘贴防爆膜后的玻璃即使碎裂，也不会四处迸溅。

②防撞腰线。避免客人因为大意的原因碰撞到玻璃而受伤，可以在距离地面高度 115 厘米的位置粘贴醒目颜色的防撞腰线。

③防滑垫。尽管卫生间地砖大多数是防滑的，不过还是需要放置一块防滑垫。

④淋浴区考虑安装防水坎，特别是在干湿不分的卫生间。

⑤在卫生间墙面显著位置粘贴“小心地滑”的标识可以起到温馨提示的作用。

（3）阳台安全。阳台是客人与自然亲近的室外地方，安全问题同样不容忽视。

①阳台护栏需要粘贴“禁止攀爬”的温馨提示。

②阳台护栏高度低于135厘米时，需要安装防护网。

2. 餐厅安全

（1）为客人服务食品、饮料及倒咖啡和茶水时，必须事先示意客人。

（2）为客人点烟时，注意避免烫伤客人。

（3）随时检查自助餐台上主盘的热度，避免烫伤客人。

（4）擦拭餐具及玻璃器皿时，须注意安全。

（5）服务员在餐厅不允许急走，更不允许奔跑。

（6）进出门时，推门要慢，以免碰撞门后的人。

（7）为客人服务的餐具不允许有任何破损，以免割伤客人。

（8）禁止使用瓷器或玻璃器皿从制冰机中取冰，以免有破碎物混入冰块里。

（9）协助客人照顾他们所带的孩子，不要让他们在餐厅内奔跑，避免孩子跌伤。

（10）不要让儿童接触到锋利的餐具，避免割伤孩子。

（11）开酒时注意安全。

（12）避免在别人身后整理东西。

（13）超越别人时，须先示意被超越的人。

（14）在厨房内取菜时，须注意安全，防止意外发生。

（15）使用服务车运送东西时，须将所运送的东西摆放整齐。

3. 厨房安全

厨房一般使用电磁炉或燃气灶，是动“火”的地方，所以厨房安全特别重要。厨房如果使用的是电磁炉，需要定期检查，使用的电源插座需要固定。厨房如果使用的是燃气，需要定期检查燃气管道阀门，防止燃气泄漏。在燃气灶上方的墙面显眼处张贴“燃气安全使用”的温馨提示。厨房配置烟感和喷淋装置，且烟感、喷淋装置无遮挡物。为了防止发生火灾、盗窃、食品中毒及其他安全事故，厨房员工应遵守以下安全操作规范。

（1）定期检查一切消防用具，严禁在消火栓、防火用具处、紧急出口处存放有碍救火及人员疏散的任何物品，发现防火用具有损坏及其他问题时，应立即上报。

（2）严格保管、存放及正常使用易燃物品（如固体酒精、火柴、蜡烛等）。

（3）严禁任何人在禁烟区域内吸烟。

（4）每位员工了解消防灭火用具的存放位置及使用方法，明确发生火情后应采取的措施。

（5）下班前，要由专人检查门、窗、柜是否正常关闭并加锁，电器设备的电源是否关闭，若发现有损坏处，要及时上报。

（6）厨房工作人员在灶台上烧烤食物时，不得擅自离开岗位，每日工作完成后，要关闭煤气开关，并指定专人定期检查灶具、通风等设备，发现异常情况，立即上报。

（7）未经允许，任何闲杂人员不得进入厨房区域内穿行、接触食品。

（8）厨房工作人员所使用的刀具，应及时清点，统一摆放在规定位置。

（9）冷荤、生、熟食品要分开存放，防止交叉污染。

（10）发现腐烂变质的食品，切忌使用。

三、民宿员工安全操作

1. 安全操作要求

（1）员工须具有较强的安全意识，防患于未然。

（2）员工能正确使用电器设备。

（3）有正当的保护措施，如工作手套、衣帽鞋具。

（4）有一系列的应急处理措施，且每个员工都要掌握。

2. 安全操作注意事项

（1）用双手推车，以防闪腰。

（2）利用梯架清扫高处的积尘。

（3）发现工作区域湿滑，应立即擦干，以防滑倒。

（4）勿使用已损坏的清洁工具，也不要擅自修理，以免发生危险。

（5）举笨重物品时（如抬家具上楼），切勿用腰力，须用脚力，应先蹲下，平直上身，然后举起。

（6）发现走廊或楼梯、工作间照明不良，应立即报告，尽快修理，以免发生事故。

（7）走廊或公共场所放置的工作车、吸尘器等应尽量放置在过道旁边，注意有无电线绊脚。

（8）家具表面或地面上如有尖钉，须立即处理。

（9）所有玻璃窗和镜子，如发现破裂，须立即报告，及时更换，未能及时更换的，须用强力胶纸压下以防有划伤人的危险。

（10）发现松动的桌椅，须尽快修理。

（11）不可赤手伸进垃圾桶，须戴手套，并小心操作，以防被玻璃碎片、刀片等扎伤。

（12）使用清洁剂及清洁用品时，需了解其化学属性，戴上胶手套。

（13）在使用电器前应检查有无插头松动、电源线裸露等现象。

（14）每日检查电器是否处于正常工作状态，发现问题及时报修。

（15）高空作业时使用安全带或绳子，在潮湿地面作业时使用防滑垫。

（16）发现任何安全隐患须及时报告，如地面缺砖或不平整、滑湿的，未经处理的地面，残破、缺边的楼梯，未清理的电源线、工具等任何障碍物。

3. 员工自我安全防护

民宿工作人员在工作中还要有自我防护意识，对客人既要彬彬有礼、热情主动，又要保持一定的距离。当客人纠缠时，服务员不应以任何不耐烦、不礼貌的言行冲撞客人，应想办法摆脱。当班的同事应主动配合，让被纠缠的同事做其他工作，避开客人的纠缠。

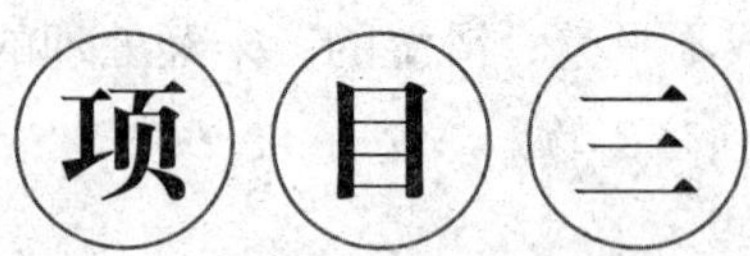

民宿人员管理

【项目引入】

民宿的发展需要人才，特别是一批有情怀、有理想的设计师、建筑师、艺术家、IT技术人才、投资者、创业者等人才。民宿可以整合人力资源，发挥各自特长，还可以吸引外出务工的年轻人返乡就业或创业。民宿以及相关的餐饮、工艺品和土特产有着巨大的市场潜力，都需要有人才能让市场活起来。

民宿是需要经营的，而经营过程又是烦琐的。民宿从运营到日常维护，每个阶段都需要相应的人员配置。不同岗位的人员配置标准也不同，民宿要根据自身情况确定人员，但应有的岗位不能空缺，以免影响用户体验。

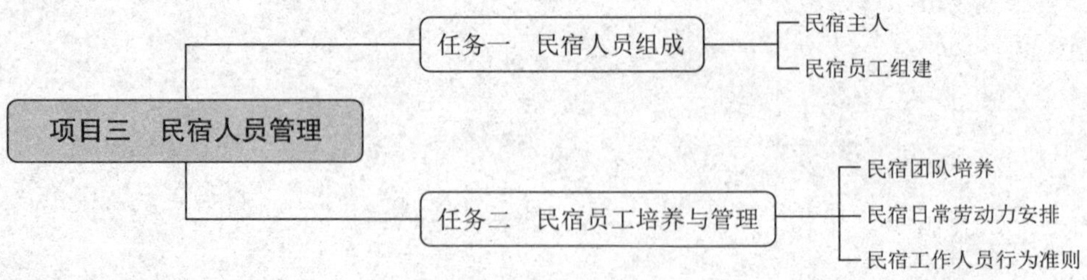

【学习目标】

知识目标：

- 掌握民宿主人的要求
- 掌握民宿团队培养的方法

能力目标：

- 能进行民宿人力资源管理
- 能结合民宿情况进行员工日常劳动力的安排与管理

任务一　民宿人员组成

【任务描述】

任务内容	成果形式	完成单位
调研 1~2 家不同规模的民宿，考察其员工配置	PPT	小组
假设你要筹建一家民宿，请为你要筹建的民宿制订人才招聘计划，并拟定一份民宿新员工入职培训方案	PPT	小组

【相关知识】

一、民宿主人

民宿主人是民宿的灵魂和核心竞争力。没有主人的民宿就像没有灵魂的躯体，只是一座缺少人情味的建筑体。民宿主人文化规定着民宿的基本特性，是民宿的灵魂，更是民宿核心竞争力的基石。

民宿不仅仅是住宿产品，更是人们表达情感的新方式和人际交往的新媒体。以日常生活的审美化载体传播文化，使大众空间完成艺术与世俗的对接，这其中的灵魂就是民宿主人。民宿主人赋予物理空间以生活气质、艺术气质和亲情气质，客人对民宿的认可，更多的是对民宿主人的认可，认可他的审美、能力和服务。因此，高品质民宿的塑造要更加重视民宿主人的价值。

1. 民宿主人的文化素养

民宿主人在建造民宿时，从无到有，从一草一木到一茶一饭，涵盖了对建筑的审美，对生活的审美，有文化的解读，有自身经历的思考，有人际关系处理的哲学。民宿主人对民宿的管理十分重要，这也是民宿区别于标准化住宿行业的根本。民宿没有套路式的仪式感，有的是真实体验，有的是家的温馨，这是民宿的真谛，也是人们追求民宿的缘起。例如，祁阳小金洞山隐舍民宿，石头矮墙，茅草顶的木质牌楼，原木色的民宿掩映在山水之间，乡土文化活泛其中，墙壁上苍劲有力的“山隐舍”透露出民宿主人的文化内涵。

民宿主人有激情，他们想将最好的知识、思想从社会的一端传播到社会的另一端；他们尽量去除知识的粗糙、难解、抽象的成分，要把知识人性化，使知识在小众之外仍有传播，让更多的人知晓和接纳。民宿主人和从事民宿的人各有文化背景，但却构成了文化集合体，文化的传播是潜在的，各种观念可以在这里进行交流、碰撞，从而洞察出社会发展的新趋势、新经验。看似安静的民宿实在是动态的文化存在。

2. 民宿主人的生活观

民宿提供的是一种生活方式的体验和一种生活态度，这是吸引客人的闪光点。民宿主人有情怀、有坚守、有热情，一家民宿就是代表着一位民宿主人的气质，他们的生活经历、品位喜好等都在传达着积极向上的生活情绪，在探究生活的意义。

民宿之所以能吸引客人，就在于民宿的生活，真正懂生活的人来到民俗感受不一样的生活气氛，体验不同的生活方式，提升自己的生活品质。来自不同行业的民宿主人，有设计师、画家、渔民等，他们用自己的生活阅历来解读生活的意义，平衡好“接地气”和“情怀”之间的关系，情怀是感性的，看起来无用，却能够治愈内心，是民宿得以存活的内驱力。

3. 民宿主人的审美品位

民宿主人是现实主义美学的坚守者，即坚持美就是生活的原则。这种美是真实的，从感官的直接到精神的理想，是人类能够体验的。民宿主人将真实的生活艺术化、精美化地呈现出来，有自然美和艺术美。从住客的目光所及之物到与主人的秉烛夜聊，从鸟语花香到粗茶淡饭，这里不仅有美的外形，更有美的内涵。民宿主人将对美的理解和品位融入民宿的点滴中，大到民居的外形设计、内部装潢，小到物品的摆放、花草的栽种。民宿主人以艺术的审美来解读大众文化空间，美化真实的生活，拉近艺术与生活的距离。美与生活的界限在这里是模糊的，不同的民宿主人会有不同的民宿，即“千宿不同面”。

4. 民宿主人的人际关系处理

自由主义者认为，快乐的根本在于当事人的自我感知，佛教文化认为快乐在于人们放弃了主观意念。但综合看来，快乐不仅在于物质条件的富裕，也在于人们被社群和家庭接纳，主观的要求与客观条件的匹配程度，即周围的人际关系对人感知快乐有着重要影响。因此，民宿要想与当地文化切实融合，民宿主人不仅要深谙当地文化风俗，经常与周围社区居民互动，还要承担相应的社会责任，更要注重情感沟通。

5. 民宿主人的服务理念

民宿主人的服务意识不是服务客人，是在接待远方归来的亲戚朋友，这是与酒店业服务理念上的根本不同。接地气的接待、周到的服务、主人的热情参与，会让入住的客人倍感亲切。因为，民宿客人不是仅仅为了住宿而住宿，他们在寻找心灵的共鸣、价值的认同以及被接纳的安全感，而这一切从踏进民宿的那一刻就开始了。

客人的到访是希望自己可以像朋友一样走进主人的生活，像在朋友家一样随意。踏进民宿，迎面送上自制的桂花糕、刚沏好的自产乌龙茶，家的气息扑面而来。坐在厅上聊上几句，让客人熟悉环境，然后再进入房间，而不是简单办理入住即可。离开时，不是忙着检查客房结账，而是站在门口与客人不舍离别。因此，在民宿里服务是亲切细腻的，情感的呼应大于程序和动作的表达。民宿主人通过服务将家的温暖传递给客人，打动客人心的不是表面的服务，而是服务背后对生活的执念。

此外，民宿主人的信息化素养对民宿的发展也具有十分重要的意义，尤其在共享经济快速发展的当下，缺乏信息化的支撑，民宿的发展动力将受到限制。①

二、民宿员工组建

民宿成本主要是租金和人力成本，如果可以把某些功能区域整合，让工作人员同时兼顾多种职责，那么在配备人员时，就能减少岗位设置，将员工整体利用起来，有效降低人员成本。民宿是服务行业，人性化的民宿服务需要人来提供，民宿里“人”的要素非常重要。“节约人力成本，开发人力资源，创造最大价值”是民宿经营必须考虑的问题。

员工是民宿的核心资源和重要生产力，员工的素质和水平直接影响民宿的经营。在组建民宿团队时，除了严格的招聘把关外，还需要注重员工的成长性，对员工进行培训和管理，一方面提高民宿的服务质量，另一方面也满足民宿员工对自身发展的需求，增强归属感。

不同档次和级别的民宿，员工的配比也是不一样的，通常高等级民宿人员与房间数的比例可以达到1:1，甚至多人为一间房提供服务，这样才能为宾客提供高品质的住宿服务。一般档次的民宿，民宿人员与房间数的配比一般可以达到1:2，如果民宿附近有餐饮场所，自身不提供餐饮或者提供简餐，那么对人员的需求会相应降低，需要民宿店主根据自身的定位和功能区设置，在运营中摸索适合民宿发展的员工配置数量。

1. 员工招聘

一旦民宿达到一定的发展规模，民宿经营者通常会有力不从心的情况发生，招聘员工就是势在必行了。招聘到真正有能力的人才是每个民宿经营者的心愿。

民宿一般是就近招聘当地人员。招聘当地的人员，可以有效帮助民宿解决用工难

① 资料来源：张季云. 民宿主在高品质民宿塑造中的价值研究［J］. 江西电力职业技术学院学报，2021，34（7）：165-166+168.

的问题，还能在一定程度上减少用工成本，降低员工流动率，同时促进当地就业，解决剩余劳动力，带动当地发展。民宿的发展也需要借助具备专业素养和情怀的人才，目前不少院校开设了民宿管理与运营、酒店管理等相关专业，这些院校也是很好的人才获取的渠道。

对于民宿经营者而言，要想在现有的基础上招聘到自己想要的人才，并且进一步打造成符合自身民宿条件的精良团队，需要做到以下几点。

（1）发挥民宿本身优势。首先要吸引到优质的员工以及专业性的人才，民宿本身的优势吸引力是必不可少的，民宿所在的地点、周边的设施、民宿本身的风格特色、针对人群等，这些都是能够吸引到真正有志之士前来的条件，相较于周边的其他民宿而言，自家民宿本身独有的特色和侧重出彩点，也是很重要的因素之一。

民宿经营者在进行团队建设和员工招聘之前，首先要做好自身民宿的建设经营工作，对民宿有一个明确的定位和未来的目标性方案，能够给员工足够的安全感和挑战性，同时根据当地针对民宿的各项政策及时调整，贯彻地方性文件的要求，让民宿有更好的基本条件，从而在未来能够有更好的发展。

（2）展现经营者人格魅力。民宿的员工和其他的公司招聘不同，不仅仅要求专业技术方面有足够胜任的能力。更加注重个人情感方面的培养。作为民宿的员工，本身也应该是一种民宿文化的体现，而非公事公办的处理各项事宜。

而民宿的灵魂是经营者所赋予的，也就是说民宿的文化基本是取决于经营者的想法和情感，那么对于民宿的员工而言，尽量在情感上和经营者达到契合，也是能够胜任工作的关键，我们称之为员工的共情能力。反过来说，从经营者的角度要寻找到适合民宿的员工，要有一个明确清晰的定位，用这样的方式来对员工进行筛选聘用，并且在日后的共事过程中耳濡目染，从而达到团队融合的目的。

（3）采用适当引荐渠道。很多时候，打算进行招聘的经营者，往往找不到正确的招聘渠道和方式，从而无法得知真正能够胜任工作的人才在哪里，造成“招聘难”的现象，下面主要介绍一下能够尝试发掘员工的渠道。

①线上渠道。线上渠道主要就是在各类招聘 App 上面发布招聘启事，这也是很多经营者普遍的选择，双方可以在网络上有一个初步的沟通再决定是否更进一步地交流。所以这一点要注意的就是 App 的选择，可以多做一些调研，感受一下当地对哪一种招聘 App 的热衷程度更高，当然也可以同时在多个 App 上发布，但要有所侧重，关于待遇、工作内容的介绍需尽量详细，民宿本身的内部情况也可以做一个大体的沟通，工作环境即民宿的照片也可以适当进行发布。

②线下渠道。其实如果是经验足够且人脉广的经营者，线下渠道的招聘会更加精准和优质，当然这也是相较于线上情况而言的。可以通过熟人介绍有类似经验的员工

进行应聘，省下很多线上初步沟通的时间，并且对所招聘人员有一个初步的真实了解，相较于线上招聘而言，在条件许可的情况下，初次进行员工招聘的经营者建议采取这种方式。

（4）提供学习发展机会。找工作是一个双向选择的过程，员工选择在民宿中工作，除了民宿以及工作本身的吸引力之外，其稳定性、发展性以及可学习性也显得尤为重要，对于民宿的员工而言，如果既能够完成必需的工作，还能够从工作中学习到足够的经验和技能，也是对自身发展的一种极大帮助。

所以很多员工在选择工作的过程中，也会考虑到工作对自身能力的提升。经营者不妨在介绍中多提及，并在日后的工作过程中多提供一些专业性技能的培训学习会，既能够为民宿员工增加专业性，也能够利用这样的学习机会吸引到更优质的员工，从而达到双赢的目的。

民宿想要更好地发展，团队的打造必不可少，在招聘初期便利用自身有利条件吸引合适的人才，也是为后期团队的融合进步打下良好的基础，从而给予民宿更好的发展机会，创造出更大的价值。

2. 团队组建

民宿需要构建一个专业的运营团队，去保障民宿的日常运营，保证对宾客的高质量服务。民宿运营非常看重团队建设，各岗位的工作设置及职责如表 3-3-1 所示。开民宿这个事，问题不在于“民宿适不适合做”而是“开民宿的那个人适不适合做民宿”，归根结底，民宿运营的状况在于民宿背后的人，民宿是否具备竞争力，在于民宿人是否具备竞争力。

表 3-3-1　民宿的工作岗位设置及职责

岗位	职责
民宿主 / 店长	民宿主是民宿的灵魂和核心竞争力，负责民宿的运营与管理
前台	为客人办理入住登记、结账离店等手续；接听电话、协调安排、行李寄存、安全管理等
管家	民宿团队中最重要且事务最繁杂的职位。负责客人抵店前、住店期间与离店时的全面接待工作，在基础工作流程之外为客人带来更大的惊喜和感动
清扫员	负责民宿房间及公共区域的保洁工作，包括床品更换、卫浴用品、杯具消毒、地面清洁、垃圾清理及其他细节整理等
厨师	若民宿为客人提供餐饮服务，厨师则主要为客人带来餐饮体验
司机	专车接送非自驾游客人点对点的服务，一般是民宿员工甚至老板兼任
导游	为客人量身定制旅游线路，体验不一样的当地风情，民宿老板、管家可兼任导游这一工作
客服	在 OTA 平台与客人进行初步沟通，确认订单后通过聊天的形式给客人介绍民宿的相关信息，要求有责任心和细心

3. 员工管理

民宿的服务品质取决于员工的服务，因此，民宿里的每一位服务人员都需要被充分挖掘和调动，展示他们的热情好客，激发他们的主观能动性，去创造流程之外的高品质服务。

实际的民宿运营中，人员的流动和培养管理都是经营的难题，个性化的从业者也应当有相应的管理和服务方法，不能一味地抄袭传统的酒店业，差异化经营的重点在于从业者。民宿在经营管理中需要认真思考，如何进行民宿员工的管理，才能保障员工持续地为宾客提供高标准的服务。

（1）对员工一视同仁。在民宿运营中不要被个人感情和其他关系所左右；不要在一个员工面前，把他与另一个员工相比较；也不要在分配任务和利益时有远近亲疏之分，对员工应一视同仁。

（2）为员工提供有尊严的生活。尊重是人类较高层次的需要，一旦人们感觉到自己是被重视、被尊重的，他们就会有一种积极向上的心理，工作热情也就格外高昂。

（3）制定合理的激励机制。合理的激励机制是民宿经营管理的重要保证，应建立合理的激励机制，调动员工的积极性去进行民宿产品的有效销售和高品质的服务。

（4）建立民宿的管理制度。民宿建立管理制度可以提高运营效率，如管家 / 店长日常工作规范、每个岗位的工作规范、清洁保养规程、对客接待服务规范、营销考核制度等。管理制度建立后，要根据实际运营经验，进行调整、改进，并认真执行，精细化的运营和管理是未来民宿发展的趋势。

任务二　民宿员工培养与管理

【任务描述】

任务内容	成果形式	完成单位
请为较偏远、交通可达性差一些的民宿提出一些切实可行的办法，解决招工难、离职率高的问题	文本	个人
假设你要筹建一家民宿，请为你要筹建的民宿制定人员工作安排表	PPT	小组

【相关知识】

一、民宿团队培养

民宿团队培养，要有完善的多维度的培训体系，标准化的实际操作流程，定期总结改进的机制，清晰的成长规划，以及公平合理且不断优化的回报方案，让每一位价值观相近的成员迅速融入，有章法、有干劲、有期待、有成就。

培训对于员工来说是一个学习提高的过程。加强对新入职的员工和在店员工的系列培训，根据不同的岗位来培训不同的内容。让员工在培训中不断更新知识，不断提升技能，同时提高员工发掘美感的能力、讲好故事的能力、跨界创意的能力等，可以提供令宾客满意的优质服务。员工培训也可以由店长或者请专业的培训老师来完成，对运营团队进行专业化和体系化的培训，打造一支懂经营、高素质的民宿经营管理团队。

1. 员工素质管理

民宿培训和酒店有很多差异，民宿的规章制度相对较少。但是无规矩不成方圆，民宿对员工还是要制定一些具体的规则来约束的。

（1）纪律行为方面。不贪小便宜，经得起诱惑，不与宾客发生争吵；工作期间禁止吸烟、酗酒；工作期间禁止擅自离开工作岗位，有事需请假；节约水电及易耗品的使用；遵守其他规则、制度等。

（2）礼仪行为方面。仪容仪表方面：应做到穿着干净整洁，面部保持干净；女生不能化浓妆；不得穿拖鞋、背心上班。行为举止方面：见到宾客应主动打招呼问好；对宾客提问应做到有问必答，不能简单回答不知道；不能和宾客抢道，见到宾客应主动让道；对待有生理缺陷或行为举止古怪的宾客，不可评头论足；尊重个人隐私等。

2. 员工技能培训

如果民宿在服务接待上出现了比较大的问题，如卫生细节不到位、服务态度不端正、餐饮不卫生，宾客可能就不会再次光临，可能还会告诉身边的亲朋好友该民宿的负面信息，同时也会通过网上评论等方式传播。因此，包括民宿主人、民宿管家、服务人员、厨师等在内的所有员工都应掌握民宿所需的各种服务技能。

（1）一般技能培训。只有员工不断提高技能水平，才能保障民宿的健康持续发展。通过培训，让员工掌握民宿经营和管理中所需的技能，不但能提高民宿产品的质量，也能帮助员工实现自我成长。

让员工熟悉 OTA、房态管理网站等操作，例如，熟悉掌握 OTA 后台价格修改方法、开关房态等；掌握收集和完善宾客信息，并进行宾客维护的流程；培养员工掌握营销推广平台的使用方法及掌握推广策略，了解微信公众号、头条号注册使用的流程，学会H5页面的制作、公众号文章的排版和撰写，学会一些拍照技巧以及能与宾客互动的技能等。

（2）服务技能培训。服务培训是系统的培训，需要对服务意识、服务理念、服务技巧等内容进行全面培训。还有其他诸如订单信息登记流程、入住办理流程、行李寄存流程的培训。例如，面对民宿清洁保养工作，不少员工会根据自己在家打扫卫生的习惯进行，对清洁保养的质量标准没有正确的认识，容易忽视操作规范、忽视细节，进而产生很多问题，如抹尘细节不到位、物品摆放不规范、抹布使用不正确、用品洗消保存不达标等。因此，非常有必要对员工进行培训指导，使他们树立正确的清洁保养意识，了解清洁保养的基本知识，掌握清洁保养的流程与操作技巧，并能根据宾客的需求为其提供个性化、定制化及有创新的服务。当然，培训应讲究培训师、培训内容、培训方式、培训时机、培训模式等的选择，注重培训效果的考核等。

（3）话术沟通培训。话术培训有利于员工和宾客进行有效的沟通，避免产生歧义，提高销售水平，在遇到问题时，也有助于协商解决问题，避免造成不必要的麻烦。沟通是一门学问，来源于经验积累，遇到问题时，要学会怎样和宾客进行有效沟通。例如，如何婉拒宾客的不合理要求，在拒绝宾客的同时又能够让宾客理解，并且不会生气，这就需要组织一套合理的语言，通过场景模拟，使员工遇到类似问题时可以灵活应对。

提前针对不同场景问题，准备相应的话术。民宿可以提前准备些和宾客相关的问答术，搜集宾客常问的问题，对这些常见的问题先进行整理归类，然后针对性地准备话术，如网络预订、客房房型和价格、客房设施设备、周边旅游资源等。分类后，对这些问答深入剖析和挖掘，并撰写出合乎情理的回答，做成一份基础的模板，并在此基础上，根据新情况进行灵活调整。通过与宾客的交流，观察宾客的语言、行为，判断宾客的心理活动，向宾客介绍房间及回答宾客提出的相关问题，同时，话术的组织要注意逻辑、语言顺序、语气等。

3. 设备设施操作培训

新员工入职时，需要掌握店内各种设备使用方法。当店内或者客房内设施设备出现问题时，能够及时解决和处理。如刷卡的POS机、发票打印机、复印传真一体机、验钞机、对讲机等设备；客房内的智能电视、淋浴、空调、地暖等设备；电控、灯控、水控系统及消防设备等。

4. 突发事件应对培训

民宿在经营过程中，可能会遇到各种突发事件。如果出现突发事件，员工在第一时间内没能够正确处理，可能会造成人员的伤亡、经济的损失，一旦遇到人员的伤亡，对于民宿而言是毁灭性的打击。多数民宿的员工是没有遇到过突发事件的，经验的缺乏会导致遇到突发事件时出现慌张、不知所措的现象。在处理方法上，不够合理完善，造成及系列后遗问题。

突发事件处理培训可以从 4 个方面着手:（1）针对各种突发事件做好应急预案，如停电、火灾、宾客突发急病、发生盗窃等，提前收集和准备应急预案。（2）有效进行员工培训和演练，民宿可选择在淡季或者入住率低的时间，对员工进行培训，对各种应急预案进行演练。（3）发生问题时，在第一时间正确处理，把损失降到最低。（4）定期对案件的处理流程、细节进行分析总结，及时修订完善应急预案。例如，在模拟火灾时，拨打火警电话如何精准地把火灾地点、火灾情况说清楚。

5. 文化知识培训

民宿是呈现当地生活状态和本土文化氛围的场所，具有鲜明的地域特色或者少数民族文化等，如厦门的闽南文化，大理的白族文化，丽江的纳西族文化，凤凰古城的土家族、苗族文化，香格里拉的藏族文化等。民宿是有温度的，在民宿工作的人也应该具有这样的特性，员工除了应该具备岗位所需的专业技能外，还需要了解所在民宿的设计理念以及文化底蕴，让员工也拥有民宿主的情怀。

此外，民宿还要注意开展增加团队凝聚力和归属感的团建活动，这是培养员工关系、增强团队意识的重要途径。

二、民宿日常劳动力安排

1. 预测工作量

民宿淡旺季特征明显，尤其是乡村民宿，双休日、节假日往往一房难求，工作日客情较淡，因此需要预测客房出租率与工作量，确定所需要的员工数，做到客情忙时事事有人做，闲时人人有事做。

2. 淡旺季人员合理安排

由于淡旺季客流量的差别，对应则是淡旺季工作量的差别，尤其体现在客房打扫卫生人员数量上，要灵活安排人员。如旺季所有员工没有特殊情况停止休息，工作日采取补休制度。同时可以通过兼职形式来招聘清扫客房的人员或者义工。下面以浙江某民宿为例说明民宿员工劳动量安排：

（1）员工编制。共有 12 间房间、1 间杂货间，配有 9 名员工，其中 1 名管家，8 名员工，全部是当地的村民。

（2）班次安排。平时 2 人早班，2 人中班，2 人夜班，1 人休息，管家负责整体协调工作（正常班），1 人负责杂货间（正常班），双休日客情较好时，安排早班 3 人。其中，早班：上午 6：30—下午 4：00；中班：下午 1：00—晚上 10：00；夜班：晚上

10：00—次日上午 6：30。

（3）工作职责。员工基本是多面手，日常工作职责如下：

①引领客人从村口到客栈。

②前台入住、退房、预订服务，饮料、咖啡服务。

③客房、厨房、餐厅、庭院等公共区域清扫。

④做早餐并负责提供早餐服务。

⑤采购每天的菜品原料（管家负责）。

⑥负责餐具洗涤、抹布洗涤。

3. 采用小组作业制

民宿许多工作尤其是客房清扫工作、搬运布草等工作，劳动强度较大，既可以采用各人单干的形式，也可以采用两人一组的形式进行。采用两人小组的工作方式，不仅可以提高员工的工作效率，还利于降低劳动强度、增加员工工作安全系数。

三、民宿工作人员行为准则

在民宿运营过程中，品质把控十分重要。它不仅影响客人对民宿的体验感受，也会影响在店从业者的服务标准和态度。因此，在民宿日常经营中，首先要做到对工作人员的管控，以确保每日工作布置和安排都能落实到人，并及时处理工作中发生的问题，促进各部门配合，加强检查，提高服务意识。

民宿主、店长、管家以及各岗位从业者，应当建立健全的管理例会机制，加强对各岗位工作人员工作进度的把控，提高工作效率；制定完备的考勤管理制度，做到有优则赏、有错则罚，切实将“责、权、利”落实到人。管理例会机制和考勤管理制度，都是从人的主观能动性的角度出发，充分调动人的积极性和使命感。为了确保民宿工作健康有序地进行，工作人员需要遵守以下几点基本行为准则。

（1）遵守法度。遵守国家的政策、法律、法规和本民宿制定的规章制度。

（2）关心民宿。关心民宿的经营和管理情况，积极提出改进意见和看法。

（3）服从指挥。积极、高效、优质地完成本职工作，热情帮助其他工作人员。

（4）严明纪律。不迟到，不早退，不办私事，不做有损民宿形象的事情。

（5）重视仪表。保持仪表仪容的整洁干净，着装得体大方，女士可化淡妆。

（6）尊敬客人。用敬语，带微笑，积极热情，尊重客人的风俗礼仪，态度谦逊有礼。

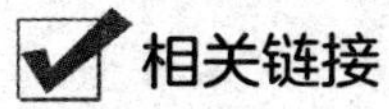

民宿各岗位职责

1. 店长岗位职责

（1）全面主持店面的管理工作，拟定及配合总部的各项营销策略的实施。

（2）执行、下达民宿内各项任务，并做好巡查监督工作。

（3）做好民宿内人员的分工管理工作。

（4）监督消耗品的供货、消耗、补货，做好进货验收、商品陈列、商品质量和服务质量管理等有关作业。

（5）监督民宿商品损耗管理，把握商品损耗尺度，控制成本。

（6）掌握民宿各种设备的维护保养知识。

（7）监督民宿内外的清洁卫生，负责保卫、防火等作业管理。

（8）妥善处理顾客投诉和服务工作中所发生的各种矛盾。

（9）负责对员工的培训教育。

2. 民宿管家岗位职责

（1）为客人提供接待、入离店手续办理房间预订、解答问询等。

（2）服务掌握民宿实时房态，合理进行流量控制，做到收益最大化，并处理需要特殊安排的订房。

（3）负责所属客人在店期间的饮食、住宿以及其他需求。

（4）周期性轮岗，负责日常各岗位的标准化管理。

（5）能在日常工作中体现出一种生活方式，引导客人并形成良性互动。

（6）负责组织、执行店内的各类体验式服务和活动。

（7）负责客户关系的后期维护。

3. 客房服务员岗位职责

（1）遵守民宿的各项规章制度和服务规范。

（2）按标准要求负责清扫整理客房和楼层相关区域，为客人提供干净安全的客房环境，满足客人的服务需求。

（3）按标准操作流程和规定使用的清洁工具整理清。打扫客房，及时补充客人所需的各类物品，及时向管家通报入住退房时间、客用消耗品库存情况、维修情况。

（4）做好交接班工作，交清房态，交清当班事项，负责客人遗留物品的登记、保管和上交，不得私自扣留。

（5）做好设施设备的日常保养，发现设施设备的故障和损坏，及时汇报店长。正确掌握客房各类电器的使用方法，为客人提供需求。

（6）树立安全防范意识，发现可疑的人和事，立即报告。熟知民宿“突发事件应急预案”，出现紧急情况按规定要求处理。

（资料来源：民宿各岗位职责［EB/OL］. https://www.renrendoc.com/paper/118940669.html）

模块四

民宿营销：酒香也怕巷子深

【导言】

民宿是情怀和商业结合的产物。作为一种产品，它需要被民宿经营者营销推广出去。没有盈利的民宿无法长远走下去，实现盈利靠的是营销推广，通过营销推广才能提高民宿的知名度，让更多的人看到，才会有更多的人来体验。

客源是民宿赖以生存的关键，如何获客，需要有一套好的营销方式和推广手段。酒香也怕巷子深，搭建好营销渠道和推广策略，民宿才能走进人们的视野，才有可能获得更多的客源。

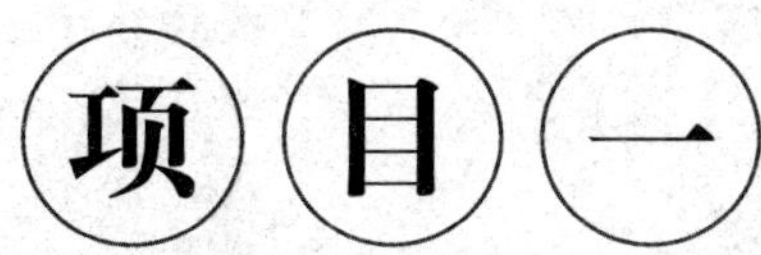

项目一 民宿品牌营销推广

【项目引入】

民宿品牌是指民宿企业或民宿主人以民宿消费者为中心，在主客交流的长期互动过程中塑造出的具有个性特色、品质保障、情感体验、符号识别性强的功能特征、传递出人文情怀、家庭氛围的物质载体，用于与消费者建立牢固的情感联系，并能赋予产品或服务附加值的特殊资产，是民宿提供产品与服务的综合标识。树立民宿品牌是营销环节的第一步，也是最重要的环节，随后才能制定相应的推广策略。

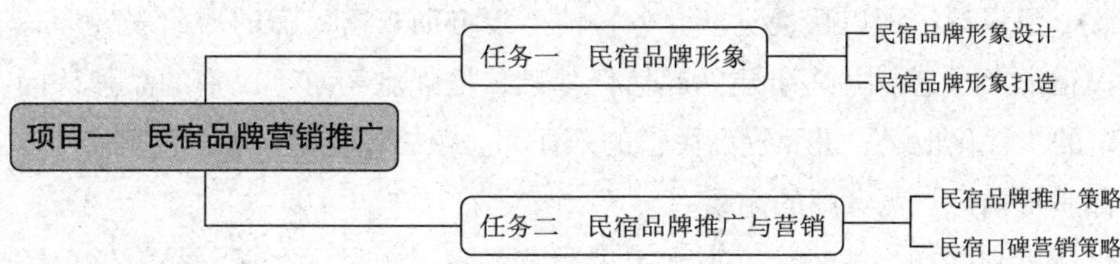

【学习目标】

知识目标：

- 掌握民宿品牌形象设计的内容
- 掌握口碑营销的策略

能力目标：

- 能够进行民宿品牌包装设计
- 会打造民宿品牌形象

任务一　民宿品牌形象

【任务描述】

任务内容	成果形式	完成单位
搜集整理 2~3 家全国甲级民宿品牌形象相关资料，并分享展示	文本	个人
假设你要筹建一家民宿，请为其设计民宿品牌形象，并分享其内涵	PPT 展示	小组

【相关知识】

一、民宿品牌形象设计

品牌作为民宿的形象代表，向旅客传递着民宿的文化、价值观、个性特色、个性化服务、硬件设施等，由此在旅客心中产生综合形象，拉近了民宿与旅客之间的距离，使其变得“熟悉”，以建立起民宿良好的形象。

1. 品牌形象设计的目的

很多民宿主人面临着定位失准、品牌形象模糊的困难，为更好地吸引客源，提升民宿的经济效益，民宿品牌形象塑造的重要性也就凸显了出来。

品牌形象设计，可以从视觉、服务、情感等方面丰富民宿的形象表现形式，消除旅客对民宿的陌生感，并逐步建立起信任基础，增强旅客对于民宿的品牌认同，强化对于民宿的个性化记忆，进而提高民宿的入住率，最终建立起民宿的品牌。

2. 品牌形象设计需考虑的因素

在民宿策划之初，就要给民宿确定主题及要吸引的目标客群，是学生，还是背包客，是家庭出游，还是独自旅行……结合民宿的主题和吸引的消费群体，并满足不同消费需求，以及目标客群的审美偏好，进行民宿品牌的设计和打造。

3. 品牌 logo 的设计

logo 能有效地传递民宿的定位信息、形象信息。在制作 logo 时，设计风格以简洁为佳，不要烦琐，让旅客在短时间内就能看清楚，便于记忆。要让旅客尽快熟悉，最好能够叫出名字来，尽快消除陌生感并产生信任感，建立旅客对民宿的印象并接受其形象，增强品牌的影响力和竞争力，以获得更多的市场份额。

4. 民宿品牌形象的基础要素系统

民宿不同于酒店，民宿主人开门迎接旅客，尽量给人一种家的感觉，所以，品牌形象设计要贴近产品和旅客，强调家的温馨和人情味。

（1）标准色彩：根据民宿的特色选择，不要太花哨，做到视觉上的简洁与一目了然最好。

（2）标准字体：民宿属于旅游产品，字体设计可根据品牌的设计风格及目标消费群体的审美喜好，或现代、或文艺、或质朴，注意中文、英文标准字体和标志的设计风格保持统一。

（3）广告语：最好是简单易记、朗朗上口的，以强化品牌形象的识别度。

5. 民宿的系列包装设计

当旅客接受了品牌形象，接下来就是预订和到场体验，对于旅客来说，熟悉民宿形象不等于熟悉民宿，需要入住导视，这个导视与旅客认知的品牌形象要一致，这就需要包装。

（1）旅客前往民宿时，民宿需要提供明确的导航地址，帮助旅客快速找到民宿。进入民宿以后，内部的环境及物品识别、提示牌设计与指引，能帮助旅客逐渐熟悉陌生的环境。

（2）民宿使用的洗浴用品、床上用品、毛巾浴袍，民宿提供早餐的餐券等，上面都要标上品牌。

（3）名片、信封、信纸、各种票据、留言条等统一设计，当旅客使用这些东西的时候，通过触觉和视觉，加深品牌印象，增加旅客对品牌形象的好感。

6. 民宿的营销系统设计

形象设计的目的是增强民宿与消费者情感的连接，增强消费者对于品牌的认同。

（1）设计一个民宿周边游的小册子，供客人在当地游玩时参考，既可以让客人多住几日，也宣传了品牌。

（2）民宿售卖当地的土特产品、纪念品，为客人带点回去给家人、朋友提供方便，对于商品的包装，不仅是销售的需要，也是客人对民宿的一份记忆。

（3）海报、招贴设计，要有连贯性，视觉形象要统一，这些设计可以用于自媒体、微信等社交化传播。

二、民宿品牌形象打造

品牌打造伴随着民宿从策划到落地，再到运营管理、营销和服务的全过程。

1. 起一个能注册商标的名字

要让自己的品牌深入人心，首先要有一个好的品牌名字。品牌不仅仅是为方便旅客辨识、记忆和传播，更重要的品牌是民宿的无形资产。它传递出品牌的主要信息和特征，不仅要承载创始人的精神和理念，还要有高度的概括性，以便日后管理理念变化后依然适用。建议在命名的时候，去“国家知识产权局商标局”的网站上查询一下，并注册成商标。

2. 打造品牌特色与风格

品牌能够反映出民宿的风格与特色、民宿主人的气质与修养，品牌的意境决定了民宿的体验感，也是形成民宿品牌的关键。

3. 打造品牌文化

民宿品牌需要文化的注入，可以结合地域文化、主人情趣、特色服务等打造一个有故事、有场景的民宿，一个没有故事、没有人文的民宿，是没有生命力的。一个品牌真正能打动消费者的往往是其背后的故事。

品牌文化是在民宿经营中逐渐打造而成的，是一个积淀的过程，也是旅客逐步形成的认知与共识，代表着一种价值观、一种品位、一种格调和一种生活方式。经营者要对民宿的长期发展有规划，要清楚当前区域市场业态及竞争者，每一阶段怎么运作，这是品牌决胜的关键，也是品牌的魅力所在。

4. 打造品牌体验感

即使投资巨大，装修材料很高档，品牌设计一流，若旅客的体验感不好，民宿的品牌也还是做不起来。因此，体验感才是民宿品牌的核心。

对于民宿的体验感，应当以故事 + 视觉场景，创造出富有体验和想象的空间，把某个方面的体验做到极致，提供的产品及服务令旅客满意，旅客愿意沉浸其中，享受度假生活和闲暇时光，并自愿转发分享自己的体验感受。因此，店家说好没有用，旅客说好并乐于为此付费才是真的好。

5. 品牌的传播

互联网时代，大媒体渠道正在被小众的自媒体取代，只要你的内容够好，智能推送一定能让更多的人看到。民宿主人在做好线下推广的同时，还要做好线上推广，通过自媒体平台，持续输出优质的内容，创造更多曝光机会，使品牌内容累积在互联网中并形成传播。

6. 打造品牌价值

民宿从选址、策划、规划、设计、环评等营建过程中，就在创造品牌价值。而经营期间，运营模式、运营技巧、团队、工作及服务流程等可以将品牌价值最大化。经过时间的积累沉淀，经过市场及用户的考验，品牌价值不断累积，品牌的价值才会被更多人发现。

任务二　民宿品牌推广与营销

【任务描述】

任务内容	成果形式	完成单位
搜集整理民宿在口碑营销方面的典型案例，并分享展示	文本	个人
假设你要筹建一家民宿，结合品牌形象设计一套民宿产品营销方案（包括客房、餐饮、伴手礼等）	PPT 展示	小组

【相关知识】

一、民宿品牌推广策略

目前来说，住客在选择时都会优先选择品牌住宿，毕竟品牌代表着质量与信任，而品牌推广对品牌的知名度提升有很大的帮助，对于民宿来说，品牌推广策略主要有以下几种。

1. 精准定位客群，围绕用户需求打造产品

思考我们的客人是谁，客人的需求是什么，从而帮助民宿主人定位自己的品牌标签，设计、打造满足用户需求的产品和服务。

2. 真实记录地域文化，零成本做好品牌营销

当民宿有了一个满足需求的好产品后需要让大家知道它，将自己的品牌传播出去，吸引媒体的主动曝光。把当地的真实生活记录下来，使之成为人们感兴趣的故事，人们就会因为故事来追寻故事的源头。

3. 通过“产品延伸”，增加用户复购率

通过分享不同的美好生活场景，组织不同的休闲、聚会、聚餐、集市、团建等活动，并提供餐饮、咖啡、酒水等服务，让客人在不同时间来都能有不一样的体验和收获。

伴随着旅游消费市场持续扩容，消费者对高品质、有特色的旅行产品需求越来越旺盛。而来自流量的、经营的压力，使得民宿的品牌化、连锁化运营开始成为产业新趋势。

二、民宿口碑营销策略

1. 口碑营销的重要性

口碑是民宿的无形资产，其重要度甚至高于所有的营销手段。做好口碑就是要做好消费者的服务和体验。服务的要点是在每一处细节都体现出用心，体验的重点是满足消费者对民宿的期望和需求。口碑传播带来的客人成本要比 OTA 平台上客人成本低得多。口碑传播需要一个时间积累，短时间内很难奏效，但是当积累到一定程度的时候，口碑就会呈爆发式传播扩散。

2. 民宿口碑建设路径

口碑营销是民宿营销成本最低、效果最好的宣传方法，通过口碑推荐的客人很容易成为民宿的下一位口碑传播者。当今社会，人人皆可成为传播者，在某种程度上，口碑传播就相当于一个微型自媒体平台。如何让民宿拥有好口碑？独特的景观、优质的设备、特色的餐饮、热心的房东、贴心的服务等都可以赢得口碑。

除了民宿本身，思路清晰的运营策划及方案都有益于口碑建设。口碑建设主要从以下几方面开展：

（1）满意的员工提供满意的服务。有了满意的员工才有满意的顾客。一线员工和客户接触最多，也最了解客户的需求，员工的服务态度、服务知识、服务技能会直接影响客户的满意度。因此，要想让客户满意，产生良好的口碑，就要先让员工满意、充满幸福感。

（2）发挥传播领袖的影响力。在社会化媒体时代，如果一个社交媒体拥有巨大粉丝量，那么它就有着巨大的影响力。因此，民宿经营者要充分利用本地名人和全国名人资源，让其在个人社交媒体发声。尤其是旅游达人、娱乐明星之类的意见领袖，可以邀请他们前来休闲度假，并让其在微博、微信上分享一些照片或感受，如此简单的动作，再加以包装推广，可以省掉上百万元的代言费。如果条件允许，还可以请一些旅游达人和本地“大 V”前来体验并提出一些建议增加他们的参与感。当他们的建议被采纳实施的时候，他们有可能会积极主动地为民宿做推广。

（3）营造拍照场景。在民宿合适的场地刻意设计适合拍照的地方，设计独特的象征性装饰，让顾客能产生一种形象识别记忆，在民宿内部及周边的一些有着独特标识的地方都应特意设置拍照的背景，甚至可以安排两三个员工在旁边帮忙拍照。

（4）提供超出预期的服务。只有超出客人预期，给予客人惊喜和感动，客人才会愿意主动分享。目前，打造完美的民宿可能不太现实，但是从某方面打造极致体验，则会换来客人分享的意愿。一方面，要求民宿主人不要夸大宣传，运用处理过度的照片；另一方面，可以在宣传时刻意保留一两个细节，等待客人主动发现。

（5）关注网络口碑。好的口碑容易传播，不好的口碑传播力度更大。因此，需要专人负责留意社交媒体的声音。众所周知，一个不好的口碑将会影响几十个顾客，但在网络时代，一个“大V”的负面评价可能会导致一个项目的破产。在极为重视个人维权和诉求的今天，应重视网络舆情。

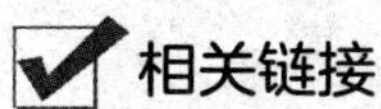

民宿活动营销

民宿作为生活场景的载体，其定义就是要通过不断更新与持续的活动，持续地调动消费者的兴趣点和积极性。而消费者的特性是喜新厌旧，如果没有持续新颖的东西，就不会持续地让消费者产生消费的冲动。因此，持续的活动是民宿日常运营中最需要考虑的问题，民宿需要有一整套完善成熟的活动体系来应对新老顾客。

持续的活动其实也是一种营销手段，持续的活动可以有效而迅速地提升民宿的知名度和品牌影响力。简单来说，活动营销就是围绕活动本身而展开的营销手段。以活动为载体，使民宿获得品牌的提升或销量的增长。对于消费者来说，富有兴趣的活动能够充分调动消费者的传播兴趣和分享意识。

1. 民宿活动营销的意义

（1）提升民宿的品牌影响力。好的活动营销不仅能够吸引消费者的注意力，还能够传递出品牌的核心价值，进而提升品牌影响力。那么，如何让品牌的核心价值为消费者所认同呢？关键就是要将品牌核心价值融入活动营销的主题里，让消费者接触活动营销的同时，自然而然地受到品牌核心价值的感染，并引起消费者的情感共鸣，进而提升品牌的影响力。

（2）提升消费者的忠诚度。活动营销是专为消费者互动参与打造的。活动能够激励消费者参与，并引起大众的关注。产品和品牌形象只有深度影响了消费者，才能够提升消费者对品牌的美誉度，进而提升消费者的忠诚度。

（3）吸引媒体的关注度。活动营销是近年来国内外十分流行的一种公关传播与市场推广手段。它集新闻效应、广告效应、公共关系、形象传播、客户关系于一体，并为新产品推介、品牌展示创造机会，为建立品牌识别和品牌定位提供帮助，是一种快速提升品牌知名度与美誉度的营销手段。20 世纪 90 年代后期，互联网的飞速发展给活动营销带来了巨大契机。通过网络，一个事件或者一个话题可以被轻松地传播，并引起人们的关注，成功的活动营销案例开始大量出现。

2. 民宿活动营销的形式

民宿需要结合自身特质及在地化元素来制订活动策划，然后挑选 1~2 个项目作为民宿的固定活动，具体地点可以选在民宿的公共区域或生活场景中。活动必须与简易设施配合，以提高民宿本体特色。这些简易设施应定期增加或更换。除本体建筑场地以外，活动地点还可以延伸到民宿周边及乡村区域，提高乡村整体活力。可以设置如下活动场景。

（1）农事体验活动。根据乡村农耕情况，让消费者通过采摘、耕种、收获等活动，让消费者感受在城市中体会不到的农村生活氛围，并可以间接提高当地人的收入。

（2）农耕项目体验。可以与当地农民配合，租赁部分农业用地，出租给消费者，让消费者从播种开始就全身心投入进来，所耕种的作物归消费者自己所有。

（3）原生态户外出行。探索民宿周边环境，寻找可开发的旅游线路，有组织地设计户外出行线路，对整村旅游资源进行有效开发。

（4）手工作坊活动。与当地手工业者沟通并合作，策划消费者手工体验活动，增强民宿对消费者的吸引力，提高手工业者的收入。

（5）挖掘周边旅游资源、景点环境。设立与民宿配套的游玩景区线路，结合户外出行配套，打造定制化旅游线路图。

（6）技能交换课堂。可不定期邀请手工大咖及创意设计达人，对入住的消费者进行技能经验分享，教消费者相应技能，以提升消费者对民宿的体验好感度。

（7）企业团建承接。可以承接城市中各企业的团建活动，通过提供自由化发挥的场地空间，让企业人员在民宿环境中充分释放，互相加深了解，并增进情感，从而完成团建任务。

（8）游学研学基地。可适当承接学校、社会团体等举办的活动，针对游学体验、户外锻炼等活动定制不同类型的游学产品，多方面提升民宿的品牌影响力。

总之，民宿是个载体，需要更多场景功能展示，可以是在地化的、针对消费者的、具有体验意义的展示。

3. 民宿活动营销的策略

（1）细分市场，为平日消费开辟门路。针对不同人群的不同需求，挖掘不同的契合点，从而针对性地推送配套活动内容。通常节假日期间，不便对人群进行界定。而在非节假日期间，中小学生和白领有户外交流学习的需求，老年人和大学生也有团建的需求。

（2）找准切入点，摆脱季节限制。对民宿而言，一年四季都可以大做文章。春季花草生长，夏季避暑小酌，秋季收获作物，冬季休闲娱乐。春秋两季是最好的旅游观光时节，可以设置更多户外出行活动。冬季则可发挥季节特性，打造“温泉、冰雪节、庙会、温室”等主题性活动，以提高消费者的出行兴趣。

（3）紧跟节假日，选定推陈出新频率。选定推陈出新频率，是保障民宿活动生命力的必要举措。活动幅度不一定大，但力度一定要够。推陈出新的概念其实非常广泛，大到新开主题区域，小到增设活动空间等。

（4）设置会员体系，推送会员内容。会员体系的作用在于维护忠诚用户。会员具有新品活动的优先参与权和体验权。会员体系的实质是让消费者发挥主人公意识，积极地参与民宿的日常建设，积极地提出意见等。

（5）提升服务品质，打造服务品牌。淡季做品牌，单从营销方面着手是远远不够的。在一线员工及基层管理人员轮换充足的情况下，可以更多地开展企业培训，提高员工自身水准，以提升服务品质和运营能力。无论是淡季还是旺季，运营总体思路其实就是旺季做爆款、淡季挖亮点，通过整合实现资源的高效利用，从而实现品牌与利润的双创收。

（6）利用跨界元素，多维度推广品牌。当今，跨界是很多优秀行业惯用的手段，好的跨界活动能够极大化地提升品牌影响力。一个民宿如果在本行业的知名度达到前20%，属于小有成就，如果在其他行业中的知名度也能达到前20%，就是成功。互联网时代，在分享经济主导的市场格局下，越来越多的产品、业态都在积极地进行跨界合作，民宿业态当然也可以寻求一种更好的模式，有效地传播民宿品牌。

（资料来源：民宿产品［EB/OL］.https://www.docin.com/p-2418436701.html）

民宿线上平台营销推广

【项目引入】

随着互联网的发展，线上平台已经成为最简单、直接、有效的营销渠道，也是民宿营销渠道中性价比比较高的选择，值得民宿主人选择。

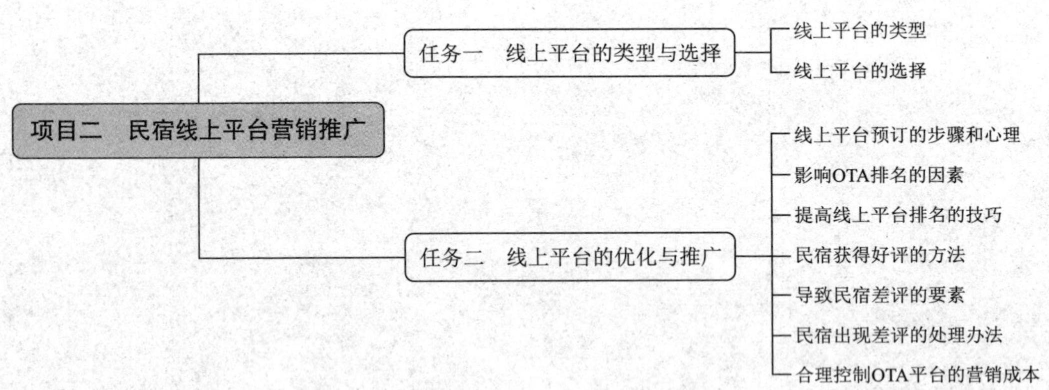

【学习目标】

知识目标：

- 熟悉常见的民宿 OTA 平台和短租平台
- 掌握线上平台优化与推广的策略

能力目标：

- 能够结合民宿自身特色选择合适的线上平台并进行运营推广
- 能够及时有效地处理线上平台的差评

任务一　线上平台的类型与选择

【任务描述】

任务内容	成果形式	完成单位
查询 2~3 个线上平台销量和口碑位列前 10 名的民宿，甄选 1~2 家整理并分析其价格、特色文案及图片	PPT 展示	小组
假设你要筹建一家民宿，请结合民宿特色分别选择 1 家 OTA 平台和短租平台，登录注册并分析所选线上平台的特色和优势	文本	个人

【相关知识】

一、线上平台的类型

线上平台主要分为 OTA 平台和短租平台两大类。

1. OTA 平台

OTA 即为 Online Travel Agency 的缩写，中文译为在线旅行社，又被称为第三方售卖平台，即在线酒店、旅游、票务等预订系统平台的统称。OTA 既是连接民宿与住客的平台桥梁，也是民宿本身的一种宣传渠道。

目前，国内的 OTA 主要有携程系（携程、去哪儿、同程旅行等）、美团点评系（美团、大众点评）以及飞猪系。还有一些其他平台，如驴妈妈、途牛、马蜂窝等。国外的 OTA 主要有 Booking.com（缤客）、Agoda（安可达）、Expedia、Airbnb、Priceline 等，如图 4-2-1 所示。

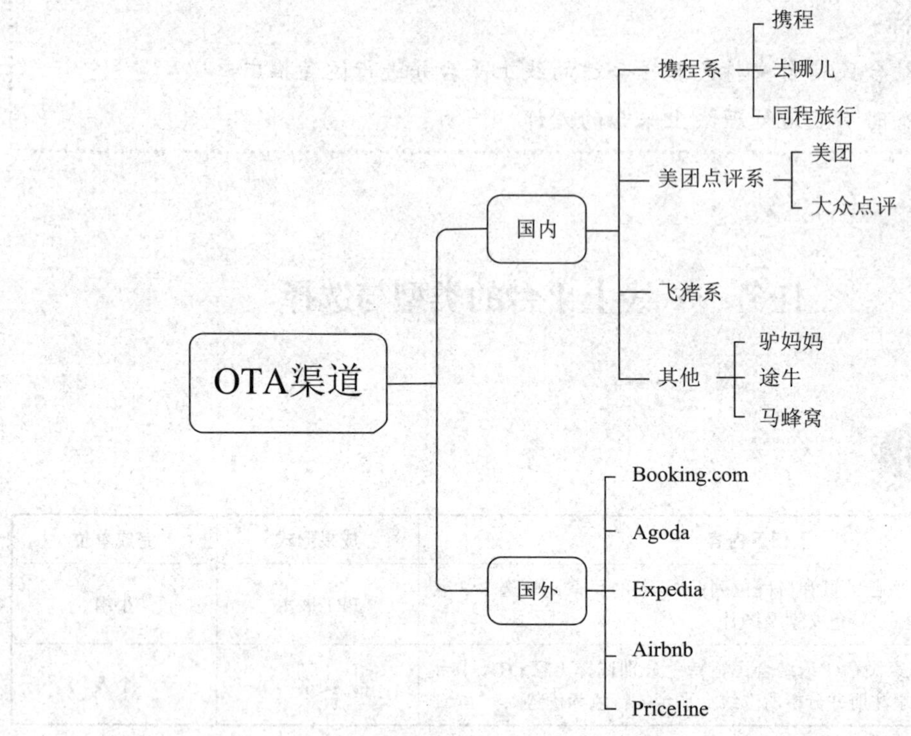

图 4-2-1　主要的 OTA 渠道

（1）OTA 盈利模式。OTA 大多以佣金模式盈利，不同的 OTA 在佣金的比例方面也有所不同。佣金的定义就是 OTA 每帮你售卖出一个间夜，就会按照一定的比例抽取这个佣金。由此可以看出，OTA 给你售卖的间夜越多，你给 OTA 的佣金就越多，从而你的运营成本也越多，所以我们要尽可能地控制 OTA 的售卖间夜量，从而实现运营成本的控制。

（2）OTA 的费用支付方式。基本上所有 OTA 对于客人的支付方式分为两种：预付和现付。这两种付款方式主要决定于价格的区别、客人预订的习惯，以及不同促销方式的呈现。

预付的定义是在客人预订酒店之后，实际入住之前就已经将费用支付给 OTA，此种支付方式一般情况呈现的价格会比现付低，并且取消订单的概率也会比现付低（特别是有的酒店的预付价格是不可取消的）。

现付的定义是客人在预订房间时并不需要支付房费，或者只是通过信用卡担保，在实际到店办理入住的时候才会支付酒店费用。

对于刚刚开业的民宿来说，在没有任何稳定的自身预订、宣传渠道的时候，注册 OTA 将会让更多的潜在住客在短时间内看到并选择。毕竟对于成熟、大牌的 OTA，他们所拥有的住客量要远远大于刚开业的民宿主的自身渠道，而且可以利用 OTA 在开业初期通过一些高质量的网评来建立品牌的口碑。

2. 短租平台

短租是伴随协同消费模式的兴起而出现的一种新兴的房屋租赁形式，是一种主要房源集中在旅游热点地区，无法找到长期固定的租客，短期租客需求旺盛的情况下发展起来的新兴业务。主要的短租平台如图 4-2-2 所示。

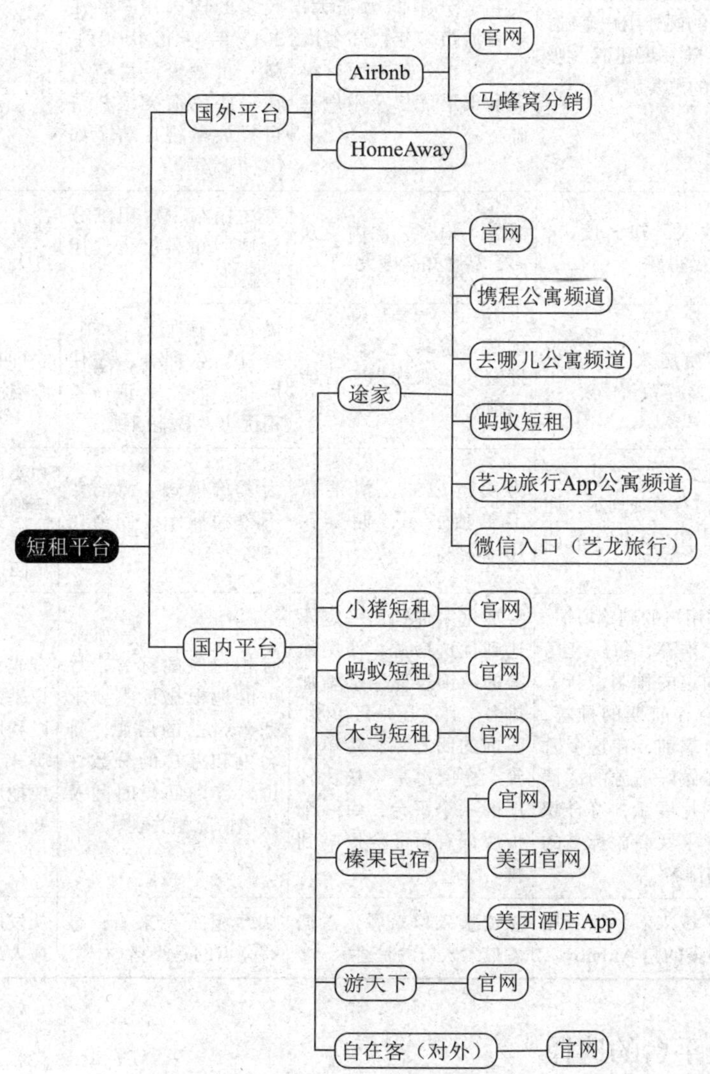

图 4-2-2 主要的短租平台

从目前市场占比和影响力来说，主要的短租渠道有 Airbnb、途家、小猪短租、榛果民宿等，各平台的介绍如表 4-2-1 所示。

表 4-2-1 主要短租平台介绍

对比项	Airbnb	途家	小猪短租	榛果民宿
简介	中文名爱彼迎，目前是全球第一大民宿预订平台，拥有很好的国外用户基础，目前在大陆发展迅猛，吸引了大量的忠实用户	国内的老牌短租预订平台，收购了携程、去哪儿公寓渠道、蚂蚁短租、大鱼，分销能力强大，耕耘城市多年，知名度较高。在公寓方面有很强的渠道优势及用户基础	2012 年正式上线的短租预订平台，模式与 Airbnb 类似，因前期广告打得较多，拥有较多的国内用户。在 2017 年年底获得了新一批融资，目前有在一些民宿类综艺节目投放电视广告（如《三个院子》）	2017 年开始投放市场的美团旗下短租预订平台，除自身 App 外，拥有美团开放的多个流量入口。目前在快速扩张中，App 及后台功能都在不断完善优化
特点	用户基数大，知名度大，算法推荐做得好	流量入口多，国内受众多，品牌知名度大	专注民宿、短租细分领域，知名度大，用户黏性大	背靠美团，活动促销力度大，营销创新能力强
认证标签	闪订、超赞房东、家庭出游、商旅差游	优选、验真、实拍、免押金、连住优惠、智能门锁	优品、速订、实拍、验真、免押金、先住后付、商旅认证、长租优惠、智能门锁	立即确认、连住优惠、今夜特价
收费方式	为底价模式（后台录入价格），清洁费单独列示，佣金总费用为（底价 + 清洁费）3%	为卖价模式，清洁费不单独展示，佣金在 10%~15%	为卖价模式，清洁费不单独展示，佣金在 10%	为卖价模式，清洁费不单独展示，以前是双向收费，目前已经调整为单向，向房东收取 10%
排名规则	根据不同用户的浏览习惯，数据做出推荐，每一套房源没有固定的排名，新上的房源会有前期的推荐，排名相对靠前，在这个阶段一定要做好房源的详情描述及图片展示，符合超赞房东要求及商旅标签的可以提高排名	参加途家促销，一定要达到优选房源，使用途家的门锁及保洁会增加排名，其次还是订单量、咨询的回复率、接单率等。途家也是考核比较严的一个平台，每一个板块都有可能会影响到排名	有相对应的标签，尽可能地根据标签要求完善自己的房源，排名也和客户的分数评价、咨询回复时间及接单情况相关联	有非常多的美团用户客户基数，活动较多，可以利用精选、活动折扣等来提升排名，一定要把房源的闪订功能打开，流量会提高不少
综合对比	从细分领域来看，拥有用户基数最多的是 Airbnb	从流量入口来看，占据着最多入口的是途家	从短租平台来看，最有亮点的是小猪	从发展速度来看，进步最大的是榛果

二、线上平台的选择

民宿为非标住宿，类型更多样，拥有度假公寓、服务公寓、民宿客栈、度假别墅、农家住宿、房车、帐篷房等各种类型民宿住宿产品，因此找准适合自己民宿定位的平台上架是第一步，切忌多而滥。民宿经营者应根据民宿的特点与平台的契合度来选择适合民宿上线的预订平台。

当然，更适合不代表只能上线短租平台或者 OTA 渠道，而是要确定自家民宿需要以哪类平台为主营销渠道，另外的渠道只能作为补充。OTA 渠道与短租平台的区别如表 4-2-2 所示。

表 4-2-2 OTA 渠道与短租平台的区别

区别	OTA	短租平台
内涵	旅游消费者通过网络向旅游服务提供商预订旅游产品或服务，并通过网上支付或者线下付费，即各旅游主体可以通过网络进行产品营销或产品销售的地方	为房东及房客提供线上交易预订服务，通过独立运营的线下团队或与中介代理合作，对线下房源进行搜集整理，并为消费者提供房屋搜索及交易担保服务，平台通过房租佣金或广告费模式盈利
渠道	侧重于民宿整体；侧重于民宿体验；侧重于推广民宿整体品牌价值	侧重于房源本身；侧重于房东特色；侧重于打造房东主个人价值
房源呈现形式	多以品牌门店的形式呈现，以多库存（支持同房型几间房同时售卖）方式售卖，且不支持咨询对话窗口	多以单房源形式售卖，除途家支持门店搜索和多库存外，大都以单库存（只有一间库存）的形式售卖，支持咨询对话窗口
重点关注	主要解决多库存售卖问题，以门店品牌形式推广售卖，更关注品牌价值	主要解决单房源售卖问题，以房东与房源特色形式推广售卖，更关注房东特色
适用民宿类型	房源集中型城市民宿与分散出租型乡村民宿	房源分散型城市民宿与整套出租型乡村民宿

任务二 线上平台的优化与推广

【任务描述】

任务内容	成果形式	完成单位
假设你要筹建一家民宿，请结合民宿特色分别选择 1 家 OTA 平台和短租平台，并在相应平台上进行营销推广	PPT 展示	小组
收集整理 5 条针对不同问题的民宿差评的经典回复话术	PPT 展示	小组

【相关知识】

一、线上平台预订的步骤和心理

一般情况下，住客在预订住宿房间之前，会先确定要出行的目的地国家及城市。比如，以旅行为主要目的的出行，住客会先查看机票，然后根据机票不同日期呈现的不同价格来选择适合出行的时间段，在确定好机票的日期后才会去线上平台选择民宿酒店。具体步骤如图 4-2-3 所示。

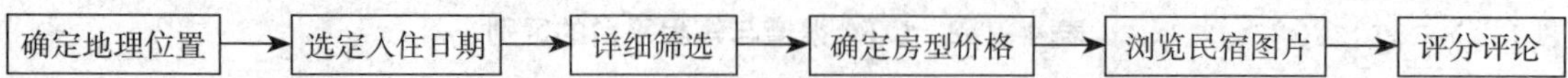

图 4-2-3　线上平台预订的步骤

1. 确定地理位置

当客人在线上平台预订民宿时，第一要素一定是城市和区域的选择。客人一般会通过地标性建筑所在区域去选择住宿。比如，当游客选择北京的时候，通常会优先选择著名的故宫或王府井区域的酒店，或者靠近中心城区地铁站的区域，而商务客人一定是选择距离办公地点近的地方。所以，地理位置是决定你的民宿是否能被搜索到的关键第一步。

2. 选定入住日期

确定好位置以后就会输入想要入住的日期，如果在客人入住的时间段内的某一天你没有空余的房间了，就会导致你可能错过一部分客人。所以，在控制线上平台后台时一定要严谨，确保达到 100% 或以上的出租率再选择关闭售卖。

3. 详细筛选

客人会根据期望的住宿类型或者自己的喜好挑选一些特色的民宿进行进一步筛选。线上平台可以根据设施设备、地理位置、民宿星级评分等详细情况进行细化筛选。

4. 确定房型价格

有些客人是只看可接受的价格范围内的，有些是宁愿贵一点也想选择适合自己心意的，民宿创建的房型及价格的设置的精髓体现在此。这个阶段如果民宿有一些特惠房型或者低价房就会有更大概率被客人看到。一般来讲，线上平台在列表中只会显示此民宿的最低房型价格。

5. 浏览民宿图片

客人选择完相应价格后就会再次缩小选择范围，这时客人会进一步更细微地进行比较，会从民宿提供的官方图片、公共区域、房间内部细节来选择。因此，图片的拍摄就很重要了，建议民宿经营者在拍摄官方照片时，在实事求是的情况下不要吝啬成本。

6. 评分评论

当客人基本锁定几个民宿的选择范围之后，那么最后的决定权就在评分和评论方面了，如民宿的总体评分、细节评分、性价比、评论数量等。客人在浏览评论的时候基本上是在观察评论中的差评。

经过以上几个步骤之后，客人就会最终选择一家最合心意的民宿了。

二、影响 OTA 排名的因素

互联网时代“流量为王”。在 OTA 行业，民宿的运营同样需要高频次的曝光，而影响民宿曝光至关重要的因素当数在 OTA 平台上的排名。消费者在 OTA 平台选购民宿时，先看到谁，就有可能选择谁，可谓“得排名者得天下”。而想在预订平台上获取更大的曝光和推广，就需要清楚 OTA 平台的规则方法。一般来讲，影响民宿在 OTA 平台展现的因素如表 4-2-3 所示。

表 4-2-3　影响 OTA 排名的因素

销量	同一时期，销量越多的民宿产品，就有更大的概率排在前面
点评	入住客人对民宿产品的点评非常重要，直接决定民宿排名的先后。点评主要包括点评数量、点评分数及点评质量三部分，点评数量越多、分数越高、优质点评越多，越有利于排名的上升
确认率	确认订单数的占比，确认率越高，排名位置就会越靠前
优质商家	获得相应优质商家头衔，如携程的金牌商家，是会给予更多前排展示的
信息完善程度	民宿信息填写得越完善，越会有靠前排名的机会。民宿信息内容主要包括：房型信息、基本信息（名字、区域位置、地址、简介、所属品牌、星级、客房数量、开业信息等）、设施信息、图片信息（外观房型、营业执照等信息）
佣金比例	佣金越高，排名越靠前
活动参与度	类似促销、团购等活动的频繁程度，相应起到部分影响作用；活动参与度越高，越有利于排名提升。各 OTA 平台会不定期推出各种促销营销活动，民宿经营者要根据自身情况积极参与
保留房数量	预订平台需要留存保留房，通过此类方式提高预订率及排名；如某天满房零库存，排名自然在商圈就跌落置底
拒单率	拒单率过高，不仅会受到平台的惩罚，而且会被减少展示机会

三、提高线上平台排名的技巧

对民宿而言，线上平台的排名、评分、点评等因素对民宿有着重大的影响。住客会因为一条好评入住一家民宿，也会因为一条差评放弃这家民宿。携程数据显示，携程点评分与转化率相关系数高达 95%，也就意味着点评分越高，进入民宿页面的下单率越高。要想点评分做得好，民宿经营者可以从以下几方面入手。

1. 详细记录住客信息

这是至关重要的一步，也是提升好评极其重要的一步，详细记录住客手机号码、入住房间、有无特殊喜好等，有了这些信息，民宿经营者就掌握了请客人好评的主动权。

2. 提升入住体验

（1）快速办理入住。对于客人而言，若到店先要休息，前台需要快速办理客人入住，最好提供免押金服务，以免客人办理入住、退房时间过长，引起情绪不适，导致差评。民宿经营者可提前准备水果、小食品等，最好能手写欢迎卡片，手写字体可提升客人的好感度。同时，在此送上一份民宿周围的详细经典线路图或商场购物地图等来提升客人对民宿的好感度。

（2）行李搬运服务。一般住宿客人会带有行李，行李员或服务员应主动接过客人行李，送至房间，在此期间必须礼貌、恭敬，针对客人提出的问题应主动回答。

（3）妥善房间安排。在安排客人入住的时候一定不要安排有缺陷的房间。对于客人反馈的问题，一定要第一时间妥善处理，同时对提出问题的客人进行标注、跟进，事后需要通过电话、微信等方式表达关怀。

（4）做好离店服务。客人离店时，需要主动询问客人的入住体验，如客人反馈民宿体验不好，可通过询问帮客人解决困惑，需要给出合理解释方案，主动道歉等；客人情绪过低时，需要安抚，客人气消了，有可能就不再给出差评了；如客人的入住体验不错，届时可以提出让客人给予好评。

比如："张先生您好！既然您的入住体验非常不错，能否把您的入住体验分享给更多的客户，帮我们在网上做一个五星好评，同时也是对我们辛勤服务的一个奖励。非常感谢！"

另外，民宿经营者可提前为客人准备当地特产、纪念品等，可在这些小物件上印上本店的二维码等（小礼物可提醒客人给予好评也可以增加二次营销机会）。

3. 离店后回访住客

客人离店后，民宿经营者可以根据预留的电话号码主动询问客人的入住体验，当客人感受良好，对产品、服务都十分满意时，可以向客人征求好评。对于客人体验感不好，则可以向客人表达歉意。

4. 处理好特殊事件

客人入住民宿时偶尔会有不舒服、物品损坏等偶然某件发生，这就需要民宿经营者提前做好应急预案。比如，需要备一些感冒药，当客人偶有感冒时可用，客人病情比较严重时，需要陪同客人到附近医院治疗，同时打电话给客人的家属，以防突发事件发生；对于民宿物品损坏，可酌情免去客人赔偿。总之，预案准备越详细越好，更加有利于提高客人的入住体验。

5. 提高民宿评分

民宿评分决定预订流量。客人在做民宿预订选择对比时，评分高低起着决定性的作用，有的甚至会因为高评分而放弃性价比最合适的选择。民宿评分可以影响房价的提高。当评分达到每一个不同阶段和高度的区间时，将决定着民宿房价是否可以突破极限峰值。民宿评分影响口碑名誉。高评分的保持对于民宿的声誉尤为重要，这证明民宿管理团队和民宿主对于服务的严谨性和态度。

OTA 平台对于民宿的评分是根据广大住客分别给予评分的平均值计算出来的，不同的OTA 的评分细节也不同，如携程网的评分由环境、设施、服务和卫生四部分构成，而途家网的评分由整洁、管理服务、交通位置、设施装修等组成。民宿经营者应利用评分细节提高民宿评分，并根据细节分高于或低于总评分来进行民宿细节的整改。

6. 做好评论管理

互联网时代，网络评论对民宿经营至关重要，评论数量及综合分数是一家民宿在销售平台上排名的一项重要权重，同时也是潜在客人预订时的一个重要参考要素。做好评论维护（评论积累、评论回复）对于提高预订转化率来说太重要了。

在线评论作为平台、房东和潜在消费者的隐形桥梁，为潜在消费者传递出大量有价值的信息，辅助购买决策。环球网 2016 年调查报告显示，6% 的在线评论可影响将近 50% 的消费决策。90% 的消费者表示购买产品前会浏览在线评论，近半数消费者购买决策依靠评论信息。可以看出，在线评论信息已经成为影响消费者购买决策的主要因素。同时，在线评论还能为平台及房东提供公开、优质的反馈信息。

从客人的角度看，民宿的整体水平（硬件及软件层面）和客人的心理预期是相关联的。民宿的整体水平高于客人的心里预期，获得好评概率高。民宿的整体水平低于客人的心里预期，获得差评概率高。民宿的整体水平持平客人的心里预期，获得中评概率高。

对于好评，应做好评价引导，对于差评，应恰当回复、个性化回复。点评回复也是民宿的二次营销，可推荐给客人其他房型、民宿的特色等。点评回复不是单单出于礼貌，更是民宿对于差评的解释、好评的推销，是给没有入住本店的客人一个介绍。

民宿经营者在平台上要做到以下几个方面工作：

（1）信息准确，与实际相符。民宿在网络平台上传递的文字信息要准确，与实际情况相符合，切忌无中生有。比如，本来不提供停车位，结果在网络平台上发布提供停车位服务的信息。客人自驾到来后发现没有停车位，肯定会不高兴。还有很多民宿由于种种原因不提供发票，而在网络平台上没有写明。有的客人在消费完后索要发票，结果民宿拿不出发票，可能导致一些纠纷。

（2）图片信息尽量符合民宿的实际情况。民宿在上传照片时都会对照片进行一系列的优化，但一定要确保真实性，不做虚假宣传。

（3）地理位置信息要精确。民宿在地图上标注的信息一定要精确。在没有接送的情况下，客人往往会根据地图信息来找具体位置。如果地图信息有一些差错，客人很难找到或者走了很长冤枉路，那么会影响客人的心情，从而造成对民宿的误判。

（4）一些特殊信息要写明。如每个房间只能住两个大人，房间不提供加床服务、房间不允许携带宠物等。

四、民宿获得好评的方法

获得好评的方法有很多，最直接的就是提醒客人写好评。第一种是间接暗示法，在房间里放些小纸条。如“如果您觉得满意，记得给我们一个好评哦”。这是一种暗示法，提醒客人不要忘记写评论。第二种就是直接提示法，在客人入住或离店时，民宿工作人员提示客人如果写好评，就会享受一些实惠。比如，只要写一个好评，就会有礼物或者优惠券相赠。这种方法直接有效，在民宿初期时值得提倡，但终归不是长久之计。太过刻意很可能适得其反，容易引起客人反感。因此，最好不提醒客人去写评论，让客人主动去写好评、主动做推广，这才是最高境界。想要做到这种，那么就要做到民宿整体水平超出客人的心理预期。

1. 提供优质、个性化服务

民宿是一种服务行业，应主动、及时、细心提供服务，让客人获得尊崇感。从时间上来说，民宿提供的服务包括三个时间点：客人预订前后，客人入住期间，客人离店后。但是很多民宿提供的服务只是客人入住期间这一阶段，有时候连这一阶段的服务都提供不好。在消费者差异化服务方面，实行更加个性化的服务。

2. 完善基础设施

保证热水、网络、隔音、卫生、硬件设施等完好。对于一些不能改变的硬件设施，如民宿所处的地理位置比较偏远，那么要提前把线路发给客人而不是让客人自己找，或者派人出去接客人，这样在一定程度上可以弥补民宿地理位置造成的缺陷。

在房源质量上，着重改善民宿的卫生条件，及时维护或更新设施设备，提升民宿整体功能性，注重选址的综合优越性是关键。特别是在新冠肺炎疫情背景下，更应注重公共卫生、安全防疫，完善监管机制，重拾消费者信心。

3. 满足住客心理预期

客人的心理预期包括两个方面：民宿住宿预期，民宿住宿外的预期。客人之所以选择住民宿而不是住酒店，是因为客人更想通过住民宿来体验不一样的东西。比如，在民宿结交有趣的朋友，在民宿体验当地民俗风情、听听民宿主人的故事及建立民宿的初衷等。民宿只有充分满足了客人的心理预期，客人后续才可能给出好评。

4.“刺激”客人写评论

并不是每一个客人都会去写评论。客人去写评论往往受到情绪影响。情绪高亢会写好的评论，情绪低落会写差评。如果是情绪比较平稳，客人一般不会积极去写评论。

情绪高亢指的是客人很兴奋、受到感动等产生的情绪。情绪低落是客人心里很压抑，在离店的时候这种情绪并没有消失。

客人离店时，送客人一份小小的礼物，哪怕送给客人一瓶水。这种小价值的东西往往能够产生大价值。客人离店后，要继续和客人保持联系。比如，打个电话或者在微信上问候客人是否安全到达。这两种方法能够有效地刺激客人，让客人感受到民宿的温度。这时客人的情绪就被调动起来了，写好评甚至是主动去发朋友圈或者微博去宣传都是自然而然的事情。

5. 合理降低客人的心理预期

要把一些困难提前说给客人，让客人心里有所了解，降低期望值。例如，客人晚上想出去玩，让民宿主人帮忙找辆车。但是由于各种原因，这个时间段的车辆很少。应在答复客人的时候，先把这个时段找车的困难提出来，降低客人的心理预期。接着说　定会尽力帮客人找到。最后经过努力，帮客人找到了车。这个时候，客人的心理预期先降后升，对民宿主人会很感激。

6. 给客人安全感

客人来到一个陌生的地方，安全感不足，民宿要给予客人一种安全感，如对客人讲“出去玩遇到事情就给我们打电话”“不要拘束，把这里当作你们远方的家”，这时候就拉近了客人和民宿的感情。

五、导致民宿差评的要素

十个好评或许才能够吸引一个客人，而一个差评就可能损失十个客人。所以民宿经营过程中，要尽量避免客人差评。要想避免差评，首先要找出可能导致差评的要素，只有提前把这些要素发生率降到最低，才能够把获得差评的风险降到最低。以下这些要素最容易导致客人的差评。

1. 房间卫生

具体包括：①被褥上面有污渍毛发；②墙角有蜘蛛网；③房间里面有虫蚁、蟑螂等；④卫生间马桶上有污渍。

2. 房间基础设施

导致差评概率较高的三个因素：热水、网络、隔音。热水方面的主要问题有：没热水，热水出水速度慢、热水水流小等。网络方面的主要问题有：上网速度慢或者网络时有时无。隔音方面的主要问题有：隔音差，客栈民宿外面吵闹或者客栈民宿里面吵闹，导致客人不能够很好地休息。

3. 民宿经营者或者工作人员服务

服务不及时、服务不主动、没有服务、服务态度差这四种情况在服务上最容易导致差评。服务是一个放大器，服务做得好，客栈民宿优点被无限放大。服务做得差，客栈民宿缺点就会被无限放大。在评论中，服务往往是最能增分或者是最能减分的一项。

4. 房间硬件设施

房间硬件设施陈旧或者有破损，这两种情况很容易导致差评的产生。

5. 客栈民宿周边配套

客栈民宿周边配套少，不能给客人提供便利。如餐饮、交通、购物、娱乐等周边配套缺乏。

6. 客栈民宿地理位置

地理位置偏远、地图标注信息不精确导致导航错误。

六、民宿出现差评的处理办法

首先要正确看待差评，出现差评是一件合理的事情。由于个体差异化明显，没有哪家民宿能够百分百让每一个客人满意。出现差评，要思考分析为什么会出现差评，哪些方面出现了问题，接下来怎样去弥补等问题。

1. 学会合理解释、做差评营销

民宿的评论答复不仅仅是答复评论的客人，更重要的是写给潜在预订客人看。潜在预订客人更关心的是差评答复，很多客人在挑选民宿时，往往不会看好评，而是去看差评。如果店家的答复不能够使客人满意，不能够让潜在客人看到答复后站在自己这边，那么就会降低潜在客人预订转化率。

2. 积极联系客人、好好沟通

对客人不满意的地方，表示歉意，并进行一定形式补偿。如客人再次入住，可以让客人低价入住店里最好的房间。只要店家诚意够足，态度诚恳，客人会被感染的。

3. 对不合实际的差评进行申诉

对于一些恶意差评和不符合实际情况的差评，民宿可以进行申诉，申诉成功后，可以除去差评。

在答复时切忌以下几种答复方式：答复太官方，每一条评论都一样；遇到差评，不去反思自己的问题，一味指责客人不对；和客人发生争吵，脏话连篇。

七、合理控制OTA平台的营销成本

成本控制是成本管理的重要环节，也是民宿日常运营中最基本的环节。通常民宿在营销过程中，销售渠道狭窄，过度依赖OTA平台，而OTA对民宿收取的平均佣金为15%，这对单体量民宿而言，是一个不小的负担。民宿可以通过以下方法来减少对

OTA 平台的依赖，控制销售成本。

（1）拓宽销售渠道，减少对 OTA 平台的依赖，降低佣金成本。如提升服务、提升客人入住体验感，从而通过客人的口碑宣传，增加客人的来源渠道。

（2）根据淡旺季客人流量，适当地进行房态操作。如旅游黄金周期间，由于线上线下客人流量巨大，如果民宿有 15 间客房，则可以拿一部分在 OTA 平台上销售，一部分在线下销售，全部线下销售也不妥，因为会影响到民宿与 OTA 平台合作及排名情况。

（3）加强网络影响推广，加大直销平台客人来源。

（4）把 OTA 平台线上客人转化为线下客人。

（5）通过话题营销、事件传播等软文形式进行推广。与硬广告相比，软文似追求的是一种春风化雨、润物无声的传播效果。

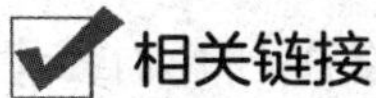

民宿点评回复话术

答复客人评论实质上是民宿和客人进行的互动。客人的每一条评论最好都有答复，并且答复要迅速响应。答复不要太官方机械化，要根据评论内容进行针对性答复。以下点评回复可供参考。

感谢亲选择在咱家住宿，非常开心您把信任交给我们，我们悠然行走在美丽的世界里。让自己跨越的姿势优雅而蹁跹。岁月的山峦积淀着沧桑，生命的泉水涤荡着澄澈，心灵的花草弥散着芳香……阳光如此温暖！祝您每一天都有好心情。

愿我是您一路寻找的那一份向往，是您三岁时的那颗麦芽糖，五岁时的那本故事书，七岁时的那只小花猫，十岁时的那朵丁香花……感谢你我的相遇，感谢亲的一路支持，您的信任是我们不断努力前进的动力，为您服务也是我们最荣幸的事情。希望我们还有机会相逢，带给您不同寻常的体验。

简单的日子就像一杯芳香的茶，越品就会越有味，优质的宝贝都会在时间的验证下证明它独特的价值。相信我们家的民宿不会让您失望，期待您的再次光临！

青春的美丽与珍贵，就在于它的无邪与无瑕，在于它的可遇而不可求，在于它的永不重回。祝您旅途愉快，期待您的再次光临！

岁月永远年轻，我们慢慢老去，您会发现，童心未泯是一件值得骄傲的事情。永远保持一颗纯真的心看这个喧闹的世界，我们会永远陪伴着您——期待您的再次光临，祝您生活幸福，万事如意。

谢谢亲的支持哦！您这般夸赞，我们视如珍宝，字字牢记心间。肯定的话语总会让我们所有的坚持有了意义。欢迎您的再次光临哦，祝您生活愉快！

亲，谢谢您的大力支持和对我们工作的认可！正因为有亲这样的老顾客支持，我们才能走得更远，走得长久！也希望亲能一直支持我们，我们也一定会不断努力，给您带来更好的入住体验和服务！期待您的再度光临！祝您生活愉快！

我始终相信，石头会开花，星星会说话，穿过夏天的木栅栏和冬天的风雪，您终会抵达。因为有了您的支持，我们的世界就变得不一样了。一切都有了值得去努力的动力，期待您再次光临！

相遇既是缘分，正如您和我们的不期而遇，应该是前世的五百次回眸才换来的吧，要不然在茫茫网海中您怎能发现我们，并愿意在我家住宿呢，于我们而言，能够跟您相伴将是我们莫大的荣幸！

能让您满意，是我们的荣幸，也期待您的下次光顾，相信每一次都会是不同的美好体验，在此祝您生活愉快哦！

感谢您对我们的支持与厚爱，您的满意就是我们最大的动力，谢谢您对我们的肯定。我们会继续努力的。也请亲多多支持，多多关注哦，期待您的再次光临！

如果说人生是一首优美的乐曲，那么时尚则是其中一个不可缺少的音符；如果说人生是一望无际的大海，那么美丽则是一个骤然翻起的浪花；如果说人生是湛蓝的天空，那么旅游则是一朵飘浮的白云。期待与您再次相遇，真心地祝福您青春永驻，心想事成！

对快乐，我们有着共同的追求，遇上您，是缘分，也是意料之中，感谢您这么美还给我这么暖心的评价，我相信您此次旅行很愉快，才会有您这么美好的话语，只愿经年之后，还您一份简约的经典！

（资料来源：根据网络资料整理）

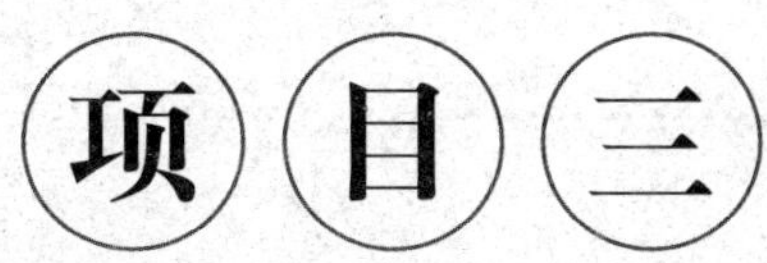

民宿自媒体平台营销推广

【项目引入】

网络时代，随着自媒体的兴起，传统媒体不再居于主流地位。而自媒体的特点是大众化，人人都可以成为媒体传播者，人人也都可以成为网红，都可以打造爆款。众多民宿也借着自媒体的东风，一跃成为网红，被大众所熟知。在自媒体时代，不论是民宿，还是民宿经营者，都是一个独具个性的IP，而IP的特性就是容易传播，容易获得认同。媒体平民化使得最基础的业态也能拥有自我发声的平台和渠道，民宿搭建自媒体不仅能够先声夺人，也能够有效留住客户。

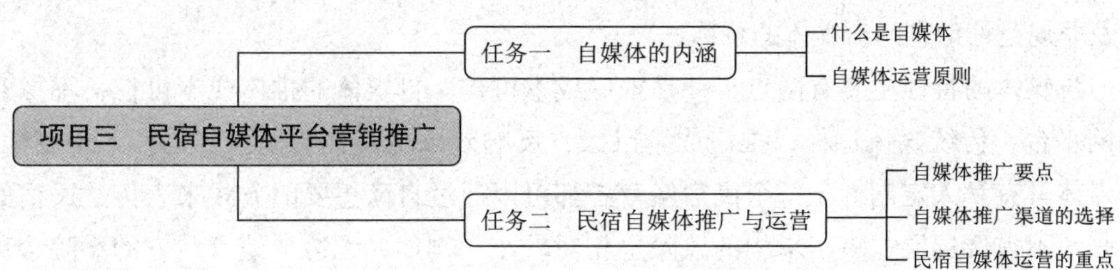

【学习目标】

知识目标：

- 了解自媒体
- 掌握自媒体推广的要点
- 掌握民宿自媒体运营的重点

能力目标：

- 能够运用自媒体进行民宿的营销推广
- 会结合民宿特色撰写营销推文

任务一　自媒体的内涵

【任务描述】

任务内容	成果形式	完成单位
调查粉丝在百万以上的民宿自媒体平台及相应的建设情况	文本	个人
假设你要筹建一家民宿，请为你的民宿搭建至少 2 个自媒体平台	文本	小组

【相关知识】

一、什么是自媒体

自媒体是指普通大众通过网络等途径向外发布他们本身的事实和新闻的传播方式。“自媒体”，英文为“We Media”。是普通大众经由数字科技与全球知识体系相连之后，一种提供与分享他们本身的事实和新闻的途径。是私人化、平民化、普泛化、自主化的传播者，以现代化、电子化的手段，向不特定的大多数或者特定的单个人传递规范性及非规范性信息的新媒体的总称。

自媒体的特性主要有两点：一是推广成本可控。自媒体的推广成本可控，不像互联网平台、传统媒体那样，推广成本巨大，反响效果也不甚明了。二是私人定制性。自媒体具有私人定制性，每个民宿经营者都可以通过自己想要的方式来表传达民宿的主张，不需要层层过审，承担的风险也相对较小。例如，无边泳池、北方的小院、莫干山民宿等的兴起都与自媒体有关。民宿可搭建的媒体架构如表 4-3-1 所示。

表 4-3-1　民宿媒体架构

民宿可搭建的媒体构架	
微信平台	公众号、个人号、微信群、微信广告资源
微博平台	企业官微、微博广告资源
问答平台	知乎、豆瓣、果壳、百度问答、360 问答

续表

民宿可搭建的媒体构架	
百科平台	百度百科、360 百科、互动百科
直播平台	快手、映客、花椒、一直播
视频平台	抖音、美拍、秒拍、优酷、小红书
音频平台	喜马拉雅、蜻蜓 FM、荔枝蜻蜓 FM
自媒体平台	头条号、一点号、凤凰号、网易号、搜狐自媒体
论坛平台	百度贴吧、民宿论坛等

二、自媒体运营原则

在自媒体运营中，要遵循以下原则。

1. 多样性

自媒体平台类型众多且不断推陈出新，面对多样化的自媒体形式，需要保持对新媒体的敏感度，勇于探索尝试，一旦有新的自媒体平台出现，就应积极响应加入其中。

2. 真实性

在通过自媒体平台发布信息时要力求准确，与网友沟通时要客观真诚，面对网友质疑时要实事求是。

3. 趣味性

内容的真实并不影响在自媒体平台上体现一定的趣味性，包括发布趣味性的内容和策划趣味性的活动。

4. 持续性

自媒体的本质是媒体，需要获得越来越多的媒体受众。自媒体用户的增长不可能一蹴而就，只能依靠高质量且持续更新的内容，依靠不断组织的有创意的活动，才能不断积累，获得用户的稳定增长，保持自媒体影响力不断扩大。

任务二　民宿自媒体推广与运营

【任务描述】

任务内容	成果形式	完成单位
针对民宿的家庭亲子客源撰写一篇推文	文本	个人
选择 1~2 个自媒体平台，设计民宿营销推广脚本，并录制拍摄一个短视频，对民宿进行营销推广	视频	小组

【相关知识】

一、自媒体推广要点

都说自媒体建设是民宿经营者逃离 OTA 高额佣金“绑架”的有力途径，那么在人人皆是媒体人的自媒体时代，如何运营民宿自媒体呢？

1. 内容创作的原则

自媒体推广内容创作需遵循以下三个原则：

（1）持续性原则。保持固定时间内一定数量的更新，如一个月更新 5 篇，并且能持续下去。很多民宿的微信公众号，一打开历史消息，最新的一篇文章还是以前很久的，这样就很难产生价值。

（2）有价值原则。内容能够给用户传递价值，有用、有趣、好玩都是价值体现，有价值的内容才能让用户转载收藏，从而形成更大的传播量。

（3）原创原则。内容尽量做到原创，原创是最好的宣传，各大平台对原创内容的保护力度在加大。通过复制粘贴，在几分钟就能搞定一篇文章的时代就要结束了。坚持写原创文章，同时可以获得自媒体平台原创保护标识，内容信服力会上升。

2. 内容载体的选择

常见的内容载体有文字、图片（照片、漫画、表情包）、音频、视频、图集、投票、链接、HS 页面（HTMLS 前端技术设计的页面）等。相对来说，纯文字的内容显然很难让用户读完一篇完整的文章，而图集、短视频、H5 页面等内容载体会让用户更感兴趣，在上面停留时间也相对较长。因此，在内容搭配上，民宿经营者应尽可能选取用户感兴趣的内容载体。

3. 内容的写作

民宿经营者做自媒体营销推广，可以从以下 5 个方面入手。

（1）与旅游相关的内容。因为民宿基本位于热门旅游目的地或者文化气息浓郁的乡村，其目标客户就是准备旅游或者有旅游计划的人群。因此，内容可以围绕旅游攻略来写，包括交通、气候、吃喝玩乐，这种内容最容易被读者收藏。或者介绍盘点当地的美食、美景、民俗风情等，这样的内容比较容易形成持续性。

（2）和住宿有关的内容。比如，盘点某地最美的 10 家客栈、最适合情侣入住的 5 家美宿、最适合亲子入住的 5 家民宿等，把自家的店嵌入进去。

（3）与民宿主人有关的故事。民宿主人是一家民宿的灵魂，通过对主人故事的阐述引起共鸣，如为什么放弃城市优越工作跑去做客栈。这样的内容可能不会持续，只可发布几次。

（4）在民宿里发生的故事。民宿经营者可搜集整理发生在民宿里好玩有趣的事情作为内容和素材。

（5）用户关注的内容。民宿经营者可利用百度指数分析用户关注内容指数，将地区需求图谱里的要素作为内容。例如，以丽江为例，图谱里搜索趋势上升的要素是“丽江天气”“丽江自由行攻略”“大理”“香格里拉”，民宿经营者据此可选择其中要素作为内容，如大理、丽江旅游攻略和美食推荐等。

总之，对于民宿经营者来说，平时应多积累素材，包括文字及图片，这些素材可以是自己加工的，也可以从网上搜集整理。

4. 内容的排版

一篇好的文章不仅包括好的内容，更应有一个好的版式。文章的排版属于对内容的二次加工包装，给用户呈现出更好的阅读效果。在排版时候注意文章的段落、字体、文字颜色、行距、底色等。

（1）切忌文章内容纯文字、无图片，文字和图片要搭配使用。

（2）标题字数尽量控制在 16 字内，超过这个字数，一方面会遮挡封面图片，另一方面会换行，让读者一眼看不完整标题。

（3）多使用“|”或“【 】”符号，凸显标题关键字。

（4）封面图的尺寸调整为像素 900px × 500px。

（5）文章正文字号以 14~ 18px 为宜，以 16px 最合适。

（6）文章首行无须缩进。如果段落较长，则段落之间空一行，或者插入图片。

（7）可以利用字号、颜色等凸显某些关键字。

（8）文章字数不宜太长，控制在 2000 字左右。

（9）选取的样式风格、颜色尽量统一，不然有眼花缭乱的感觉，影响阅读体验。根据文章内容选取风格较为接近的样式。

5. 内容传播

（1）内容分享。民宿经营者可把内容分享转载到朋友圈、微信群、QQ 空间、微博、豆瓣、贴吧、百度文库、知乎等其他平台，进行二次曝光。转载时最好能用几句话概括出内容的亮点，引导感兴趣的用户去阅读，这样点击打开率会更高一些。

（2）投稿其他平台发布。局限于平台用户数量有限，民宿经营者可以把好的内容投稿到其他较大的平台，如垂直的旅游、酒店、地方自媒体平台。只要内容质量足够好，完全可以在这些平台产生很大的曝光度。

6. 发布时间

内容发布时间尽量选取用户使用平台高峰期时段。以微信为例，微信用户每天高峰期时段为中午和晚上 10：00 左右。可以选择在这两个时间段发布，同时尽量选择周末时间段发布，如周六晚上。

二、自媒体推广渠道的选择

民宿具体如何选择渠道推广，取决于民宿核心内容包装后的形式、民宿的定位以及民宿经营者的能力等，而不是所有渠道都去涉及。常见自媒体平台对比如表 4-3-2 所示。

自媒体的平台渠道选择，也决定了民宿运营的好坏和流量的多少，民宿经营者要懂得多种平台推广方式。每个平台的选择，内容要有差异化。比如，微信公众号与小程序适合介绍与消费者黏性运营；抖音适合创意和活动视频。推广渠道需要有针对性地选择，最基础的就是你需要了解这些渠道的活跃用户跟自己的目标客群是不是贴近。比如，头条号、百家号等自媒体的活跃用户年龄偏大一点，而抖音、微视等自媒体的活跃用户偏年轻化，因此需要有选择性地去打造渠道，从而提高推广效果及提升转化率。

表 4-3-2　常见自媒体平台对比

平台名称	简介	优势特点
头条号	综合类内容分发平台，流量巨大	①高速成长的新兴创作平台 ②科学和精准的推荐引擎，创作的内容在几秒内就可以抵达目标读者的手机上 ③平台收益多样化，既有头条号的补贴计划，又有各种广告分成、赞赏收入 ④头条号的两个重要推荐机制：全网首发、原创标签
微信公众号	依托微信，海量用户	①服务号——主要偏向于服务交互，认证前后都是每个月可群发 4 条消息，如果想进行商品售卖，建议可申请服务号 ②订阅号——主要偏向于为用户传达资讯（类似报纸杂志），认证前后都是每天只可以群发一条消息，如果想通过简单地发送消息达到宣传效果，建议可选择订阅号 ③场景丰富，服务号、订阅号可以构建自定义菜单 ④与用户互动关系强 ⑤流量巨大 ⑥素材丰富 ⑦内容版权保护逐步加强
抖音	面向全年龄的短视频社区平台	①通过抖音短视频 App 可以分享你的生活，同时也可以在这里认识到更多朋友，了解各种奇闻趣事 ②抖音用户可以通过视频拍摄快慢、视频编辑、特效（反复、闪一下、慢镜头）等技术让视频更具创造性 ③抖音平台一般是年轻用户，配乐以电音、舞曲为主，视频分为两派：舞蹈派、创意派，共同的特点是都很有节奏感 ④加入了新的社交功能——“朋友聊天室”，支持强大的滤镜美颜和道具功能
UC 订阅号	依托于 UC 浏览器和阿里平台，流量巨大，是一个综合类内容发布平台	① UC 浏览器目前在移动浏览器 App 中位列首位，占据大量市场份额，可以做到大流量精准推荐 ②多种撩粉工具，社群更具黏性 ③多种商业变现，更多想象空间 ④阿里强大品牌背书

民宿经营者如果觉得自己做自媒体花费的成本较高，则可以借助自媒体博主与其合作来进行推广。实践证明，最适合民宿的方式就是资源置换。民宿提供免费食宿和场地，博主负责内容宣传，这种方式很适合小红书博主。粉丝量在10万以下的小红书博主基本是很乐意的。而对于抖音等短视频平台，则不太适合这种方式，因为短视频的精准度相对较低，除非找到民宿垂直类的内容创作者，但一般有一定量粉丝的博主都是收费的，而且价格不低，转化率也很难说。当然，民宿经营者还可以找一些粉丝量相对较少，如15万以下的粉丝量，然后拍摄视频提供给对方，让其帮你免费发布。

三、民宿自媒体运营的重点

品牌运营重要的是保持自身特性，民宿在进行新媒体运营时应重点关注以下三点。

1. 团队

作为一个新媒体人，必须深刻明白团队作战的重要性。一个人兼顾文案、客服、运营、推广、执行、策划、销售，这样不仅累，更重要的是缺乏时间去认真总结，在这个过程中，容易思维僵化，进而开始怀疑这个岗位的意义。民宿的新媒体建设，至少需要三个人协同作战，而且至少需要一个人不断接触、学习、思考新媒体的玩法，让新媒体能实现真正意义上的“新”。团队很重要，如果想走得快就一个人走，如果想走得远就一群人走，因此，一定要建立一个好的团队。

2. 策略

新媒体具有媒体属性，不仅仅涉及运营和品牌的操作，还属于市场的范畴。做新媒体不能故步自封，应不断学习其他品牌的新媒体运营策略。首先，应每天对新媒体数据进行观察和记录，以便了解新媒体运营状况；其次，要制定与民宿发展相一致的选题内容；再次，要勤思考、勤编排，只有熟练了才能有所体会；最后，推送的内容应有足够的吸引力，并且推送后持续关注。

3. 推广与涨粉

微信大号在前期引爆的时候都会投入很多，而做大之后并不会特意提起前期的推广方式。新媒体并非无本万利，它需要的是低成本、高收益，在不断试错的过程中，总结出符合自身特性的快速推广的办法。

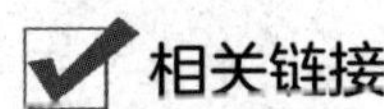

民宿短视频传播

一、民宿短视频传播的意义

近年来“互联网+旅游”的发展势头猛烈，人们在旅游出行上的选择变得越来越多。民宿的快速兴起，很大程度上得益于“90后”年青一代主力消费群体的崛起。在旅游行程中，“90后”更加追求个性与体验，而民宿则恰好满足了这些需求，于是根植于互联网的土壤得以快速发展。短视频传播在塑造民宿的品牌形象方面有其独特的价值意义。

1. 活化民宿形象，提升用户好感

和一般酒店旅馆相比，好的民宿往往特色鲜明。有的自然环境优美，或是青山绿水、或是大漠黄沙、或是海阔天空、或是冰天雪地；有的人文环境独特，或是异域风情、或是古色古香、或是名人故里、或是艺术浸润。很多民宿名称上就迥异于一般酒店，厦门“那厢”、台北“玩味”、大理“六悦”、浙江“墟里”和“陌上花开”等，或文艺、或田园、或热情、或淡雅，不一而足。很多民宿甚至每个房间都有自己独特的名称，带给消费者个性化的独特体验。民宿的造型千姿百态；装修风格多种多样，卡通、古典、简约、清新等，总能找到适合的一款。这些外在的形象元素非常适合通过短视频方式来呈现。短视频能承载的内容与记忆比文字更为具体直观，相较于照片来说更加完整和丰富，视听结合的呈现方式更加立体、生动，能够把色彩、光线、远近、造型等多样化的外部环境信息和内部住宿体验直观形象地呈现给消费者。民宿短视频不仅可以由房东来提供，还可以由旅客拍摄发布，既能够立体化呈现民宿的鲜明形象，更可以获取其他目标消费者的信任感，提升好感度。

2. 讲述民宿故事，凝聚独特卖点

民宿与传统酒店的不同在于民宿是有故事的。民宿往往寄托了主人的一段情怀，每一家民宿的背后都有可以发掘的独特故事。故事是最生动的表达。出现在短视频里的不仅有民宿，还有民宿的主人、游客甚至民宿的猫猫狗狗等。他们都是活生生的，他们的喜怒哀乐构成了极富人情味的故事。民宿的故事不仅在于民宿里的人，民宿所在地的民俗文化等也能够讲出好故事。很多人住在民宿时会到当地一些好玩好看的地方走走拍拍，行走过程中不期而遇的历史遗迹、当地人讲述的历史故事、富有地方特色的民俗活动等都可以编织成民宿的相关故事，凝聚为民宿的独特亮点，吸引更多的游客。

3. 打造品牌人设，形成口碑效应

民宿独特的造型装修环境、民宿主人和客人的故事、民宿的宠物、当地的历史故事和民俗活动等都是短视频的好素材，可以多侧面、多角度立体化展现民宿形象。通过一定数量的视频积累逐渐形成民宿的品牌人设。就像李子柒的美食短视频以浓郁的古风色彩在一众美食短视频中脱颖而出，民宿也可以打造自己的品牌人设，活泼的、软萌的、搞笑的、文艺的、煽情的……通过视频的打造，民宿和它里面的人物逐渐鲜活起来，形成鲜明的人格化特征，大大提升了它的辨识度，成为网红打卡点，网友们往往会把打卡的照片或视频在社交平台发布分享，形成裂变传播，口碑效应显著。

二、民宿短视频传播的策略

1. 坚持真实为首要原则

民宿短视频首先要坚持真实的原则，向消费者介绍民宿各方面的具体情况，避免夸大宣传和虚假广告，这不仅是对粉丝和消费者负责，更是对传播平台的形象与口碑负责。作为非标准住宿，民宿产品的质量一直受到很多人的质疑，在短视频中要避免过多的滤镜和美化，尤其是安全和卫生方面。同时加强相关法规管理和监督举报机制。以真实为第一要义，这样才能真正做到让消费者放心安心。

2. 短视频要营造故事感

爱听故事是人类的天性，短视频表现的内容要营造出故事感，有人物、有情节、有冲突、有变化等，围绕民宿呈现人们阳光、真实、积极健康的生活，这样的内容更能引起消费者尤其是年青一代的共鸣，激发他们社交分享的主动性。人们对“风景+音乐+文字”的简单视频已经审美疲劳，可以尝试拍摄一起聚会、做饭或者孩子们嬉闹或者与民宿主人互动的场景，这样的画面更温馨，更富有人情味。

3. 短视频要深挖当地地域文化

民宿短视频要想形成自己的风格还可以融入一些当地的特色元素，如风景、民俗、美食、工艺等。走红网络的“侗家七仙女”在短视频中做糯米饭、采乌稔叶、吃长桌宴、举行斗牛比赛等，把原生态的侗寨生活展现在了世界面前，吸引了大量游客前来探访体验，带动了乡村旅游的发展。虽然她们并不是做民宿的，不过也给民宿短视频提供了很好的借鉴。

民宿以多元的本地特色、丰富的文化内涵、轻松的社交关系等受到众多旅行者的青睐，成长为特殊的住宿业态，市场竞争也日益加剧。做好品质的基础上，民宿的形象传播亟须新颖传媒的助力。短视频的出现恰逢其时，以其特有的“网红内容+社交玩法”的优势为民宿打造特色形象，扩展民宿与潜在客户之间进行沟通的互联网交流渠道，扩大民宿的知名度和影响力，打破同质化走出特色之路。

［资料来源：李心茹，何爱华，袁柳，等.民宿短视频发展的问题及对策［J］.采写编，2021（11）：2］

模块五

民宿案例：民宿万花筒

【导言】

欧美、日本、中国台湾和中国大陆的民宿发展各有特色。通过赏析世界各地经典民宿案例，你会发现体验原乡风情是民宿有别于其他住宿形式的永恒不变的特色。民宿是游客感受当地文化，体验当地生活的有效接入口，民宿需具备体验原乡风情的功能。民宿是民宿主人个性的最佳秀场和吸引志趣相投之人的聚集地，民宿主人是民宿鲜活的灵魂。

无论是沿用传统特色建筑，还是采用现代创新建筑，建筑本身就是民宿的一大亮点和卖点。自然人文资源对于民宿既是依托，又是构成部分。民宿需要自然、人文资源作为吸引物带来的市场客源；挖掘文化资源，融入自然人文环境要素，赋予创新灵魂，才能打造特色鲜明、主题各异的民宿产品。

项目一 国外民宿经典案例赏析

【项目引入】

民宿最早源自英国，是一种提供早餐与住宿的家庭式旅馆，随后传入美国和法国，之后逐渐兴起于日本和中国台湾。美国民宿主要以居家式民宿和青年旅舍为主，法国民宿以个性化、舒适度著称，英国民宿已经成为一种鲜明的旅游文化，德国民宿不仅管理严格，还十分注重民宿的设计、活动策划和品牌营销。日本的民宿在其整个旅游业发展中扮演重要的角色，农家民宿、温泉民宿、都市民宿各具特色。

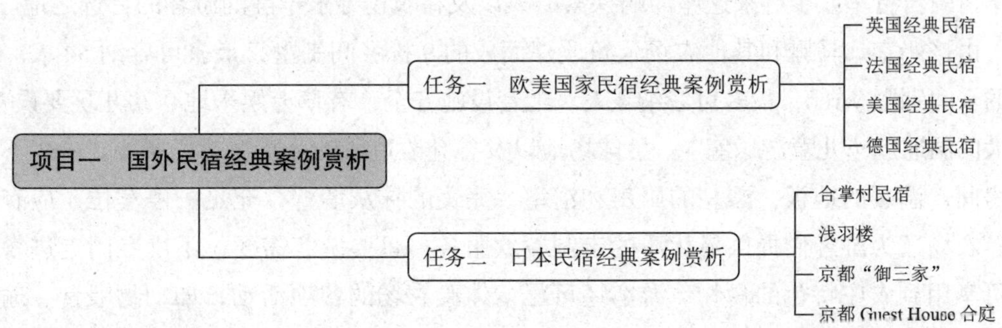

【学习目标】

知识目标：

- 了解国外民宿发展及典型案例

- 了解国外经典民宿成功的经验和做法

能力目标：

- 能通过国外经典案例分析其民宿特色和经验做法
- 能将民宿经典案例带来的启示运用到民宿的运营与管理实践中

任务一　欧美国家民宿经典案例赏析

【任务描述】

任务内容	成果形式	完成单位
分析欧美国家民宿经典案例，分享你认为其成功的原因是什么	文本	个人
调研当地民宿经营的成功案例，分析其典型经验	PPT	小组

【相关知识】

一、英国经典民宿

Nettlecombe农场位于距离码头一小时车程的乡野，农场四周绿地和湖泊环绕，景色宜人。农场拥有100多年的历史，归属于莫里斯家族。Nettlecombe农场是那些想要开车、骑自行车或步行来这座岛屿探索的人以及在农场寻求宁静的游客的首选之地。

由挤奶室、马厩和其他农场建筑改建而成的9栋乡间别墅，最多可容纳54人。最小的乡间别墅Wren，最多可容纳4人。配套设施齐全，有草上娱乐地、幼儿玩耍设备、巨大的温迪屋（儿童游乐室）、足球场地以及谷仓改造成的儿童派对场所等。一尘不染的房间，温暖的地板，漂亮的厨房和浴室，完美的抹灰墙壁，充足的停车位，应有尽有。农场还为游客们提供最优质的定制餐饮服务，只要游客需要，不用专门走进餐厅就可享用到农庄特色的食物。游客还可尽情体验农场的各项活动，如动物喂食、瑜伽课、休闲垂钓等。

英国农庄民宿将体验农家生活和农场观光经营作为民宿的主要呈现方式。热心的主人通常会带游客去享受采收农产品、喂食牛羊的乐趣，探索乡村的奥秘。游客可以暂时忘记繁华的英国都市，亲身感受英国的乡村生活。

二、法国经典民宿

法国民宿凭借个性化、舒适度等因素受到众多游客的青睐。如今，从城市到乡村、从农场到城堡、从简装到精装、从家庭旅馆到度假小屋，各式各样的民宿应有尽有。作为世界上最受欢迎的旅游城市之一，巴黎也是世界"民宿之都"。

1. Chateau La Touanne 古堡民宿

位于卢瓦尔河谷，拥有大片领地花园，有密林、河流、展翅飞翔的野禽，领地深处还有船坞、瞭望塔等。配套设施也比较完善，有私人停车场、现代化的取暖设备和卫生间等。提供早餐及收费晚餐，都是地道的法国家常菜。

古堡为私人资产，堡主兼任园丁、大厨、维修工等角色。在围拥着复古风家具和油画的餐厅，品尝地道法式美食；在堡主及夫人的陪同下，参观古老城堡及花园，感受超值城堡生活体验，是古堡民宿最吸引游客之所在。

2. 勒科拉特尔旅宿

这里最早是一个小修道院，后来成为一个大教区。法国大革命期间，教堂被改为俗用，并作为国家财产出售，先后被用作餐馆、仓库和家具店。这栋建筑完整地保留了那些历史记忆：遗迹、斑痕、宁静。如今，这栋建筑被修复为一个共享型的小民宿，更名为勒科拉特尔，拥有四间客房、一个大客厅和露台，站在露台上便可一览阿尔勒的城市美景。同时，这还是一个多功能空间，经常用来举办表演活动、创意培训和宴会。艺术品和造型灯在旅宿内随处可见，房客们常说他们有一种置身于艺术品中的感觉。建筑的改造工程耗时三年，教堂原有的砖石结构依稀可见，而建筑内部则充斥着强烈的色彩和现代照明设施。

三、美国经典民宿

在美国，比较有特色的民宿为居家式民宿（Homestay）和青年旅舍（Hostel）。由于其价格低于传统酒店，为很多背包客和青年游客所喜爱。尤其是千禧一代成为旅游市场主流消费群体时，他们更希望能摆脱千篇一律的酒店住宿体验，而与来自世界各地的游客互动，深度体验当地的文化。

其中，最吸引人的是牧马场民宿，可以让游客尽情感受西部牛仔的自由自在。牧马场民宿的主人们热情开朗，乐于交友，有时还会安排赛马或者夜晚故事会。在天然辽阔的牧马场，大人们放松身心，孩子们可以接触动物，牛、马、羊、鹿、狗、鸭子、鸽子、鹦鹉等时不时可以与人来一次亲密接触。

马扎玛牧场民宿位于美国华盛顿州梅特豪山谷内，是一处全年开放的户外探险营地和可供亲朋聚会的社交中心。场地规划将重点放在简明性、充足的自然光线及与周边群峰和附近山杨林的紧密联系上。开放式建筑平面是公共侧厅的特色所在，可以为休闲活动和社交活动提供平台。私密侧厅有一间主卧套房，套房内配有特大的沙发床和以船舱铺位为灵感设计的双层床铺和逃生区。

民宿的托板使用的是具有耐用性和低维护性的材料，如耐钢板墙板、铝包窗和混凝土挡板，可以在冬季积雪和春季融雪时对结构基底进行保护。低碳钢和彩色埋入式纤维水泥板将光线反射进屋内，而且有助于淡化室内外之间的界限。具有地域性的工艺装饰和家具是小屋的一大特色。

在寒冷的冬季，小屋充分利用太阳辐射获得热能。小屋装有极好的隔热保温墙面和天花板、节能窗和系统，旨在尽可能地减少能源消耗。罩面漆、混凝土地面和热量交换器可以保证客人获得干净又健康的空气。

四、德国经典民宿

在德国，休闲农场为德国的主要民宿形态之一。农民通过重修农宅、举办活动等多种形式，吸引都市居民到农家度假，形成一种新型的度假方式。德国乡村民宿不仅管理严格，也十分注重乡土特色。通过梳理庭院景观、局部修缮农庄等方式，保留民宿风貌特色；民宿活动策划方面，民宿主人会通过要求旅游者参与家庭活动的方式，让游客融入当地生活；民宿营销方面，通过德国乡村竞赛制度，对乡村民宿的建筑特色、生态保护、外部环境、文化创新进行评比，选出优秀的金牌乡村民宿，树立品牌；民宿文化层面，德国乡村民宿十分重视民俗文化及人文历史与创新，通过普及民众教育、承办博物展览等多种方式，呼吁人们参与历史遗产保护，同时结合文化创意产品开发，增加文化的附加值，让游客在乡村民宿中全方位地体验其文化魅力。

在德国柏林北部乌克马克县的一个小村落内，坐落着一个由大型谷仓改造成的附带独立式公寓的乡间别墅——特纳乡间别墅。谷仓始建于140年前，用砖石和木材打造而成，在当时属于超现代的功能性建筑。建筑师对其中一部分进行了重新设计，并沿用房屋的原有风格，通过改造来适应新的需求。

先前的牛棚和谷仓有稳定的结构和厚厚的石墙，楼上安装有小扇窗户，楼下为拱形大门。设计团队为三个拱形门洞安装了大扇木门，木门开启时，人们可以看到远处的果树林和青葱草地。客厅和独立式厨房设在大厅旁边，上方设有三间卧室、两间浴室、两间书房和一条长廊。除此以外，设计团队还对建筑外观进行了改造，穿过门洞便是私家花园，具有代表性的设计实现了室内外空间的自然过渡。在修复过程中，设计团队还考虑到了能源使用问题，利用墙壁供暖设备和黏土抹面对供暖房间的内墙面进行了保暖处理。

任务二　日本民宿经典案例赏析

【任务描述】

任务内容	成果形式	完成单位
分析日本民宿经典案例，分享你认为其成功的原因是什么	文本	个人
结合日本案例，谈一谈如何在民宿中体现地域文化	文本	小组

【相关知识】

一、合掌村民宿

位于日本岐阜县白川乡荻町的合掌村民宿保留着日本的传统乡村建筑形式，以茅草覆盖的屋顶，呈人字形的屋顶如同双手合十样。室内为和式风格装饰，专门收藏了农村过去的各种乡土玩具、布娃娃、木雕等手工艺品。室外环境布局上，用不同植物花卉或农作物装饰房前屋后的环境。民宿配备有现代化的家庭设施，如电视、冰箱、洗衣机、厨房煤气灶等。所有客房集中在一起，品尝由主人亲自下厨的地道农家饭。特色活动的活动有浊酒节、合掌造家园观光、传统工艺体验、传统手工插秧等。

合掌村由民居保护、民俗观光、民宿生态体验构成了完整的观光产业链。合掌村民宿以合掌造建筑见长，是日本传统民宿的典范。其体验项目以特定农作业或地方生活技术及资源为设计主题，如农业体验、林业体验、牧业体验、渔业体验、加工体验（做豆腐、捏寿司）、工艺体验（押花、捏陶）、民俗体验（地方祭典、民俗传说、风筝制作）等。旅客在住宿中能感受到农村生活环境的朴实与温馨，还可以听主人讲述当地的风土人情，体会久违的宁静和安逸。

二、浅羽楼

位于日本静冈县伊豆中部修缮寺的浅羽楼，有300多年的历史，当地的“独钻之汤”是伊豆最古老的温泉。浅羽家的先祖浅羽弥九郎幸忠跟随禅师，来到这有着佛法传奇的温泉之乡。温泉宿则是由后代浅羽安右卫门于1675年创立的。而浅羽楼最具代表性的露天能剧舞台——月桂殿，却是喜爱能剧宝生流的第七代后人浅羽保右卫门于明治后期，从东京迁建而来的，也从此让浅羽楼在日本诸多历史悠久的温泉旅馆中，拥有了无可比拟的艺术风貌与人文景致。

日本温泉民宿让人着迷的元素之一，就是女将。女将一般指家族经营的高级日式料亭或高级日式旅馆的女主人；男主人负责厨房部分，被称为大将。女将一般身着和服负责对外的接待服务，是日本待客之道“真心款待”的极致代表。女将面对员工，有着老板的地位与威仪，面对客人，又不卑不亢地展现温婉的服务。身为女将，让客人感受贴心与被尊重的同时，更需要时时充实自己的知识与气质，既要在礼仪方面有很高的造诣，又要有个人整体的个性和内在涵养。

浅羽楼的第九代女将浅羽爱子女士，就是这样一位具有代表性的女将。她在第七代和第八代女将的严格培养下，不但很快能独当一面，更提议用能剧舞台推出其他日本传统艺术表演，将浅羽楼从一个单纯的温泉旅馆提升为传统艺术的守护者，让原本只是景物之一的能剧舞台有了历史与文化的生动趣味。

浅羽楼的“若主人（小老板）”浅羽一秀先生艺术造诣很深，除了能剧，对书法、茶道及现代艺术都很有研究。浅羽楼的晚餐菜单都是他用毛笔亲自书写的。他曾说：“幸好资金不够雄厚，不然早在日本泡沫经济时期，可能就像很多传统旅馆业者一样，把老旅馆改为钢筋水泥建筑的大型旅馆，而无法留下当今日本最具代表性的文化美宿了。”[①]

三、京都“御三家”

代表京都的老字号旅馆——柊家旅馆，深受艺术家和文化人的喜爱。作为大家川端康成最钟情的旅馆，它拥有着独特的魅力，吸引着各方名人墨客下榻于此。默剧大师卓别林、名家武者小路实笃、文学大师三岛由纪夫都曾在此留下了他们的身影。作为“御三家”之首的柊家，拥有300多年历史，玄关裱挂的“来者如归”书法由明治时期的日本汉学者重野成斋所写，“来者如归”也是柊家传承数代的家训。柊家的新馆规划请来年轻设计师道田淳，为传统的旅馆空间打造出尊重传统又跳脱框架的崭新风格。这样新旧并存的老旅馆，既可追寻大师足迹、观赏历史文物，又能在舒适、豪华的环境中享受日本顶尖的待客之道，实在美好！

京都旅馆之御三家中的俵屋旅馆，创建于18世纪初，约有300年历史，至今仍保留着古老的传统，是京都现存最古老的旅馆。在平成十一年，被日本政府正式登录为国家有形文化财产。在第11代主人佐藤年女士的执掌下，特地于1958年邀来建筑师吉村顺三与著名的传统建筑巨匠中村外二携手进行改装增建，也就是现今俵屋的样貌了。俵屋的奢华不是在富丽堂皇的外观或是高级的摆设，而是在于无微不至的体贴、细心。老宅的整个氛围是静谧的，数百年的岁月积累，使俵屋呈现着一种古雅的、宛

① 资料来源：梁旅珠．私藏日本名宿50个［M］．武汉：华中科技大学出版社，2017.

若禅定般的悠悠从容之气。

炭屋就在麸屋町三条街安静的小巷里，没有豪华的门面，挂着日本典型的布帘，低矮而不起眼，从门面看就像一间日式的居酒屋。从进门到玄关是一条石板小径，好像刚被水洒过，湿湿亮亮的，可以让客人放下亢奋的情绪，感受旅馆平和高雅的气氛。每月的 7 号和 17 号，会在茶室用传统的"茶道"接待客人。晚餐是京都怀石料理，使用新鲜的应季食材。只有十几间和室，每间格局差别不大，都面环着中间一个不大的雅致庭院，下午的阳光穿过门栏，洒在榻榻米上，明暗交错。[①]

四、京都 Guest House 合庭

日本京都 Guest House 合庭位于京都乌丸五条，已有 100 多年的历史，是传统的木结构町屋。与一般的民居住宿不同，Guest House 结合建筑位置和场地现状，对内部空间进行了布局。由于拥有一个像隧道一样的长廊，便在此处布局了小型博物馆，进行文化展览。这一隧道般的长廊，就像围合起来的院子，因此取名为"合庭"。

设计师在建筑的正立面设置了一个主入口，隧道用作展示空间，向外延伸到街道。在内部空间处理上，隧道穿过母屋，延伸到内部的庭院中。隧道把各个空间连接起来，在隧道画廊里展览收集来的各种老式物件，不仅能让人们领略到丰富的历史资源，还为隧道展览增添了地域特色。

在室内改造过程中，原始的旧楼梯拥挤、陡峭，走起来极不安全也不舒服。设计师在改造时没有破坏原有的结构，只对楼梯方向做了修改。此外，在一楼和二楼增加了现代的浴室房间，以保证民宿服务设施的完善和体验的舒适性。储物抽屉放置在楼梯的下部空间，拆除的老房子旧木板二次利用做成抽屉板，也使房屋历史得以延续。

合庭民宿的核心是隧道走道尽头的一个日式庭院。茶室和客厅的窗户都正对庭院，创造了一个独特的日式意向空间。在庭院景观的建造过程中，采用当地材料并利用多年堆积的石头，不仅节约了资源，还能合理利用当地的现有资源。进行庭院设计时，保留了原有的枫树，并结合现代和传统的造园手法，用石头作为庭院的中心，创造了一个日式风格的庭院。这种设计既环保又经济，还体现了时代感。

对室内进行改造时，主要利用当地的材料，以适应房间的原有风格。内部装饰及软装选用纯真质朴的材料。这些材料具有当地的元素，生活在这里的人们能感受到时代的痕迹。把手等是由旧金属和黄铜经过二次利用制成的，能体现房子的简单和质朴。设计内部空间时，每个房间都使用旧木结构，家具也是用纯净的原始材料，让人们"复得返自然"，真正感受到时代的痕迹。

---

① 资料来源：梁旅珠 . 私藏日本名宿 50 个［M］. 武汉：华中科技大学出版社，2017.

我国民宿经典案例赏析

【项目引入】

民宿已成为台湾地区最有特色的旅游住宿产品，台湾民宿正吸引着越来越多的游客前来考察体验。目前台湾民宿聚集地主要有垦丁、宜兰、日月潭、南投、花莲等区域。大陆民宿伴随着乡村旅游的发展逐步风靡全国，以浙江莫干山、广西阳朔、云南丽江、安徽碧山等地最具有代表性。随着经济社会发展和居民生活水平的提高，大陆民宿业逐步向规范化、多元化、科技化、规模化等方向发展。

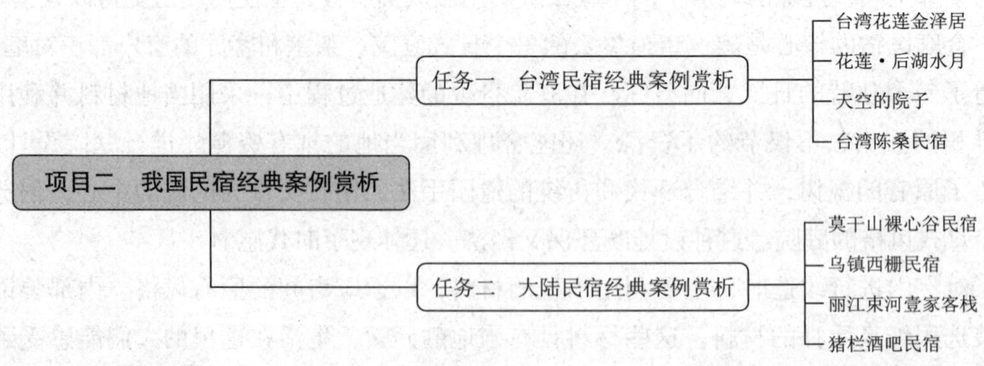

【学习目标】

知识目标：

- 了解台湾和大陆民宿发展及典型案例

- 了解台湾和大陆经典民宿成功的经验和做法

能力目标：

- 能通过台湾、大陆经典案例分析其民宿特色和经验做法
- 能将民宿经典案例带来的启示运用到民宿的运营与管理实践中

任务一　台湾民宿经典案例赏析

【任务描述】

任务内容	成果形式	完成单位
分析台湾地区民宿经典案例，分享你认为其成功的原因是什么	文本	个人
谈一谈台湾民宿对大陆民宿发展的启示	PPT	小组

【相关知识】

一、台湾花莲金泽居

台湾花莲金泽居位于台湾花莲吉安乡，有着白墙、斜屋顶，建筑空间独立而又丰富，环保钢结构具有耐震、防潮、冬暖夏凉的建筑特性。院子不小，挺立着枝丫婆娑的大榕树。房间宽敞舒适、色调温馨，大型落地玻璃窗设计使室内采光优良。

配备有树窝餐厅，提供精致早餐、午后茶点，特色美食为莲花火锅。同时提供各式自行车供游客到附近绿色隧道、莲花池、农场草原自由骑行，也可以参与赏萤活动、大树底下的秘密等特色活动。

金泽居在业界小有名气，也是早期把景观民宿推向热潮的一个代表。民宿主人曾当过花莲理想大地渡假饭店的经理，后来转战民宿界；加上之前在日本留过学，所以学到了很务实和细腻的服务经营理念，因此金泽居可以说是建筑师、五星级饭店经营者的智慧结晶。金泽居的建筑师不只设计了这间民宿，花莲有超过十间景观民宿都出自同一建筑师的手笔。客人住了一间房和老板聊了之后，很可能就会去住另一间，品牌效应非常明显。

二、花莲·后湖水月

后湖水月，是一个光凭名字就让人向往的地方。以打造一个桃花源地与友善的生

态环境为目标。在不改变原有地形地貌的前提下，保留后湖湿地原有的水梯田自然景观，创造一处水生植物与水鸟动物共生的世外桃花源地。

其实一开始盖房子并不是为了作民宿使用的，而是用来当作家人休闲度假以及圆心中梦想的场所，在这块土地上陆陆续续地耕耘才有了现在的基础，在园区内一点一滴创造太平洋左岸的桃花源地。自成一格广阔的空间、兼具山海水三重景观、细心规划的庭院环境和良好的生态，这就是后湖水月最大的吸引力以及民宿主人一家人用心维护的家园。

1. 景观一流，生态良好

没整地前是一片原始丛林，整完地之后就成了生态非常良好的地方，加上民宿主人在面向太平洋的高台上盖了让人观海、晒太阳的观景台及海景房，所以可以说是集池畔别墅、乡村住宿、海景房三种住宿风格于一体。

2. 招牌动物，吸引客源

其招牌动物叫扁嘴，是只拉不拉多犬和沙皮犬的混血狗。一脸忧郁加憨厚的外形，成为客人来到这里后最喜欢的动物。水田农塘内种植了各种水生植物，春天可以欣赏百合花以及片片的紫色鸢尾花，夏季有盛开的荷花及睡莲，秋天开满了遍野的台湾栾树，冬天则有随着天寒而变色的落羽松。除了水生植物，水塘中有大肚鱼、蜻蜓、青蛙等，另外还有红冠水鸡等悠游漫步于农塘间。

3. 频上媒体，知名度大开

常常接受采访，又有客人的推荐，自然客源就源源不断。台湾的民宿通常主人不会极力推销，而是以个人特质取胜。后湖水月的老板是一位典型的文艺青年，很有自己的想法，正是因为他的个人特质才吸引了各式各样的人前来。

4. 解决交通不便问题，善用周边观光资源

民宿其实距离花莲市区、花莲火车站、花莲机场都挺远的，公交车一天才一两班，非常不利于自助游游客前来。但是机场、车站的计程车很多，可以提供到民宿的接送服务。另外，民宿下方就是花莲唯一的海水浴场矶崎海岸，既可以戏水、潜水，又可以冲浪，同时距离台湾东海岸四个赏鲸胜地之一的石梯坪又近。因此，可以向旅客提供另类的游程，有效缓解了位置偏远所带来的不利影响。

三、天空的院子

距离台湾南投竹山小镇开车 30 分钟，在海拔 800 米高的山林里，“天空的院子”就隐逸其中。屋子前面有一个很大的山谷，海拔大概 900 米，夏天的时候非常凉爽。冬天的时候云雾缭绕，很像是一个空中的三合院，“天空的院子”因此得名。

民宿的创始人是一位医科毕业生——何培钧。在就读医务管理学系二年级时，因为爱好摄影，他在深山里转悠时发现了一栋传统的三合院建筑。这栋上百年的老屋，已经几十年没有人住了，他却觉得改造这栋荒废老宅，就是他此生的事业。“看到这间古厝，我找到人生最想做的事情，所以决定放下身段、放下一切。”毕业后，他就到山里修屋开民宿，和表哥两个人自己看书学习设计，建造房屋。整个建筑外观采用古法整修，将传统和现代相融合，因为不是专业设计，所以实际操作起来非常困难。他们从每一片破瓦开始修起，自己刨木料、洗砖块，让整座古厝焕然重生。花了一年的时间，在村上几位老师傅的无偿帮助下，民宿终于建了起来。这个三合院中间是公共区域，隔成了三间，左间是书房，中间是客厅，右间是共享厨房。后面为住宿房间，总共六间房。

何培钧深知，只有用心地经营，给每一个来的客人留下美好的记忆，才能真正留住客人的心。这里有最美的风景，坐看云起云落，相伴参天古木，没有电视、没有麻将，却能让人心灵安宁……这里也有充满古早味的台湾民居的风貌，设计上虽然没有什么特殊的格调，但贵在亲切和舒适。早餐有金黄的地瓜粥、招牌酱笋、新鲜蔬菜，再搭上经典小菜，绝妙无比。客人出去玩，他会准备幸福的便当，方便他们随身携带。到了晚上，还会有老歌、老茶及老零嘴“米香”的加入。他觉得，最美的风景不是山，不是房，而是人和人交往时的那种氛围。

更传奇的是，一家民宿带动了一个小镇。为了让“天空的院子”带动整个竹山小镇，何培钧创立小镇文创公司，租下两间透天厝提供给年轻人，只要提出想法或者帮助小镇就有资格免费住宿。结果，此举一年内吸引了来自世界各地超过600名青年来到小镇。在网络上搜索“竹山小镇”，从地图、竹编到纪录片，全是出自年轻的创意想法。

他说，自己与这里有不解之缘，而且真心真意地喜欢这片土地。从开民宿到推动小镇文化，何培钧讲过千百次自己的故事，却仍会激动和充满热情。未来属于年轻人，也许也将如同“天空的院子”般，从一个简单的梦想延伸至世界，占据一座山头发挥影响力。何培钧传承一间百年古宅，同时也讲述一块土地的传承故事。

四、台湾陈桑民宿

1. 基本概况

陈桑民宿竣工时间为2012年，建筑面积仅有20多平方米，位于台南老城区，地块狭长。由于久无人住，改造之前屋顶还是斜着的。除了地块狭长外，巷道也仅有1米，只有4间隔间的长形旧屋，四周没有景观。周围是围墙，无法看到景色，拆除和营建较为困难。

2. 建筑改造设计

由于受地形影响，一年四季无法观景，于是就把楼层进行了抬高，加建到了二层。

布置功能空间时，由于一层四周只有围墙，于是把二层的第三间改成中庭，区分住宿区和客厅，保留原有的外突空间。设置户外吧台及交友区，把二层的顶部设置为景观露台，阳光透过中庭照射到一层，把只有 1 米宽的巷道设置成连廊。

老房在改造过程中，借用 4 间隔间的长形旧屋进行改造，拿掉长形旧屋的屋瓦和桁架，增加二层。在公共走道和中庭建立出入庭院的小入口，在内部改造原有的家具与物品。功能分区明确，公共区、客房、储藏室及阳台，一目了然。在一层设置储藏间，保留原大门出口。进入民宿后，首先进入公共区，紧接着进入中庭，最里侧是阳台、客房，二层有三个客房，并设置有大阳台。

为了解决上下层间的交通联系，在第三间客房改成的内庭院中增加了一个钢结构的旋转楼梯和一个带有露台的外廊。并且设计时把空调系统和水塔等设备巧妙地隐藏在客房后面，避免了新设备对老屋的干扰。

3. 材料的运用

设计师在老宅改造中对原有建筑进行加建，选材上就地取材，抹掉旧窗户和旧窗框的厚漆，保存其原有的质朴感。原有的红砖墙，经过长时间的风吹日晒，已经凸显不出色彩，经过重新设计后焕然一新。室内用老家具进行布置，旧红砖、旧窗户和窗套以及旧木梁等材料的二次运用，凸显了空间的时代感和地域性。

4. 景观环境营造

陈桑民宿的场地小而窄，在景观的营造上只能利用增加二层的办法。在二楼加建的过程中，房屋周边均设置了观景阳台。受地形影响，不能在庭院观景时，借用二层阳台就可观赏到无限风光。改造时小面积地隔成两个小庭院，合理利用室外空间，利用庭院把二层采光照射到一层，使民宿充满阳光。内部小庭院里放置堆积的小石头，周围放置小盆景，透过开向小庭院的门窗，感受一年四季的变化和简单宁静的气息。

任务二　大陆民宿经典案例赏析

【任务描述】

任务内容	成果形式	完成单位
分析大陆民宿经典案例，分享你认为其成功的原因是什么	文本	个人
调研当地民宿经营的成功案例，分析其典型经验	PPT	小组

【相关知识】

一、莫干山裸心谷民宿

裸心谷于2011年开放，占地面积约360亩，四周植被茂盛、环境优美、空气清新，是一个由水库、青竹、茶树林和几个小村庄组成的环形区域豪华度假胜地。其外部是一大片竹林，并配有一望无际的茶园，让身处其中的人们感受到休闲舒适。裸心谷在保留原有农舍的基础上，将其改造成原汁原味的乡村风格宅院，配以石径、石墙、台阶、小木屋，营造出宁静、质朴、爱与乐趣并存的氛围。该谷将“裸心”的理念提升到一个全新的高度，强调返璞归真，远离现代都市忙碌生活的困扰，回归大自然，恢复身心平衡。

裸心谷的乡村民宿运用的建筑材料具有环保性和生态性。生态环保和回收再利用是其选材理念，许多材料就地取材。当地石头较为丰富，利用夯土材料时在其他场地挖掘泥土；当地盛产毛竹，韧性强且灵活，极易组装；另外选材使用废弃材料，不仅节约资源，还能减少垃圾，保护环境。

莫干山地处沪宁杭金三角中心，上海是现代化大都市，南京和杭州是古城，更是目前旅游的热门城市，如此优越的地理位置为莫干山人气的汇集提供了无限可能。连绵起伏的山峦、清澈的泉水、风格各异的名人别墅，享有“江南第一山”的美誉。莫干山人文历史源远流长，休闲旅游发展根基深厚扎实，各种配套配备齐全。这些都是莫干山民宿发展得风生水起的基础。

在整个民宿产业发展中，当地政府也一直扮演着积极的角色。德清县政府认定精品民宿是乡村休闲旅游的发展方向之一，在旧屋改造上给予了相对宽松的政策。2015年5月，德清县发布了全国首个县级乡村民宿地方标准规范，有规划地引导民宿差异化发展，并通过成立莫干山民宿学院，为从业者提供专业化的民宿课程培训。投资者、村民、当地政府，多方要素的有效组合，使莫干山民宿成为乡村创新发展的出色范本。2016年10月，莫干山镇入选首批中国特色小镇名单。

当然，裸心谷的成功并不仅仅取决于其优越的自然条件和独特的设计理念，定位精准的营销策略也是其成功的主要因素。一开始，创始人高天成与其销售团队就将重点放在了许多驻扎在上海的跨国企业和我国本土大中型公司上，主攻做团建和企业活动的业务，填补了工作日的客流空白。时至今日，裸心谷依然有40%的客户来自团队业务。

二、乌镇西栅民宿

位于国家5A级旅游景区、中国首批十大历史文化名镇乌镇内。每一栋民宿都分布于西栅市河的南北两岸，或面水，或临街，出门即可跨入延绵的西栅老街，推窗即可饱览两岸河水秀色。清一色的灰墙黛瓦、石料、砖瓦、木窗、木雕、匾额、老式家具等使其在众多民宿中别具一格。

客房形式多样，有标准双人房、大床房、三人间、家庭房、自助房等；每栋民宿房间数量从三四个到十几个不等，配套设施齐全。除早餐外，午餐、晚餐都可以在民宿里点当地土菜，每一家菜单略有不同，手艺不同。每家民宿不论场地大小，都只同时接待2桌客人，既保证了服务质量，又保证了如同在自己家吃饭的悠闲气氛，同时，管理部门还统一标识了菜品的价格与分量，绝对的明码实价。

西栅民宿产权归景区所有，由景区统一管理与预订，景区雇用房东分散经营，雇用的房东必须符合相关要求。由于乌镇西栅民宿由景区统一管理，为客人所提供的服务更加专业，有效的品质保证使整个民宿的经营科学化、规范化，同时也满足了客人的个性化需求。一间间古木生香的民宿临街而立，布置朴实而又高雅，水阁上的客厅、临水的卧室、整洁的厨房、洁净的盥洗室等一应齐全，给游客如抵自家的温馨和自在。游客可以选择临窗依水静静地观景看水、可以在水上阁楼默默地喝茶阅读、可以按照自己的饮食习惯点菜，也可以与房东一起买菜烹饪，更可以与房东唠唠家常说话聊天……乌镇的美，在小桥、在流水、更在人家，西栅民宿将这种唯美诗境诠释得淋漓尽致。

三、丽江束河壹家客栈

位于云南丽江玉龙雪山束河古镇内，距离束河著名景点酒吧街、九鼎龙潭、石莲寺、四方街步行都在5分钟左右，去周边景点大研、白沙、玉龙雪山、玉湖村、三朵阁、玉水寨等景点也非常方便。

由传统的纳西庭院改建而成，保留了纳西族原有的建筑风格，同时融入现代高品质酒店的现代设计。共有9套客房（6套景观大床房、2套景观双人间、1套带观景阳台的家庭套房），每个房间都经过精心装修，明净的全景落地玻璃墙、遮阳窗帘设计更是别出心裁。配备了客厅茶室、玻璃阳光房、厨房、洗衣房，同时提供免费早餐、免费品茶、免费洗衣、免费水果、免费瓶装水、免费 Wi-Fi、免费书籍、免费桌游、免费旅游咨询等。

花草院子、舒适吊椅等是丽江客栈民宿的标配，而各家客栈民宿又风格迥异，独具特色。在丽江客栈民宿喝一口茶、读一本书、晒一下太阳，感受那种纯粹悠然的小时光，已然成为一种独特的文化，构成了丽江旅游文化的一种代表。

四、猪栏酒吧民宿

猪栏酒吧既没有猪，也没有酒吧，这是一家客栈。猪栏，在黄山有三家客栈，一吧在宏村景区里，二吧、三吧在碧山。

上海诗人郑小光、寒玉夫妇2004年买下了上海复旦大学退休老教授的老宅，将这个白墙高耸、马头翘角的典型徽派老房重新装修，放上古色古香的中式镜子、家具、各种小摆设，“猪栏酒吧”民宿正式开业。“猪栏酒吧”占地600多平方米，堪称西递村最知名、最独特的民宿。猪栏酒吧三楼是观景台，屋架、柱子、墙壁上钉满了各色名片，有诗人、作家、学者、律师、广告人、设计师、企业家、书法家、普通白领……从老板娘寒玉的讲述里你还知道，导演张元来过，国际影星朱丽叶·比诺什来过，艺术评论家欧宁来过，以策划“碧山计划”著称的知名策展人左靖更是常客。

2008年，郑小光接手了一座徽商古宅，将其改成了乡野度假屋，里面共有9间客房，还有一个传统的木质内庭和一小片室外菜园，大堂里摆着用传统工艺制作的黑芝麻糖和当地产的毛峰茶用以润口止渴，猪栏二吧诞生了。这里是一个真实而自然的村落，自然风光优美，是仍然保留原始农耕文化的地方。春天时能看到一望无际的油菜花，而油菜花过后，紧接着开放的是漫山遍野的映山红。

从碧山村再往深山里走，在山的尽头，有猪栏酒吧的第三家店。这里原来是一个废弃的老油厂，曾被用作老油坊以及手工作坊等。民宿主人用自己的眼光重新解读了这座老建筑，改造是在对传统充分理解和尊重后完成的，坚持使用本地素材是其一贯原则。民宿保留着之前取油的石器设备，四周是一间完整的图书室，艺术类书籍汗牛充栋；老式的瓷缸、水壶、收音机、打字机、台灯散落于各个角落，就连插着干芦苇的花瓶也是以前最普通的腌菜坛。店内90%的空间都是客人用来阅读、品茶、聊天的公共空间，另外还设有一间可容纳20人的禅房和一处可俯瞰河流的瑜伽室。

猪栏的第一个亮点就是拥有众多的公共空间，这里最突出的设计是最大化地做到空间的自由与实用。20间客房就算全部住满，每个人都还能找到一个安静的角落独处。猪栏的第二个亮点是所有的服务员都来自村里。猪栏酒吧民宿要体现的就是不刻意和轻松自如，民宿主人希望服务人员保持“内敛、纯朴、善良”的个性，诚信待客。你会看到厨房的大厨原来是不识字的阿姨，但她会在上班的路上采来各式野花，供店长插于每个空间。当客人夸赞花美的时候，她那张沧桑的脸上会露出真诚的笑容。

参考文献

［1］刘荣．民宿养成指南［M］．南京：江苏凤凰科学技术出版社，2018.

［2］叶秀霜，章艺．民宿服务与管理［M］．北京：高等教育出版社，2021.

［3］江美亮．民宿客栈开店指南·实战图解版［M］．北京：化学工业出版社，2021.

［4］洪涛，苏炜．民宿运营与管理［M］．北京：旅游教育出版社，2019.

［5］张琰，侯新冬．民宿服务管理［M］．上海：上海交通大学出版社，2019.

［6］严风林，赵立臣．民宿创办指南：从0到1开民宿［M］．武汉：华中科技大学出版社，2021.

［7］江美亮．民宿客栈怎样做——策划·运营·推广·管理［M］．北京：化学工业出版社，2020.

［8］梁旅珠．私藏日本名宿50个［M］．武汉：华中科技大学出版社，2017.

［9］魏珍．城市民宿创业计划分析：兼论民宿业的定位与前景［D］．南京大学，2016.

［10］王美钰，李勇泉，阮文奇．民宿创业成功的关键要素与理论逻辑：基于扎根理论分析［J］．南开管理评论，2022，25（2）：13.

［11］王伟莉．全域旅游背景下的民宿改造设计研究策略——以南阳宝天曼民宿为例［D］．河南农业大学，2020.

［12］陈健平，陈瑾，何永达．基于特征价格模型的民宿价格影响因素研究——以浙江省为例［J］．价格月刊，2021（6）：7.

［13］李志英．国内外民宿发展历史研究［J］．鄂州大学学报，2019（5）：25-26.

［14］李心茹，何爱华，袁柳，等．民宿短视频发展的问题及对策［J］．采写编，2021（11）：2.

［15］张季云．民宿主在高品质民宿塑造中的价值研究［J］．江西电力职业技术学院学报，2021，34（7）：165-166+168.

附录 1

《旅游民宿基本要求与评价》（LB/T 065—2019）

1 范围

本文件规定了旅游民宿的等级和标志、基本要求、等级划分条件、等级划分方法。

本文件适用于正式营业的小型旅游住宿设施，包括但不限于客栈、庄园、宅院、驿站、山庄等。

2 规范性引用文件

下列文件中的内容通过文中的规范性引用而构成本文件必不可少的条款。不注日期的引用文件，其最新版本（包括所有的修改单）适用于本文件。

GB 5749　生活饮用水卫生标准

GB 50222　建筑内部装修设计防火规范

3 术语和定义

下列术语和定义适应于本文件。

3.1 旅游民宿 homestay inn

利用当地民居等相关闲置资源，经营用客房不超过 4 层、建筑面积不超过 800m^2，主人参与接待，为游客提供体验当地自然、文化与生产生活方式的小型住宿设施。

注：根据所处地域的不同可分为城镇民宿和乡村民宿。

3.2 民宿主人 owner；investor

民宿业主或经营管理者。

4 等级和标志

4.1 旅游民宿等级分为 3 个级别，由低到高分别为丙级、乙级和甲级。

4.2 等级旅游民宿标志由民居图案和相应文字构成。

4.3 旅游民宿等级的标牌、证书由等级评定机构统一制作。

5 基本要求

5.1 规范经营

5.1.1 应符合治安、消防、卫生、环境保护、安全等有关规定与要求，取得当地政府要求的相关证照。

5.1.2 经营场地应符合本市县国土空间总体规划（包括现行城镇总体规划、土地利用总体规划）、所在地民宿发展有关规划。

5.1.3 服务项目应通过文字、图形方式公示，并标明营业时间，收费项目应明码标价。

5.1.4 经营者应定期向文化和旅游行政部门报送统计调查数据，及时向相关部门上报突发事件等信息。

5.2 安全卫生

5.2.1 经营场地无地质灾害和其他影响公共安全的隐患。

5.2.2 易发生危险的区域和设施应设置安全警示标志，安全警示标志应清晰、醒目；易燃、易爆物品的储存和管理应采取必要的防护措施，符合相关法律法规。

5.2.3 应配备必要的防盗、应急、逃生安全设施，确保游客和从业人员人身和财产安全。

5.2.4 应建立各类相关安全管理制度和突发事件应急预案，落实安全责任，定期演练。

5.2.5 食品来源、加工、销售应符合相关食品安全国家标准要求。

5.2.6 从业人员应按照要求持健康证上岗。

5.3 生态环保

5.3.1 生活用水（包括自备水源和二次供水）应符合 GB 5749 要求。

5.3.2 室内外装修与用材应符合环保规定，达到 GB 50222 的要求。

5.3.3 建设、运营应因地制宜，采取节能减排措施，污水统一截污纳管或自行有效处理达标排放。

5.3.4 提供餐饮服务时应制定并严格执行制止餐饮浪费行为的相应措施。

5.4 其他

5.4.1 旅游民宿开业一年后可自愿申报星级评定，近一年应未发生相关违法违规事件，同一地点、同一投资经营主体只能以一个整体申报。

5.4.2 经评定合格可使用星级标志，有效期为三年，三年期满后应进行复核。

5.4.3 旅游民宿评定实行退出机制，经营过程中出现以下情况的将取消星级：

a）发生相关违法违规事件；

b) 出现卫生、消防、安全等责任事故;

c) 发生重大有效投诉;

d) 发生私自设置摄像头侵犯游客隐私等造成社会恶劣影响的其他事件;

e) 日常运营管理达不到或不符合相应星级标准要求。

取消星级后满三年,可重新申请星级评定。

6 等级划分条件

6.1 丙级

6.1.1 环境和建筑

6.1.1.1 周边环境应整洁干净。

6.1.1.2 建筑外观应与周边环境相协调。

6.1.2 设施和设备

6.1.2.1 客房应配备必要的家具。

6.1.2.2 客房应有舒适的床垫和床上棉织品(被套、被芯、床单、枕芯、枕套等)及毛巾。

6.1.2.3 客房应有水壶、茶杯。

6.1.2.4 客房应有充足的照明,有窗帘。

6.1.2.5 应有方便使用的卫生间,提供冷、热水。照明和排风应效果良好,排水通畅,有防滑防溅措施。

6.1.2.6 各区域应有方便使用的开关和电源插座。

6.1.2.7 厨房应有消毒设施,有效使用。

6.1.2.8 厨房应有冷冻、冷藏设施,生、熟食品及半成食品分柜置放。

6.1.2.9 应有适应所在地区气候的采暖、制冷设施,各区域通风良好。

6.1.3 服务和接待

6.1.3.1 各区域应整洁、卫生,相关设施应安全有效。

6.1.3.2 客房床单、被套、枕套、毛巾等应做到每客必换,并能应游客要求提供相应服务。

6.1.3.3 拖鞋、杯具等公用物品应一客一消毒。

6.1.3.4 卫生间应每天清理不少于一次,无异味、无积水、无污渍。

6.1.3.5 应有有效的防虫、防蛇、防鼠等措施。

6.1.3.6 民宿主人应参与接待,邻里关系融洽。

6.1.3.7 接待人员应热情好客,穿着整齐清洁,礼仪礼节得当。

6.1.3.8 接待人员应能用普通话提供服务。

6.1.3.9 接待人员应掌握并应用相应的服务技能。

6.1.3.10 接待人员应保护游客隐私，尊重游客的宗教信仰与风俗习惯，保护游客的合法权益。

6.1.3.11 夜间应有值班人员或值班电话。

6.1.4 特色和其他

应为所在乡村（社区）人员提供就业或发展机会。

6.2 乙级

6.2.1 环境和建筑

6.2.1.1 周边环境应整洁干净，绿植维护较好，宜有良好的空气质量和地表水质。

6.2.1.2 周边宜有医院或医疗点。

6.2.1.3 周边宜有停车场，方便出入。

6.2.1.4 周边宜有地方特色餐饮。

6.2.1.5 周边宜有地方生产生活方式活动体验点。

6.2.1.6 建筑外观应与周边环境相协调，宜体现当地特色。

6.2.2 设施和设备

6.2.2.1 客房应配备必要的家具，摆放合理、方便使用、舒适美观。

6.2.2.2 客房应有舒适的床垫和柔软舒适的床上棉织品（被套、被芯、床单、枕芯、枕套及床衬垫等）及毛巾。

6.2.2.3 客房应有水壶、茶杯和饮用水。

6.2.2.4 客房应有充足的照明，有窗帘，隔音效果较好。

6.2.2.5 应有方便使用的卫生间，24h 供应冷水，定时供应热水。照明和排风应效果良好，排水通畅，有防滑防溅措施。客房卫生间盥洗、洗浴、厕位宜布局合理。

6.2.2.6 各区域应有满足游客需求、方便使用的开关和电源插座。

6.2.2.7 宜有满足游客需求、方便使用的餐饮区。

6.2.2.8 厨房应有消毒设施，有效使用。

6.2.2.9 厨房应有与接待规模相匹配的冷冻、冷藏设施，生、熟食品及半成食品分柜置放。

6.2.2.10 应有清洗、消毒场所，位置合理，整洁卫生，方便使用。

6.2.2.11 应有布局合理、方便使用的公共卫生间。

6.2.2.12 应有适应所在地区气候的采暖、制冷设施，效果较好，各区域通风良好。

6.2.2.13 宜有与接待规模相匹配的公共区域，配置必要的休闲设施。

6.2.2.14 室内外装修宜体现文化特色。

6.2.3 服务和接待

6.2.3.1 各区域应整洁、卫生，相关设施应安全有效。

6.2.3.2 客房床单、被套、枕套、毛巾等应做到每客必换，并能应游客要求提供相应服务。

6.2.3.3 拖鞋、杯具等公用物品应一客一消毒。

6.2.3.4 卫生间应每天清理不少于一次，无异味、无积水、无污渍。

6.2.3.5 应有有效的防虫、防蛇、防鼠等措施。

6.2.3.6 应提供或推荐多种特色餐饮产品。

6.2.3.7 接待人员应热情好客，穿着整齐清洁，礼仪礼节得当。

6.2.3.8 接待人员应熟悉当地文化旅游资源和特色产品，用普通话提供服务。

6.2.3.9 接待人员应掌握并熟练应用相应的服务技能。

6.2.3.10 接待人员应满足游客合理需求，提供相应服务。

6.2.3.11 接待人员应保护游客隐私，尊重游客的宗教信仰与风俗习惯，保护游客的合法权益。

6.2.3.12 夜间应有值班人员或值班电话。

6.2.4 特色和其他

6.2.4.1 宜建立有关规章制度，定期开展员工培训。

6.2.4.2 宜建立水电气管理制度，有设施设备维保记录。

6.2.4.3 宜提供线上预订、支付服务，利用互联网技术宣传、营销。

6.2.4.4 宜购买公众责任险以及相关保险。

6.2.4.5 应为所在乡村（社区）人员提供就业或发展机会。

6.3 五星级

6.3.1 环境和建筑

6.3.1.1 周边环境应整洁干净、环境优美，宜有良好的空气质量和地表水质。

6.3.1.2 周边宜有医院或医疗点。

6.3.1.3 宜设有民宿导向系统，标志牌位置合理、易于识别。

6.3.1.4 周边宜有停车场，方便出入。

6.3.1.5 周边宜有较多地方特色餐饮。

6.3.1.6 周边宜有地方非遗、风俗、生产生活方式等活动体验点。

6.3.1.7 建筑外观应与周边环境相协调，宜就地取材，突出当地特色。

6.3.2 设施和设备

6.3.2.1 客房、餐厅、公共活动等区域应布局合理。

6.3.2.2 客房应配备必要的家具，品质优良，摆放合理、方便使用、舒适美观。

6.3.2.3 客房应有品质优良的床垫和床上棉织品（被套、被芯、床单、枕芯、枕套及床衬垫等）及毛巾。

6.3.2.4 客房应有水壶、茶具和饮用水，品质优良。

6.3.2.5 客房应有充足的照明，有窗帘，遮光和隔音效果较好。

6.3.2.6 客房应有方便舒适的独立卫生间，24h 供应冷、热水，客用品品质优良。照明和通风应效果良好，排水通畅，有防滑防溅措施。盥洗、洗浴、厕位布局合理。

6.3.2.7 餐厅宜氛围浓郁、方便舒适，满足游客需求。

6.3.2.8 各区域应有满足游客需求、方便使用的开关和电源插座。

6.3.2.9 应有专门的布草存放场所，位置合理，整洁卫生。

6.3.2.10 宜提供方便游客使用的消毒设施。

6.3.2.11 厨房应有消毒设施，有效使用。

6.3.2.12 厨房应有与接待规模相匹配的冷冻、冷藏设施，生、熟食品及半成食品分柜置放。

6.3.2.13 应有清洗、消毒场所，位置合理，整洁卫生，方便使用。

6.3.2.14 应有布局合理、整洁卫生、方便使用的公共卫生间。

6.3.2.15 应有适应所在地区气候的采暖、制冷设施，效果较好，各区域通风良好，宜采用节能降噪产品。

6.3.2.16 应有主题突出、氛围浓郁、与接待规模相匹配的公共活动区域，配置必要的休闲设施。

6.3.2.17 室内外装修应材质优良，宜体现地方文化特色，有主题。

6.3.2.18 宜提供方便有效的音响、充电、调控等智能化设施。

6.3.3 服务和接待

6.3.3.1 各区域应整洁、卫生，相关设施应安全有效。

6.3.3.2 客房床单、被套、枕套、毛巾等应做到每客必换，并能应游客要求提供相应服务。

6.3.3.3 拖鞋、杯具等公用物品应一客一消毒。

6.3.3.4 卫生间应每天清理不少于一次，无异味、无积水、无污渍。

6.3.3.5 应有有效的防虫、防蛇、防鼠等措施。

6.3.3.6 应提供或推荐多种特色餐饮产品。

6.3.3.7 接待人员应热情好客，穿着整齐清洁，礼仪礼节得当。

6.3.3.8 接待人员应熟悉当地文化旅游资源和特色产品，用普通话提供服务。

6.3.3.9 接待人员应掌握并熟练应用相应的服务技能。

6.3.3.10 接待人员应满足游客合理需求，提供相应服务。

6.3.3.11 接待人员应保护游客隐私，尊重游客的宗教信仰与风俗习惯，保护游客的合法权益。

6.3.3.12 夜间应有值班人员或值班电话。

6.3.3.13 宜提供接送服务，方便游客抵达和离开。

6.3.4 特色和其他

6.3.4.1 民宿主人宜有亲和力，游客评价高。

6.3.4.2 应提供不同类型的特色客房。

6.3.4.3 宜建立健全有关规章制度，定期开展员工培训，效果良好。

6.3.4.4 宜建立食品留样制度。

6.3.4.5 宜建立设施设备维护保养、烟道清洗、水箱清洗等管理制度，定期维保、有效运行。

6.3.4.6 宜建立健全水电气管理制度，有台账记录。

6.3.4.7 宜提供线上预定、支付服务，利用互联网技术宣传、营销，效果良好。

6.3.4.8 宜购买公众责任险以及相关保险，方便理赔。

6.3.4.9 应有倡导绿色消费、保护生态环境的措施。

6.3.4.10 应为所在乡村（社区）人员提供就业或发展机会，参与地方或社区公益事业活动。

6.3.4.11 宜参与地方优秀文化传承、保护和推广活动，定期为游客组织相关活动，有引导游客体验地方文化活动的措施。

6.3.4.12 宜利用地方资源开发旅游商品和文创产品，与当地居民或村民有良好互动。

7 等级划分方法

7.1 根据旅游民宿等级划分条件，按照必备项目检查表和一般要求评分表的评价得分确定旅游民宿等级。

7.2 必备项目检查表、一般要求评分表及等级划分具体办法由等级评定机构制定。

附录 2

《乡村民宿服务质量规范》（GB/T 39000—2020）

1 范围

本标准规定了乡村民宿的术语和定义、基本要求、设施设备、安全管理、环境卫生、服务要求、持续改进。

本标准适用于乡村民宿的服务与管理。

2 规范性引用文件

下列文件对于本文件的应用是必不可少的。凡是注日期的引用文件，仅注日期的版本适用于本文件。凡是不注日期的引用文件，其最新版本（包括所有的修改单）适用于本文件。

GB 5749　生活饮用水卫生标准

GB/T 10001.1　公共信息图形符号　第 1 部分：通用符号

GB/T 10001.2　标志用公共信息图形符号　第 2 部分：旅游休闲符号

GB 14934　食品安全国家标准　消毒餐（饮）具

GB 15630　消防安全标志设置要求

GB 50325　民用建筑工程室内环境污染控制规范

3 术语和定义

下列术语和定义适用于本文件。

3.1 乡村民宿 rural homestay inn

位于乡村内，利用村（居）民自有住宅、村集体房舍或其他设施，民宿主人参与接待，方便客群体验当地优美环境、特色文化与生产生活方式的小型住宿场所。

3.2 民宿主人 host of homestay inn

民宿经营管理者。

3.3 文化主题 cultural theme

在建筑设计、空间布局、装修装饰、景观营造、服务内容和方式等方面，体现某种地域、历史、民族或乡土特色的文化内涵。

4 基本要求

4.1 经营场地应符合当地的国土空间总体规划、生态环境保护规划和民宿发展相关规划，无自然灾害（如塌方、洪水，泥石流等）和其他影响公共安全的隐患。

4.2 应依法取得相关经营证照，持证经营。

4.3 应诚信经营，提供的商品或服务明码标价，无虚假宣传、短斤缺两等商业欺诈行为。

5 设施设备

5.1 建筑

5.1.1 主体建筑风貌应与当地的人文民俗、村庄环境景观相协调。附属设施应与主体建筑风格相协调。

5.1.2 室内外设计宜体现出主题特色，空间造型美观，装修格调、材质、工艺、色彩等方面与主题相符。

5.1.3 文物建筑改造为民宿时，应符合文物部门的有关规定。

5.2 客房

5.2.1 主、客区相对独立，功能完善，布局合理，采光、通风、照明、隔音、遮光条件良好。宜有不同类型的特色客房。

5.2.2 客房用品、用具应配置齐全，材质合格，使用方便。不主动提供一次性日用品。

5.2.3 宜根据所在地气候配备取暖、降温设备，制冷、制热效果良好。

5.2.4 客房内宜设有多种规格的电源插座，应有2个及以上供客人使用的插位，开关与插座位置合理。

5.2.5 客房宜单设卫生间，通风、照明条件良好，并配置必要的辅助设施及盥洗用品，干湿分离，应有除臭和防滑措施。给排水设备完好，宜24h供应冷、热水，水流充足。

5.3 餐厅

5.3.1 功能完善，布局合理，面积大小应与最大接待能力相匹配，采光、通风条件良好。

5.3.2 餐具、消具等各种器具配套，无破损，应有卫生的存放空间。

5.4 厨房

5.4.1 功能完善，布局、流程合理，地面经硬化防滑处理，配备通风排烟设施和消防设施。

5.4.2 配有与接待能力相匹配的冷藏、冷冻、消毒等设施设备，生、熟食品及半成品应分柜置放。

5.4.3 应有专门放置临时垃圾的设施并保持其封闭，排污设施（如地槽、抽油烟机和排风口等）保持清洁、通畅。宜设有餐饮污水隔油设施。

5.5 公共卫生间

宜设有公共卫生间。通风、照明条件良好，冲洗设备完好，有防滑措施，各种耗材（如卫生纸、洗手液等）补充及时。

5.6 停泊场所

宜自备或附近有与接待容量相适应的交通工具停泊场所，车辆等停放安全、有序。

5.7 标识标牌

公告类（如规章制度牌）、名称类（如民宿名称标识牌）、警示类（如禁烟标识牌）、指引类（如行路指引牌）标识标牌设置齐全、显目，并应符合 GB/T 10001.1、GB/T 10001.2、GB 15630 等规定，制作和维护良好，位置合理，与环境协调。宜根据需要提供多种语言标识。

6 建筑安全

6.1 安全责任人

应明确安全责任人，建立治安、消防等各类安全管理制度，全面落实安全管理责任。

6.2 建筑安全

6.2.1 建筑物系合法建筑，应符合有关房屋质量安全要求，无乱搭乱建设施。

6.2.2 新建、改建的建筑物应符合有关工程建设强制性标准，依法设计、施工。

6.2.3 改建的建筑物，不破坏建筑主体和承重结构，必要时应采取加固措施并进行安全鉴定，保证建筑使用安全。

6.3 设施设备安全

6.3.1 水、电、气、暖等设施设备及防盗、救护、消防、卫生、娱乐休闲等设施设备应定期检查和保养，保持状态良好，安全可靠。

6.3.2 广告牌、空调机等室外设施设备及线路应安装规范、牢固，不影响通行及人身安全，视觉效果好。

6.3.3 易发生危险的区域和设施应设置显目的安全警示标志，并提前告知安全注意事项。

6.4 食品安全

6.4.1 食品贮存、加工操作应符合国家餐饮服务食品安全操作规范的要求。

6.4.2 食（饮）具卫生应符合 GB 14934 的规定。

6.4.3 生活用水（包括自备水源和二次供水）应符合 GB 5749 的要求。

6.4.4 应建立食品及食材进出台账制度，来源可追溯。

6.5 人身财产安全

6.5.1 宜备有客人常用、应急且在保质期内的外用非处方药品和医疗用品（如创可贴等），并与周边医疗点建立联系机制。

6.5.2 应建立客人人身财产安全保障制度，并与就近派出所或警务站（室）建立联系机制。

6.5.3 应建立客人隐私权保护体系，有效保障客人隐私权益。

6.6 治安消防安全

6.6.1 治安安全

应符合国家及当地民宿治安安全的有关规定，治安安全管理措施包括但不限于：

a）安装并能熟练使用旅馆业治安管理信息系统或手机应用程序（App）住宿登记系统；

b）按照公安机关管理要求严格落实住宿实名制登记工作；

c）在主要出入口设置监控设施，保存监控记录 30 天以上；

d）实行值班制度，发现可疑情况和违法犯罪活动，立即向公安机关报告。

6.6.2 消防安全

应符合国家及当地民宿消防安全的有关规定，消防安全管理措施包括但不限于：

a）每间客房应设有开向户外的窗户，确有困难时，可开向开敞的内天井；窗户不宜设置金属栅栏、防盗网、广告牌等遮挡物，确需设置时，应能以内部易于开启，并可供客人逃生；

b）每间客房应在明显部位张贴疏散示意图，并按照住宿人数每人配备手电筒、逃生用口罩或消防自救呼吸器等器材；

c）疏散通道和安全出口应保持畅通，3 层及 3 层以上楼层应每层配置逃生绳等逃生设施；

d）每 25m^2 应至少配备一具 2kg 以上水基型灭火器或 ABC 干粉灭火器，并放置在各层的公共部位；

e）厨房与建筑内的其他部位之间应采用防火分隔措施。

6.7 安全应急预案

应有火灾、食品安全、疫情预防、治安事件等各类突发事件的处置应急预案，定期演练。

7 环境卫生

7.1 卫生及消毒

7.1.1 各区域应保持环境整洁卫生，物品摆放有序，无乱堆、乱放现象，建筑物及各设施设备无剥落、无污垢、无积尘。

7.1.2 公共用品应一客一换一消毒；若提供非一次性拖鞋，应配备相应的消毒设施。

7.1.3 各区域应采取有效措施，消除老鼠、蟑螂、苍蝇、蚊子等其他有害昆虫及其滋生条件。

7.1.4 饲养的宠物、家禽、家畜应有相应的卫生防疫和安全隔离措施。

7.1.5 垃圾箱或桶布局合理，垃圾宜实行分类收集，清扫及时，日产日清。

7.2 环境保护

7.2.1 装修装饰材料应使用绿色环保材料，室内环境污染物浓度限量应符合 GB 50325 的要求。

7.2.2 污水应经无害化处理，排放应符合国家及当地环保部门的规定。

7.2.3 服务设施建设、经营服务活动等不对周围环境产生声、光、气等污染。

7.2.4 在不降低客人舒适度的前提下，宜选用绿色环保产品。

8 服务要求

8.1 一般要求

8.1.1 立足属地资源禀赋，挖掘和传承地域文化内蕴，宜打造特色文化主题民宿。

8.1.2 有充分利用当地游客接待中心、公共停车场、数字化导览系统、民俗文化等农业农村公共服务资源，满足客人服务需求。

8.1.3 宜针对亲子等不同客群需求，提供特色化服务。

8.1.4 应尊重客人的民族风俗习惯和宗教信仰，主动了解生活和饮食禁忌，提供个性化服务。

8.1.5 对残障人士、老年人、儿童、孕妇等需要帮助的特殊客人，宜提供必要的设施设备，优先服务。

8.1.6 宜根据客人需求提供全程行程规划，活动安排等管家式服务。

8.1.7 设有接待处，宜 24h 提供咨询、接待、入住登记、结账、留言等服务，服务响应及时。

8.1.8 宜实现网上宣传、问询、预订、投诉等功能。宜免费提供覆盖各区域的安全、高速的无线上网服务。

8.2 从业人员

8.2.1 从业人员宜以当地村民为主，应持有效健康合格证明，积极参加各类相关培训，掌握服务接待基本知识和技能，举止文明，态度友好。

8.2.2 主要从业人员应掌握基本急救知识及操作技能，并具备突发事件处置能力。

8.2.3 根据客人需要，从业人员能用多种语言或借助实时翻译设备进行接待服务。

8.3 服务内容

8.3.1 问询服务

8.3.1.1 宜提供现场、电话、网络等多种咨询方式，能准确和耐心解答民宿地址、位置、客房价格、主题特色以及当地民俗文化等常见问询问题。

8.3.1.2 宜提供可供网上查询的民宿相关动态信息，信息应客观，真实。

8.3.2 预订服务

8.3.2.1 宜提供现场、电话、网络等多种预订方式，预订手续便捷，预订信息有效。

8.3.2.2 遇客房预订已满情形，可向客人推荐周边民宿。

8.3.2.3 遇订单变更或取消情形，应及时、有效处理。

8.3.3 接待服务

8.3.3.1 民宿主人宜主动迎送客人，与客人分享民宿故事、生活方式和生活理念。

8.3.3.2 有条件的民宿，可提供电子化、自助式的入住服务。

8.3.3.3 接待处宜提供公用电话、物品寄存、雨具和充电设备出借等服务。

8.3.4 客房服务

8.3.4.1 根据气候和不同地区的实际需要，宜在客人到达前保持客房温度适宜、空气清新。

8.3.4.2 位于山区、海边的民宿，宜根据当地的气候条件采取必要的防潮或除湿措施。

8.3.4.3 宜主动引领客人至客房，介绍入住服务内容，帮助客人熟悉客房设施设备使用，告知注意事项。

8.3.4.4 根据需要，宜提供多种规格的寝具，寝具铺设应方便就寝。

8.3.4.5 宜配有当地民俗文化、农副土特产品、休闲农业和乡村旅游精品线路介绍、卫生防病宣传等资料。

8.3.5 餐饮服务

8.3.5.1 应提供早餐，如不能供餐应提供替代方案。宜提供中餐、晚餐。

8.3.5.2 宜采用当地食材，提供当地风味小吃、农家菜或特色药膳。菜肴烹调制作宜体现农家风味、地方特色。

8.3.5.3 宜提供当地自酿酒、饮料等特色饮品或特色面类食品。

8.3.5.4 餐具、酒具、厨具材质、样式的选择和摆放宜体现当地乡村特色、文化特色。

8.3.5.5 宜主动介绍菜式特点，引导客人合理点餐，提倡健康饮食。餐饮解说宜体现文化内涵。

8.3.5.6 宜提供可供客人亲身体验农家菜、农家小吃制作的共享农家厨房。

8.3.6 休闲体验服务

8.3.6.1 宜提供庭院、绿地、观景台、茶吧或书吧等公共空间。

8.3.6.2 本地民俗事象宜适当纳入客人体验服务项目，事象应展现本真性。

8.3.6.3 宜提供农事、非遗、文创、科普、研学、体育、艺术、康养等体验性或参与性活动项目。

8.3.6.4 宜与周边农户、家庭农场、合作社、园区建立联系，向客人推介当地手工艺品、中药材、农副土特产等特色商品。

8.3.7 离店服务

8.3.7.1 宜提供现金、储蓄卡、信用卡、常用的网络支付等多种结账支付服务，能提供正规发票。

8.3.7.2 宜提供当地农副土特产品、手工艺品等特色伴手礼。

8.3.7.3 遇客人在店遗失物品情形，应迅速联系，妥善处理。

9 持续改进

9.1 服务改进

9.1.1 应建立并实施服务投诉处理机制，包括但不限于：

a）设立如电话投诉、网络投诉、意见簿等有效投诉渠道，并向客人明示，收集意见和投诉问题；

b）在合理或承诺的期限内完成投诉处理，处理结果应及时向投诉者反馈；无法有效处理的，应向投诉者耐心解释；

c）所有投诉应有记录，并可提供投诉处理的进度查询。

9.1.2 应建立并实施服务补救措施的管理程序，包括但不限于：

a）服务补救方针；

b）服务失误分析和分类；

c）服务补救预案及措施；

d）服务补救结果评价。

9.1.3 应制定和实施服务改进措施，包括但不限于：

a）对不合格服务和投诉进行控制，识别和分析原因，及时采取纠正和预防措施；

b）定期对服务质量进行自我评价，结合客人反馈意见与自我评价结果采取改进措施，持续改进服务质量。

9.2 邻里关系维护

9.2.1 应建立并实施邻里关系维护措施，包括但不限于：

a）自觉遵守村规民约，尊重当地社会风俗和生活方式，并提前告知客人注意事项；

b）积极参与当地公益事业或公益活动；

c）主动融入当地社群活动，与邻里建立互帮互助关系；

d）与邻里保持良好沟通，及时纠正占用邻里土地等损害邻里利益的行为。

9.2.2 应定期对邻里关系状况开展自我评估，结合评估结果采取有效措施，持续改善邻里关系。

附录3

《民宿服务规范》（DB4403/T 21—2019）

1 范围

本标准规定了民宿的术语和定义、服务承诺、物理接触点体验要求、服务要求、管理要求、服务等级划分与评审等方面要求。

本标准适用于在深圳市正式营业的民宿的服务与管理。

2 规范性引用文件

下列文件对于本文件的应用是必不可少的。凡是注日期的引用文件，仅注日期的版本适用于本文件。

凡是不注日期的引用文件，其最新版本（包括所有的修改单）适用于本文件。

GB 2894　安全标志及其使用导则

GB 5749　生活饮用水卫生标准

GB 8978　污水综合排放标准

GB 9663　旅店业卫生标准

GB/T 10001.1　公共信息图形符号　第1部分：通用符号

GB/T 10001.2　标志用公共信息图形符号　第2部分：旅游休闲符号

GB/T 12455　宾馆、饭店合理用电

GB 14934　食（饮）具消毒卫生标准

GB 16153　饭馆（餐厅）卫生标准

GB/T 18883　室内空气质量标准

GB/T 22800　星级旅游饭店用纺织品

GB 50118　民用建筑隔声设计规范

SZDB/Z 153　住宅区生活垃圾分类操作规程

SZDB Z 254　饮食业油烟排放控制规范

SZDB/Z256　餐饮业食品安全管理规范

3 术语和定义

下列术语和定义适用于本标准。

3.1 民宿 homestay　inn

城乡居民利用自己拥有所有权或者使用权的住宅或者其他条件开办的，结合当地人文、自然景观、生态、环境资源及农林渔牧生产等活动，民宿主人参与接待，为旅游者提供体验当地自然景观、特色文化与生产生活方式的小型住宿设施。

3.2 民宿主人 owner and/or investor

3.3 物理接触点 physical touch point

服务环境、服务设施设备、服务用品等与客户接触的物理位置。

3.4 神秘顾客 mystery customer

以顾客的身份对特定服务实施隐秘观察或测评的个人或组织。

4 服务承诺

4.1 民宿应提供以下但不限于服务内容：接触点服务、预订服务、接待服务、客房服务、餐饮服务、特色服务、资讯服务、互动服务。

4.2 民宿应对以上服务内容提出服务承诺，内容可包括但不限于：

a）美观大方、优雅舒适的接触点服务；

b）方便快捷、亲切友好的预订服务；

c）热情周到、细心体贴的接待服务；

d）温馨舒适、干净整洁的客房服务；

e）安全卫生、健康美味的餐饮服务；

f）内容丰富、主题鲜明的特色服务；

g）及时准确、充分完整的资讯服务；

h）亲切友好、耐心礼貌的互动服务。

5 物理接触点体验要求

民宿应通过建立服务流程（或服务蓝图），识别并关注影响游客体验的物理接触点，如庭院、接待区域、楼梯、走廊、公共洗手间、休闲娱乐区及其他公共区域，为游客创造美好的体验，宜包括但不限于以下要求：

a）景观、装修、绿化、节日装饰等美观大方，与民宿风格及周边环境协调一致；

b）标识标牌清晰完好，路线指引准确；

c）整体环境干净整洁，无明显噪声，室内温湿度适宜；

d）公共设备设施功能正常，遇故障应及时维修；

e）宜考虑残障人士、年长者等特殊人群的需求，可提供方便特殊人群使用的无障碍措施等。

6 服务要求

6.1 预订服务

6.1.1 应提供准确清晰的预订指引和真实完整的预订信息。

6.1.2 应提供多种畅通有效的预订渠道，包括但不限于电话、网络、现场等。

6.1.3 应提供友好的线上和线下预订服务。

6.1.4 应提供方便、快捷和准确的预订服务。

6.1.5 应及时将预订成功的提醒信息传达给游客。

6.1.6 若预订有变更，应及时、妥当处理。

6.2 接待服务

6.2.1 工作人员应有身份标识，仪容仪表整洁大方。

6.2.2 工作人员应主动热情问候并欢迎游客入住民宿。

6.2.3 当游客有需要时，可提供接送站、行李搬运服务。

6.2.4 为自驾车游客提供停车指引、代客泊车等服务。

6.2.5 应及时办理入住手续，介绍客房及基本设施、服务及安全提示。

6.2.6 可预备茶水小吃、书报杂志等物品供住客消遣等待时间。

6.2.7 若出现意外情况（工程、维修过程中的安装等），应及时通知游客。

6.2.8 应提供快捷准确的退房及结账服务。

6.2.9 可提供多种结账方式和结账凭证。

6.2.10 应在游客离店前提醒是否遗留重要物品，在游客离店时向游客致谢并告别。

6.2.11 工作人员可为有需求的游客提供当地旅游资源、线路规划及行程安排等服务。

6.2.12 宜为游客提供个性化服务。

6.2.13 宜提供行李物品寄存服务。

6.2.14 宜提供雨具、针线、充电设备等便民物品租借服务。

6.2.15 宜为遇到困难及需要帮助的游客提供力所能及的协助。

6.3 客房服务

6.3.1 应每天进行客房清洁及整理，客房和卫生间应整洁卫生、空气清新无异味。

6.3.2 所有设施设备（包括安全装置）和家具（含床及床垫）应处于良好的工作状态。

6.3.3 在游客通知设施设备发生故障时，工作人员应及时进行维修。

6.3.4 应客人要求及时清扫房间，在合适的时间进行客房清洁及整理，不打扰客人。

6.3.5 应提供设施设备使用手册（简易操作设备除外）和准确的服务目录。

6.3.6 宜提供书报、杂志及旅游出版物等。

6.3.7 可应游客要求提供多种规格或类型的枕头（被芯）供其选择。

6.3.8 床上用棉织品（床单、枕芯、枕套、被芯、被套及床衬垫等）及卫生间针织用品（浴巾、浴衣、毛巾等）应做到每客一换，长住游客应其要求更换。

6.3.9 应及时补充客用品和消耗品，洗漱、杯具用品应清洗消毒，无污渍、无破损。

6.3.10 卫生间及淋浴设施应有防潮、防滑、防溅措施，24 小时供应冷热水。

6.3.11 宜为客房配置室外阳台及相关家具（如休闲桌椅、茶具等），确保干净整洁、方便使用。

6.3.12 宜有覆盖客房的无线网络，连接方便、高速有效。

6.3.13 可提供入住欢迎卡、欢迎礼包或个性化的欢迎服务。

6.3.14 宜提供点心、应季水果、饮料、饮用水等简单食品和饮品，并配置水果刀、钗等相应用具。

6.3.15 可应游客要求提供叫醒服务。

6.3.16 可提供洗衣、熨烫、修补等服务，并在承诺的时间内交还给游客。

6.4 餐饮服务

6.4.1 偏远地区或周边没有配套的餐饮店及四星、五星级民宿应提供早餐。

6.4.2 服务台或用餐区域醒目位置应标明提供餐饮服务的时间或周边配套餐饮店的信息。

6.4.3 餐厅装修布置、餐饮用具配置与菜品、饮品搭配协调。

6.4.4 菜肴等食品的原料应新鲜，品种选择和烹调制作宜体现民宿主题或地方餐饮文化特色。

6.4.5 不应以野生、保护动植物为食品原料。

6.4.6 游客就餐时及时提供相应服务或服务指引。

6.4.7 宜提前了解游客的饮食习惯和需求。

6.4.8 可为游客提供自助厨房和设施设备、用品。

6.5 特色服务

民宿应立足当地旅游资源，挖掘地方历史典故和人文资源，创新设计独特的娱乐、休闲活动，打造民宿特色，为游客提供特色服务，使游客拥有独特的民宿生活体验。民宿的特色服务可包括但不限于以下内容。

6.5.1 建筑或客户特色

6.5.1.1 建筑或客房具有明显特色、主题鲜明。

6.5.1.2 可为游客提供建筑或客房特色导览服务。

6.5.2 生态或景观特色

6.5.2.1 具有探索自然生态、乡村田园、山海风光或海洋生态文明等生态或景观资源。

6.5.2.2 宜在不破坏、不影响生态环境的原则下为游客提供教育、体验或导览、导游活动。

6.5.3 人文或历史特色

6.5.3.1 展示和介绍与当地相关的历史、文化、习俗、文物、古迹等。

6.5.3.2 宜为游客组织特别设计的活动，让游客了解和体验当地的人文和历史等内容。

6.5.4 非遗或艺术特色

6.5.4.1 收藏、展示地方非遗或字画等艺术品，以艺术品位创造民宿美学空间。

6.5.4.2 宜为游客举办展览、展演、音乐会、文艺表演等活动，展现当地艺术成就。

6.5.5 运动或体验特色

6.5.5.1 可为游客组织团体运动或特色体验项目（高危项目除外）。

6.5.5.2 及时向游客讲解操作及安全指南和注意事项并提供适当的服务。

6.5.6 特产或美食特色

6.5.6.1 展示和推广当地特产、手信等旅游纪念品，可为游客提供品尝试吃、自助烹饪等活动。

6.5.6.2 可利用当地食材和传统技法烹饪体现地方餐饮文化特色的美食，为有需要的游客推荐和销售当地特产。

6.6 资讯服务

6.6.1 民宿应提供多种资讯，包括但不限于：

a）基本概况包括民宿介绍、地址与联络方式、标识指引、交通指南、预订及服务条款；

b）服务项目包括餐饮服务、增值服务、特色服务的内容、价格和服务时间，投诉与建议等；

c）旅游资源包括旅游景点、历史古迹、民俗文化等资讯；

d）其他资讯如医疗、治安、消防等相关信息；

e）统计报表：相关部门要求的统计资料及信息。

6.6.2 应提供获取上述资讯的途径，可包括但不限于：

a）旅游地图，服务手册，宣传视频等；

b）网络平台，公众号，应用程序等。

6.6.3 应对以上资讯及时更新，确保准确完整。

6.7 互动服务

6.7.1 在游客到达之前，应提前将交通指引发给游客，宜在游客出行之前采取合适的方式及时互动。

6.7.2 可应游客需要与入住的游客积极进行线上、线下互动。

6.7.3 应密切关注游客的线上、线下反馈，及时予以回应或采取适当措施。

6.7.4 应耐心聆听游客的意见、建议或投诉。

6.7.5 应尽快提出解决方案，迅速解决问题。

6.7.6 应以通俗易懂的语言和合理的方式及时与游客沟通投诉处理的过程与结果。

6.7.7 应在承诺的时间内完成投诉的处理和回复。

6.7.8 若遇未能解决的投诉，应通过行业协会、消协或政府相关部门协调解决。

6.7.9 应清晰、完整地记录和保存游客提出的赞扬、意见、建议和投诉。

7 管理要求

7.1 人员管理

7.1.1 工作人员要求

7.1.1.1 应持有有效健康证明和卫生知识培训合格证明。

7.1.1.2 应掌握服务接待礼仪知识，文明礼貌、态度热情接待游客。

7.1.1.3 应熟练掌握相关工作岗位的知识和技能。

7.1.1.4 应熟悉安全设施设备的位置和使用方法，能及时有效地解决安全问题。

7.1.1.5 应保护游客隐私，除发生紧急情况外，未经游客许可，不得随意进入游客房间。

7.1.1.6 应接受必要的培训，宜通过相应的考核或获得相应的证书。

7.1.1.7 应根据民宿规模和服务承诺配备合适数量的专职工作人员。

7.1.1.8 宜熟悉当地旅游资源、历史典故、特色美食、当地特产等信息，适当时为游客推荐。

7.1.1.9 宜对儿童、老人与行动不便等特殊人群优先提供服务。

7.1.1.10 宜掌握基本急救知识及技能。

7.1.2 民宿主人要求

7.1.2.1 应主动热情地接待游客及提供服务。

7.1.2.2 应与游客分享民宿故事、生活与工作经验（经历），展示自己的特长和技能，传递生活美学和弘扬地方文化。

7.1.2.3 应熟悉当地旅游资源、历史典故、特色美食、当地特产等信息。

7.1.2.4 应积极参与当地政府部门、社团和社区等单位组织的会议、培训等活动。

7.1.2.5 应具备作为公共安全、消防安全及食品安全第一责任人所需要的知识和技能。

7.1.2.6 应提供有效的资源和支持，执行民宿服务和管理要求。

7.1.2.7 应确保外部提供的产品和服务符合要求。

7.1.2.8 应定期组织突发事件应急预案演练。

7.1.2.9 宜具备创新意识，满足消费者不断变化的需求。

7.1.2.10 宜促进当地产业和文明建设。

7.2 环境卫生

7.2.1 经营场所各区域室内空气应无毒、无害、无异常嗅味，室内空气质量符合 GB/T 18883 规定。

7.2.2 经营场所各区域应整洁卫生，符合 GB 9663 的规定。

7.2.3 若有庭院或花园等室外区域，应有绿化并维护良好。

7.2.4 客房卫生间和公共卫生间应整洁卫生、无异味。

7.2.5 应设置布局合理、数量足够的垃圾桶或箱，并确保其清洁及时，无垃圾满溢。

7.2.6 生活垃圾分类投放应符合 SZDB/Z 153 的规定。

7.2.7 应在经营场所各区域采取安全有效的虫鼠害控制措施。

7.2.8 应合理安排环境卫生作业时间，不影响游客休息和休闲。

7.2.9 若有饲养宠物等动物应有相应卫生措施。

7.3 设施设备和用品

7.3.1 公共区域

7.3.1.1 应有清晰可见的入口。

7.3.1.2 应有标识标牌且符合 GB/T 10001.1 和 GB/T 10001.2 的规定。

7.3.1.3 应提供连接快捷、高速稳定的无线网络。

7.3.1.4 应有服务台为游客办理入住、问询和结账等手续。

7.3.1.5 应有规范的文字清楚标示各种房型价目表、服务项目、投诉热线等信息。

7.3.1.6 应有规模适当、规划合理的室内外休息、休闲区域并配备相应设施设备及物品。

7.3.1.7 应有独立公共卫生间并配备相应设施设备及物品。

7.3.1.8 所有设施设备应维护良好、功能齐全。

7.3.1.9 应有适当的装修装饰。

7.3.1.10 主、客区宜相对独立。

7.3.1.11 宜提供音质良好、符合民宿主题的背景音乐。

7.3.1.12 宜为游客提供停车设施。

7.3.1.13 宜设置无障碍设施。

7.3.2 客房

7.3.2.1 客房内空间布局合理，有不同的房型可供选择。

7.3.2.2 家具应材质良好，体量适当，摆放合理，无明显破损及污迹。

7.3.2.3 所有灯具能正常使用，宜有功能照明、重点照明、氛围照明且和谐统一。

7.3.2.4 方便游客使用的灯光控制装置。

7.3.2.5 床体稳固完好、床垫硬度适中无变形，规格尺寸符合相应要求。

7.3.2.6 客房应提供材质良好、柔软舒适及足够数量的床上用棉织品及卫生间针织用品，符合 GB/T 22800 的规定。

7.3.2.7 应有内窗帘及外层遮光窗帘，遮光效果良好。

7.3.2.8 门、窗、墙壁隔音效果良好，符合 GB 50118 的规定。

7.3.2.9 配置的空调安装位置合理、功能正常，无明显噪声。

7.3.2.10 配置的冰箱无噪声，清洁无异味。

7.3.2.11 应有网络覆盖（无线 / 有线），并配有使用说明。

7.3.2.12 客房内提供至少两种规格的电源插座，位置合理，方便使用。

7.3.2.13 客房内配备的视听设备及遥控器功能完好。

7.3.2.14 客房内配备相应数量及种类的客用品及消耗品。

7.3.2.15 客房有独立卫生间，有抽水恭桶、梳妆台、浴缸或淋浴室，配有浴帘或干湿分离。

7.3.2.16 冷热水标识清晰，上下水设备完好，水温稳定，水流充足，排水顺畅。

7.3.2.17 宜配置衣橱等物品储存空间。

7.3.2.18 宜配置智能化设施设备。

7.3.3 餐厅

7.3.3.1 餐厅采光、通风良好。

7.3.3.2 餐桌椅布局、数量与接待规模相配套，通道空间通畅。

7.3.3.3 餐具齐全、洁净完好。

7.3.3.4 配备与接待规模相适应的冰箱、冰柜冷藏设施、电子消毒柜、餐具清洁柜、切配操作台。

7.3.3.5 应提供洗手设施及干手用品或设施。

7.3.3.6 宜提供自助设施设备和用品。

7.4 安全管理

7.4.1 公共区域安全

7.4.1.1 外部主要进入通道有照明设施且照明充足、完好。

7.4.1.2 应按规定在民宿主要出入口及公共区域设置视频监控设备，确保功能良好、运转正常。

7.4.1.3 视频监控设备及影像记录应有严格管理制度，注意保护游客隐私。

7.4.1.4 宜安装紧急报警系统。

7.4.2 消防安全

7.4.2.1 应建立健全的防火责任制和消防安全制度。

7.4.2.2 应配齐并维护保养消防设施、器材。

7.4.2.3 应设置合理的消防通道和安全疏散通道，无安全隐患。

7.4.2.4 应对消防设施设备、应急物资定期进行检查，保证齐全、完好有效。

7.4.2.5 应对工作人员进行消防安全教育培训。

7.4.2.6 应按规定进行消防演练。

7.4.2.7 应符合用电规范，定期检查、维护和保养电气安全设备。

7.4.3 客房安全

7.4.3.1 客房内显著位置张贴应急疏散图、应急联络信息及相关说明。

7.4.3.2 客房的门及窗户牢固完好。所有门及窗户安装内锁且功能完好。

7.4.3.3 底层房屋和容易攀爬的阳台及窗户要有防盗措施，但设置的防盗措施需同时符合消防要求。

7.4.3.4 客房二楼以上窗户打开须满足角度限制要求。

7.4.3.5 客房门锁、门禁卡或钥匙执行相应管理制度。

7.4.4 人身财产安全

7.4.4.1 确保民宿中有工作人员在岗在位，明确当值人员值班责任。

7.4.4.2 按公安部门的规定执行游客入住登记及访客登记手续。

7.4.4.3 建立及落实安全巡查制度并做好相关记录，一旦发现犯罪活动以及可疑人员、危险物品和可能影响安全的重大情况应立即报告属地公安机关。

7.4.4.4 对可能危及游客人身或者财产安全的情形应当明确警示，安全标志应符合 GB 2894 要求，并采取有效的防范措施。

7.4.4.5 不储存易燃易爆物品，液化石油气等应由专人保管、放置在阴凉通风处且同火源和热源保持安全距离。

7.4.4.6 举办各种活动时，工作人员应实施现场管控，避免破坏周边环境、妨害公共卫生和正常的社会秩序；各种活动结束后，应有工作人员巡查，确保无安全隐患。

7.4.4.7 应为游客配置专用保管箱（柜）寄存贵重物品。

7.4.4.8 建立和执行客人遗留物品管理制度。

7.4.4.9 宜投保公众责任险、火灾事故险、雇佣人员人身伤害意外险等商业保险。

7.4.5 食品安全

7.4.5.1 餐厅和厨房卫生应符合 GB 16153 的规定。

7.4.5.2 食品来源安全卫生，采购宜做到索票索证。

7.4.5.3 生活用水应符合 GB 5749 的规定。

7.4.5.4 餐具使用、食品制作、储存等应符合《餐饮业食品安全管理规范》SZDB/Z 256 的规定。

7.4.5.5 各个卫生保洁设施正常运转和使用。

7.4.5.6 使用无毒、无害、清洁的食品包装材料、容器和售货工具。

7.4.5.7 严格执行消毒制度，餐饮具应经清洗消毒后使用，消毒餐（饮）具的卫生要求符合 GB 14934 的规定。

7.4.5.8 使用的洗涤剂、消毒剂应当对人体安全、无害，防止对食品造成污染。

7.4.6 信息安全

7.4.6.1 游客个人信息只能用作治安管理信息系统或游客信息采集系统的登录。

7.4.6.2 民宿应确保依法获取的游客个人信息的安全，不得非法收集、使用、加工、传输游客个人信息，不得非法买卖、提供或者公开消费者个人信息。

7.4.6.3 提供互联网服务应符合网络安全管理相关规定，确保网络数据安全，防止游客信息外泄。

7.4.6.4 所有涉及游客个人信息的电子或纸质记录应按相关规定保存，记录报废时应防止消费者信息外泄，做好相关的预防措施。

7.4.6.5 不可设置妨害游客隐私的设备，在醒目位置公示设置的视频监控设备。

7.4.7 自然灾害

7.4.7.1 靠近山体的民宿应设置护坡墙等防止山体滑坡的设施。

7.4.7.2 空旷处或较周边高的民宿应设置防雷设施，并确保功能完好。

7.4.7.3 应设置有效的排水设施，并确保通畅，地下室或地势低洼地带需配备应急电源和潜水泵等排水设备。

7.4.7.4 台风期间通过公示牌等方式实时播报台风信息；台风前准备充足的应急照明和应急食品，通过加固、拆除和转移等措施防止出现高空坠物、建筑物进水和其他财产损失；台风期间禁止一切的户外活动。

7.4.7.5 如遇台风、暴雨等极端恶劣天气，应依据政府相关部门要求采取停止营业等必要安全措施。

7.4.8 应急管理

7.4.8.1 民宿应建立并实施风险与应急预案管理机制：

a）针对民宿可能发生的突发性停电停水和重要设备设施的故障的应急预案和处置

措施；

b）针对突发性事件（如自然灾害、公共卫生事件和社会安全事件等）的应急预案；

c）关注专业部门的地质灾害（如滑坡、泥石流、地震等）和气象灾害（如台风、雷暴、洪水、大雾等）的预报信息，建立灾害预警机制，及时采取安全疏散游客的措施；

d）应配置应急资源，并按照旅游主管部门门相关规定对上述预案进行备案定期演练，并就上述应急预案与社会资源建立联动机制。

7.4.8.2 发生意外事件时，及时采取应急措施，维护民宿服务正常进行，保护游客人身与财产安全。

7.4.8.3 民宿应急预案终止实施后，应积极采取措施，在尽可能短的时间内，努力消除事故带来的不良影响，妥善安置和慰问受害及受影响的人员和单位。

7.4.8.4 事故处理后，民宿应及时形成事故应急总结报告，完善应急救援工作方案。

7.5 绿色环保

7.5.1 达标排放

7.5.1.1 提供餐饮服务的民宿应安装油烟净化装置，运行正常，并定期清理。

7.5.1.2 产生噪声的活动应在限定的时间进行，不存在扰民和影响消费者安宁的现象。

7.5.1.3 废（污）水和油烟排放符合 GB 8978 和 SZDB/Z 254 的要求。

7.5.2 绿色运行

7.5.2.1 绿色运行应以保证服务质量为前提，充分关注游客的健康和利益。

7.5.2.2 建筑物的设计和日常运营应考虑尽可能减少能源的消耗和对环境的不利影响。

7.5.2.3 设施设备选择和运营充分体现绿色节能、低碳环保的理念。

7.5.2.4 应鼓励和提醒游客绿色消费，宜采取适当的奖励措施。

7.5.2.5 采取相应措施减少能源使用，推荐按照 GB/T 12455 的要求合理用电。

7.5.2.6 节约用水，宜循环使用。

7.5.2.7 采取相应措施减少污染物排放。

7.5.2.8 宜在耗电耗水等设施设备上安装自动感应控制装置。

7.5.2.9 宜采用自然采光、太阳能、风能等再生资源。

7.5.3 绿色室内环境

7.5.3.1 在餐厅及其他公共场所设置禁烟标识。

7.5.3.2 在新建或重新翻新时，鼓励使用环保材料。

7.5.3.3 宜有良好的新风系统或空气净化装置。

8 评价要求

8.1 客户满意监视与评价

民宿应按本标准服务与管理要求定期监视游客对其需求和期望已得到满足的程度的感受，包括但不限于顾客调查、顾客对交付服务的反馈、顾客拜访、顾客赞扬。当采取顾客调查监视顾客满意，组织应：

a）按本标准要求策划并编制客户满意度调查表；

b）每年进行至少一次独立的顾客调查，调查的内容应包括但不限于本标准中的服务与管理要求；通过第三方满意度调查获取的信息应与同行和 / 或标杆民宿进行对比评价，并形成书面报告。

8.2 服务与管理要求的检查与评价

8.2.1 现场检查（明察）与评价民宿应按策划的时间间隔对本标准中的服务与管理要求实施现场检查，包括但不限于：

a）策划并制定包含定期检查和专项检查的现场检查方案，并制定覆盖所有的服务与管理要求的检查表；

b）定期检查应每季度至少覆盖所有的服务与管理要求一次，专项检查应针对关键区域、关键时段、关键事件进行策划和实施；

c）民宿应对检查结果形成书面报告，明确描述所发现的不符合事项、服务与管理的改善点和提升点，并与过往所发现的不合格项进行对比分析和评价，提出改善措施，并跟进改善成效。

8.2.2 神秘顾客检查（暗访）与评价

为了解游客对民宿所提供服务的实际感受，持续提升服务质量，民宿应定期实施神秘顾客检查（暗访）与评价，包括但不限于：

a）按本标准服务与管理要求设计神秘顾客检查方案和检查表，调查的内容应参考本标准中的服务与管理的要求；

b）每年至少进行一次独立的神秘顾客检查；

c）组织应对检查结果形成书面报告，明确描述所发现的不符合事项、服务与管理的改善点和提升点，并与过往神秘顾客检查情况进行对比分析和评价，提出改善措施，并跟进改善成效。

9 服务等级划分与评审

9.1 服务等级划分

9.1.1 民宿服务等级分为三个级别，由低到高分别为三星级、四星级和五星级。服务等级越高，表示民宿的服务内容更加丰富、服务质量更加优质、设施设备更加完善、环境卫生和安全管理更加规范、管理制度更加健全。

9.1.2 民宿服务等级评审内容具体见附录 A 服务要求评审表和附录 B 管理要求评审表。

9.1.3 三星级应达到本标准附录表 A.1 及附录表 B.1 所有条款要求的至少 60%。

9.1.4 四星级应达到本标准附录表 A.1 及附录表 B.1 所有条款要求的至少 75%。

9.1.5 五星级应达到本标准附录表 A.1 及附录表 B.1 所有条款要求的至少 85%。

9.2 服务等级评审要求

9.2.1 服务等级评审原则：客观公正、公开透明、真实有效。

9.2.2 民宿正常营业满一年可申请服务等级评审。

9.2.3 民宿近一年未发生相关违法违规事件。

9.2.4 民宿评审实行退出机制，经营过程中出现以下情况将取消服务等级：

a）发生违法违规事件；

b）出现卫生、消防、安全等责任事故；

c）发生重大投诉；

d）发生造成社会恶劣影响的其他事件；

9.2.5 取消服务等级后一年内不得申请评审。

9.2.6 通过服务等级评审后，民宿的服务和管理若不符合相应等级的要求，服务等级评审委员会酌情处理如下：书面警告、通报批评、限期整改、降低或取消等级。

9.2.7 通过服务等级评审的民宿可在下一年度申请更高等级的评审，其评审程序与首次评审相同。

9.2.8 服务等级评审的有效期为二年，二年期满后应进行重新评审。

附录4

《乡村民宿建筑消防安全规范》（DB11/T 53—2020）

1 范围

本文件规定了乡村民宿的建筑要求、消防技术措施和消防安全管理。

本文件适用于单体经营规模为经营用客房数量不超过14间（套）、建筑面积不超过800m² 乡村民宿的建筑防火改造、消防设施建设和消防管理。

本文件不适用于窑洞、毡房、蒙古包等建筑形式的民宿。

2 规范性引用文件

下列文件对于本文件的应用是必不可少的。凡是注日期的引用文件，仅注日期的版本适用于本文件。凡是不注日期的引用文件，其最新版本（包括所有的修改单）适用于本文件。

GB/T 5907.1　消防词汇第1部分：通用术语

GB/T 5907.2　消防词汇第2部分：火灾预防

GB 8624　建筑材料及制品燃烧性能分级

GB 25506　消防控制室通用技术要求

GB 50057　建筑物防雷设计规范

GB 50116　火灾自动报警系统设计规范

DB11/T 301　燃气室内工程设计施工验收技术规定

DB11/ 450　餐饮服务单位使用瓶装液化石油气安全条件

DB11/ 1022　简易自动喷水灭火系统设计规程

DB11/ 1624　电动自行车停放场所防火设计标准

DB11/T 1632　农村家庭用户天然气管道工程技术规范

3 术语和定义

下列术语和定义适用于本文件。

3.1 通用

3.1.1 乡村民宿 rural homestay inn

利用位于村庄的村民自有住宅或其他合法建筑，结合本地人文环境、自然景观、生态资源及生产、生活方式，为旅游者提供住宿、餐饮服务的场所。

3.1.2 耐火极限 fire resistance rating

在标准耐火试验条件下，建筑构件、配件或结构从受到火的作用时起，至失去承载能力、完整性或隔热性时止所用时间，用小时表示。[GB/T 5907.2—2015，2.3.12]

3.1.3 难燃性 difhcult flammability

在规定的试验条件下，材料难以进行有焰燃烧的特性。[GB/T 5907.1—2014，2.55]

3.1.4 可燃性 combustibility

在规定的试验条件下，材料能够被引燃且能持续燃烧的特性。[GB/T 5907.1—2014，2.54]

3.1.5 易燃性 flammability

在规定的试验条件下，材料发生持续有焰燃烧的能力。[GB/T 5907.1—2014，2.53]

3.1.6 可燃物 combustible（n.）

可以燃烧的物品。[GB/T 5907.1—2014，2.49]

3.2 疏散

3.2.1 安全出口 safety exit

供人员安全疏散用的楼梯间、室外楼梯的出入口或直通室内外安全区域的出口。[GB/T5907.2—2015，2.3.1]

3.3 建筑

3.3.1 防烟楼梯间 smoke-proof staircase

在楼梯间入口处设置防烟的前室、开敞式阳台或凹廊（统称前室）等设施，且通向前室和楼梯间的门均为防火门，以防止火灾的烟和热气进入的楼梯间。[GB/T 5907.2—2015，2.1.7]

3.3.2 封闭楼梯间 enclosed staircase

在楼梯间入口处设置门，以防止火灾的烟和热气进入的楼梯间。[GB/T 5907.2—2015，2.1.8]

3.3.3 敞开楼梯间 open staircase

建筑物内由墙体等围护构件构成的无封闭防烟功能，且与其他使用空间相通的楼梯间。

3.3.4 敞开楼梯 open stairway

建筑物内不封闭的楼梯。[GB/T 5907.2—2015，2.1.1]

4 基本要求

4.1 设有乡村民宿的村庄，其消防安全布局、消防车通道、消防水源、消防电源、消防通信、消防装备、消防组织等应纳入乡镇总体规划、乡规划和村庄规划，并与其他基础设施统一规划、同步实施。

4.2 装修材料的燃烧性能等级应符合 GB 8624 的要求。

4.3 室内燃气工程的设计、施工及验收应符合 DB11/T 301 以及 DB11/T 1632 的要求。使用瓶装液化石油气的乡村民宿，应满足 DB 11/450 的相关要求。

4.4 电气产品、线缆应采用符合现行国家标准的合格产品。

4.5 位于可能发生对地闪击地区的乡村民宿，其防雷设计应符合 GB 50057 的规定。

5 建筑要求

5.1 建筑分类与建筑规模

5.1.1 按照建筑材料的燃烧性能，乡村民宿可分为三类：

——A 类，墙、柱、梁、楼板、楼梯和屋顶承重构件等均为不燃材料；

——B 类，墙、柱、梁、楼板、楼梯等均为不燃材料，屋顶承重构件为可燃性材料；

——C 类，墙、柱、梁、楼板任意构件为可燃性材料。

5.1.2 C 类乡村民宿经营用建筑层数地上不应超过 2 层，第二层经营面积不应超过 300m^2。

5.2 建筑构件

5.2.1 A 类乡村民宿采用钢结构时，柱的耐火极限不应低于 2.5h、梁的耐火极限不应低于 1.5h、屋顶承重构件的耐火极限不应低于 1.0h。

5.2.2 B 类乡村民宿采用钢结构时，柱的耐火极限不应低于 2.0h、梁的耐火极限不应低于 1.0h、屋顶承重构件的耐火极限不应低于 0.5h。

5.3 平面布置

5.3.1 客房、餐厅、休闲娱乐区、零售区、厨房等不应设置在地下室或半地下室。

5.3.2 火炕的灶门不宜位于卧室内。

5.3.3 使用明火的厨房宜独立设置，确需设置在建筑内部的厨房与其他部位之间应采取防火分隔措施。

5.3.4 采用瓶组方式供应液化石油气的，应设置瓶组气化间，存储的气瓶总容积应在 $1m^3$ 以下；备用的液化石油气钢瓶应存放于专门的储瓶间。

5.3.5 燃气设施不得设置在客房、餐厅、楼梯间、疏散走道及公共活动空间内。

5.3.6 疏散楼梯宜靠外墙设置。

5.3.7 电动汽车停放场所宜独立设置，确需设置在建筑内部时，应与其他部位之间采取防火分隔措施。

5.3.8 电动自行车停放场所应符合 DB 11/1624 的相关规定。

5.3.9 附设在建筑内的消防控制室，宜设置在建筑首层或地下一层，宜布置在靠外墙部位，并应符合 GB 50116 和 GB 25506 的要求。

5.4 防火分隔

5.4.1 乡村民宿与其他建筑贴邻布置时，贴邻处外墙应为不开设门、窗、洞口且厚度不低于 120mm 的不燃性实体墙。

5.4.2 位于同一建筑内的不同乡村民宿之间，应采用不开设门、窗、洞口且厚度不低于 120mm 的不燃性实体墙进行分隔。

5.4.3 乡村民宿内不同使用功能用房之间，应采用厚度不低于 120mm 的不燃性实体墙进行分隔。

5.5 安全疏散

5.5.1 位于同一建筑内的不同乡村民宿应独立设置疏散路径；乡村民宿与其他使用功能用房合建时，应分别独立设置疏散路径。

5.5.2 建筑内的安全出口不应少于 2 个。符合下列条件之一的乡村民宿，可设置 1 部疏散楼梯：

——A 类，使用楼梯疏散的总人数不超过 50 人且房间门至疏散楼梯的最远疏散距离不大于 15m；

——B 类，使用楼梯疏散的总人数不超过 25 人且房间门至疏散楼梯的最远疏散距离不大于 15m；

——C 类，使用楼梯疏散的总人数不超过 15 人且房间门至疏散楼梯的最远疏散距离不大于 15m。

5.5.3 安全出口应分散布置，且同一民宿每个楼层相邻两个安全出口最近边缘之间的水平距离不应小于 5m。

5.5.4 乡村民宿建筑的疏散楼梯可采用室外楼梯、防烟楼梯间、封闭楼梯间、敞开楼梯间；C 类乡村民宿建筑的疏散楼梯可采用原有敞开楼梯。

5.5.5 疏散楼梯宜具备自然采光通风条件。

5.5.6 安全出口的净宽度不应小于 0.9m，疏散楼梯宽度不宜小于 1.1m；楼梯梯段坡度不应超过 42°。

5.6 门窗

5.6.1 疏散楼梯采用敞开楼梯间或敞开楼梯的乡村民宿，客房门应具备自闭功能。

5.6.2 客房、餐厅、休闲娱乐场所等应设有开向室外的窗户，确有困难时，窗户可开向开敞的内天井。

5.6.3 客房、餐厅、休闲娱乐场所的外窗净高度不宜小于 1.0m，净宽度不宜小于 0.8m，窗台下沿距室内陆面高度不应大于 1.2m。窗户不应设置金属栅栏、防盗网、广告牌等遮挡物，确需设置防盗网时，防盗网和窗户应能从内部开启。

5.6.4 使用明火的厨房应设置外窗；液化石油气瓶组气化间、储瓶间应采取必要的通风措施。

5.6.5 供人员疏散穿行的天井、内院设置雨棚或阳光棚时，不宜完全封闭，宜在两个不同方向开敞。确需封闭时，应在顶部或四周均匀设置可开启外窗，外窗不应正对其他房间开设，开窗面积不小于天井、内院总投影地面面积的 5%。使用人员从首层地面应能够方便开启外窗。

5.7 建筑材料

5.7.1 乡村民宿改造时不应采用金属夹芯板材作为建筑构件，既有乡村民宿原有金属夹芯板材的芯材应为不燃材料。

5.7.2 厨房墙面应采用不燃材料，顶棚和屋面应采用不燃或难燃性材料，灶台、烟囱应采用不燃材料。C 类乡村民宿厨房难以完全改造的，与炉灶相邻的墙面饰面材料应采用不燃材料，灶台周围 2m 范围内应采用不燃地面，炉灶正上方 2m 范围内不应有可燃物。

5.7.3 楼梯间的顶棚、墙面和地面应采用不燃装修材料；疏散走道的顶棚应采用不燃装修材料，墙面和地面应采用不燃或难燃性的装修材料；客房与公共活动用房的顶棚、地面应采用不燃或难燃性的装修材料。建筑外墙不得采用可燃性、易燃性保温材料和外墙装饰装修材料。

5.7.4 建筑外墙上安装的广告、灯箱等设施应采用不燃材料制作。

5.7.5 利用木结构、砖木结构的 C 类乡村民宿，木楼梯难以改造为不燃材料时，应在楼梯底部使用不燃材料进行处理。

6 消防技术措施

6.1 疏散

6.1.1 应在客房内配备手电筒。

6.1.2 应在客房内按照床位数配备自救呼吸器。

6.1.3 应在二层及以上客房内根据客房室内陆面与室外地坪高差配备以下一种逃生

避难器材：

——高差不大于 6m 的楼层配备逃生绳；

——高差大于 6m、不大于 15m 的楼层配备逃生缓降器、逃生梯、应急逃生器等逃生避难器材。

6.1.4 应在客房内明显部位张贴疏散示意图。

6.1.5 应在安全出口、楼梯间、疏散走道设置疏散指示标志。

6.1.6 应在楼梯间、疏散走道设置应急疏散灯。

6.2 灭火

6.2.1 当乡村民宿距离最近的市政消火栓或室外消火栓大于 150m 时，应利用自来水管道在建筑各层设置轻便消防水龙。当自来水管道水压难以满足灭火需求时，或存在在营业期间停水持续时间超过 0.5h 情况时，应设置背负式细水雾灭火装置，其储液容器的容积不应小于 12L。

6.2.2 当乡村民宿具有以下情况之一时，宜设置简易自动喷水灭火系统：

——院落内具有封闭式天井或内庭院；

——客房数量超过 8 间；

——同时容纳用餐、休闲娱乐人数超过 40 人。

6.2.3 简易自动喷水灭火系统的喷头应布置在客房、餐厅、疏散走道、厨房、储物间等室内场所。

6.2.4 简易自动喷水灭火系统应按喷水强度 $4L/min/m^2$、作用面积 $100m^2$、持续喷水时间 0.5h 进行设计，并应符合 DB 11/1022 的相关要求。

6.2.5 乡村民宿室内的灭火器宜采用水基型灭火器。

6.2.6 建筑及封闭式天井和内庭院每 $25m^2$ 应至少配备一具 2kg 灭火器。

6.2.7 灭火器应设置在各层便于发现取用的公共部位及首层出入口处。

6.3 火灾报警

6.3.1 乡村民宿建筑应设置火灾自动报警系统或火灾报警装置。

6.3.2 客房内应设置感烟火灾探测器。

6.3.3 厨房内应设置感温火灾探测器，使用燃气的厨房还应设置相适应的可燃气体探测器。

6.4 电气防火

6.4.1 配电箱电源进线侧应设置带隔离和保护功能的开关，并安装动作电流不大于 300mA 的剩余电流动作保护器。

6.4.2 宜对漏电电流、线缆温度等情况进行实时监测。

6.4.3 电气线路应穿管保护。明敷于木材等可燃材料上的电气线路应采用金属管或金属线槽保护；明敷或暗敷于不燃材料上的电气线路可采用燃烧性能不低于 B1 级的刚性塑料管保护。

7 消防安全管理

7.1 消防安全职责

7.1.1 单位负责人或法人是消防安全责任人，无单位负责人或法人的，其业主是消防安全责任人。

7.1.2 消防安全责任人应做到火灾隐患“自知、自查、自改”，并完成以下安全管理要求：

——建立健全消防安全责任制和各项消防安全制度；

——规范用火用电用油用气管理；

——制定灭火和疏散预案；

——组织防火检查，落实火灾隐患整改；

——员工上岗前进行岗前消防安全教育培训；

——每半年对从业人员进行消防安全教育培训；

——每半年至少组织一次消防演练。

7.1.3 从业人员应熟悉岗位消防职责和要求，做到懂本场所火灾危害性、会报火警、会使用灭火器、会组织疏散逃生。当乡村民宿设置有轻便消防水龙、背负式细水雾灭火装置、简易自动喷水灭火系统、消火栓等消防设施时，从业人员应会熟练操作使用。

7.2 值班和消防检查

7.2.1 在营业期间应明确专人值班，并进行消防巡查检查，保障消防设施、器材完好有效和疏散通道、安全出口畅通。

7.2.2 当日登记住宿客房数量超过 10 间或住宿人数超过 20 人时，晚 9 点至早 7 点，应有专人值班。

7.2.3 设有消防控制室的乡村民宿，应当实行 24h 值班制度，每班不应少于 2 名专职值班人员，值班人员应当具有消防行业特有工种职业资格。

7.3 火灾危险源管控

7.3.1 位于林区的乡村民宿，不应开展室外动用明火行为。位于其他地区的乡村民宿，具有室外动用明火行为时，应设置单独区域，距离建筑物、停车场大于 12m，距离易燃易爆危险品存放地和柴草、饲草、农作物等可燃物堆放地大于 30m，现场应配备灭火器。

7.3.2 电动汽车、电动自行车严禁在室内充电，室外充电场所应当与建筑出入口、门窗以及可燃堆垛之间保持不小于 6m 安全距离。

7.3.3 不应私拉乱接电线、超负荷用电、违规使用大功率用电设备。

7.3.4 不应在配电箱等用电设备内及周围堆放可燃物。

7.4 标志

7.4.1 应在消防设施设置场所、具有火灾危险性的区域的显著位置设置相应消防安全标志或标识。

7.4.2 应当在周边可燃物堆放场地、停车场等场所，以及临近山林、草场的显著位置设置“禁止烟火”“禁止吸烟”“禁止带火种”“禁止燃放鞭炮”等警示标志。

7.5 应急救援

7.5.1 乡村民宿经营者宜建立志愿消防队。

7.5.2 乡村民宿经营者可建立微型消防站，设置存放点并配备消防头盔、灭火防护服、消防手套、消防安全腰带、消防员灭火防护靴、自救呼吸器等个人防护装备以及外线电话、手持对讲机等通信器材。

7.5.3 乡村民宿的经营者应参加村联防联控组织，纳入群防群治力量。

7.5.4 发现火情后，乡村民宿工作人员应第一时间拨打“119”电话报警、组织人员疏散、扑救初起火灾。